노인복지론

김윤재 · 강영숙 · 김진환 · 조미라 · 김영기 공저

교육과학사

머리말 / Preface

19세기 말까지만 해도 60세 또는 65세에 이를 정도로 오래 산 사람은 많지 않았고, 노인들로서 당하는 공통적인 문제가 있어도 우선 수적으로 그리 많지 않았으므로 사회적 관심의 대상이 되지 못했을 것이다. 그러나 지난 20~30년 동안 우리 사회에서는 노인 인구의 수가 크게 증가하였고, 현대화로 인한 급격한 사회변동에 따라 노화와 노인들의 처지에 관련된 많은 문제들이 생겨났다.

노년기의 장기화는 노인인구의 양적 확대뿐 아니라 노후생활의 다양화를 가져와 빈곤과 질병, 열악한 주거환경 이외에도 정신적 고독과 생의 보람의 상실 등 인간관계적 여러 문제 외에도 인구고령화에 대한 사회적 시설보호가 취약하고 국가의 노인복지예산 또한 부족한 점도 사실이다.

특히 베이비붐 세대가 은퇴하면서 노인을 위한 사회복지비용 지출의 증가, 사회적 부양부담의 증가 등 심각한 노인의 사회문제가 우려되고 있다. 이러한 시대적 풍조를 반영하여 1990년대 말 이후 노인복지 교재의 발간이 급증하게 되었고 이러한 출간물들은 사회의 인구고령화에 대한 심각성을 일깨우기에 충분했다.

인간은 누구나 태어나면 한 번은 죽는다. 그러나 죽는 그 순간에도 인간으로서의 존엄성은 결코 소홀히 여길 수 없는 부분이다. 이에 노인과 그의 가족, 지역사회, 사회공동체가 일체감을 가지고 다가오는 고령화사회에 경각심을 가지고 대처해야 한다.

본 교재는 이러한 시대적 사명감을 가지고 학부와 대학원생, 학점은행제 수강생, 그 외에 기타 평생교육원에서 노인복지론 수강생들과 또 여타 교양과목으로 수강하고 있는 수강생 등을 위해서 집필하게 되었다. 또한 이 책을 집필하는 가운데 노인복지론이 사회현상을 너무나 잘 반영하여 주고 있다는 점을 발견하게 되었다. 즉, 우리가 매일 접하는 시사부분에 민감성을 가지고 접근해야 한다는 것이다. 노인의 사회문제는 이제 보편적이 되어서 누구나가 인식하고 있는 부분이지만 빠른 주기로 노인복지법이나 제도, 정책 등이 변화하고 있기 때문에 본서는 이러한 변화하는 노인복지론에 대해서 가급적 근접하며 집필하려고 애썼다는 점을 밝혀두고자 한다.

본 교재는 모두 총 3부 13장으로 구성되어 있다.

제1부는 현대사회와 노인복지로서 노인과 고령화사회, 노인복지의 이해, 노화현상과 노화이론, 노인복지법과 행정 등에 대해서 구성하였고, 제2부는 노인복지정책부분으로서 노인소득보장정책, 노인의료보장정책, 노인주거보장정책, 노인고용보장정책, 노인복지서비스정책 등에 대하여 구성하였다. 제3부는 노인의 삶과 이슈에 관련된 부분으로서 노인과 사회활동, 노인범죄와 성문제, 노인학대와 죽음에 대하여 다루었다. 그리고 마지막 13장에는 노인복지정책의 과제에 대한 부분으로서 향후 대처방안 등에 대하여 다루었다.

저자들은 오랜 세월 동안 대학 강단에서 노인복지론을 비롯하여 많은 사회복지학 과목들을 강의해 왔다. 그런데 이번 노인복지론 과목을 집필하면서 그 전에 느끼지 못한 남다른 애정을 가지고 자료를 찾아가며 통계를 뒤적이며 그렇게 밤낮을 가리지 않고 독자들에게 더 좋은 서적으로 다가가고자 심혈을 기울였다. 그럼에도 불구하고 여전히 아쉬운 점이 남지만 향후 수정보완해 나갈 것을 약속하며 독자들의 아낌없는 조언을 바라는 바이다.

끝으로 이 책이 출간되기까지 도움을 주신 교육과학사 사장님을 비롯한 편집 직원들 모두에게 감사의 마음을 드린다.

2016년 6월 25일

저자 일동

Contents

제2부 노인복지정책

제3부 노인의 삶과 이슈

제1부
현대사회와 노인복지

Chapter_ 1

노인과 고령화사회

고령화사회, 고령사회, 초고령사회 등을 포괄하는 '고령화'라는 현상은 노인인구의 상대적 증가를 의미하나 우리나라는 노인인구의 절대적 증가도 함께 나타나고 있다.

우리나라는 세계최저 수준의 출산율과 가장 빠른 고령화 진행으로 고령화사회에 진입하였다. 급속한 고령화는 정치 · 경제 · 사회 · 문화 전반에 걸쳐 심각한 문제를 파생시키고 있다. 이에 본 장에서는 변화하는 현대사회의 특징을 먼저 살펴보고 이에 수반한 한국 가족의 변화 양상 및 우리나라 인구 고령화의 특징, 고령화가 사회 전반에 미치는 파급효과에 대해서 살펴보고자 한다.

1. 현대사회의 특징

1) 세계화

글로벌화는 다양한 측면에서 확산된다. 교통 · 통신의 발달로 국가 간 인적, 물적 교류와 소통이 급속히 증가하였다.

2) 지식정보사회

21세기는 디지털 지식정보사회이다. 지식정보사회라는 측면에서 볼 때 현 시대는 과거에 비해 "보이는 지식"보다 "보이지 않는 지식"이 급속히 증가하고 있는 특징을 보인다. 인터넷의 발달은 더 많은 지식을 습득할 수 있도록 도움을 준다. 21세기 사회는 엄청난 양의 지식과 정보, 보이는 지식보다 보이지 않는 지식의 급속한 증가, 가르치는 정보보다 많은 양의 지식공유 등의 특징을 보인다고 할 수 있다.

3) 인간 소외(alienation)문제

소외는 인간이 인간을 위해 만들어 낸 피조물(被造物)에 의해 인간이 거꾸로 지배를 받게 되거나, 인간의 활동에 있어서 인간의 본질이 상실되어 가는 과정이라고 말할 수 있다. 현대인은 기계화되고 자동화되는 생산과정에 있어서 노동으로부터 소외되고 있으며, 현대인은 인격적 유대를 갖는 공동체(community)를 상실하였으며, 이에 현대인은 주체적인 인간으로서의 본질을 잃고 자동 인형적 인간이 되어 가고 있다.

4) 자원문제

산업사회에 있어서의 자원문제는 날로 증가하는 산업사회들이 경쟁적으로 성장을 추구하면서 자원보유국들은 자원민족주의를 내세워 자원을 무기화하기에 이르렀다. 오늘날의 산업사회들은 자원문제를 근본적으로 해결하기 위한 제2의 과학기술혁명을 준비하고 있으며, 컴퓨터, 유전공학, 해양과학, 우주과학 등의 분야에서 획기적인 발전과 발명이 예상되고 있다.

5) 환경문제

현대 산업사회의 환경문제는 범지구촌적으로 이슈화되어 있는 문제로 인식하고 있다. 산업사회에서는 끊임없이 확대재생산을 계속하여 지속적으로 성장을 추구하고 있으며, 그렇게 하기 위해서는 끊임없이 소비를 증대시키고 새로운 소비양식을 창출하기까지 한다. 그 결과 자연환경은 무제한하게 인간에 의해 착취되고 오염되는 것이다.

6) 가치관의 혼란

현대 산업사회에 있어서의 가치관의 문제는 주로 물질주의와 개인주의의 가치관에서, 그리고 한국사회에서 일어나고 있는 가치관의 혼란의 또 다른 측면은 전통문화의 단절에서 비롯되는 것이라고 볼 수 있다. 우리들은 상당히 오랜 세월 동안 전통문화와 전통적 가치관을 부정적인 눈으로만 바라보았고, 서구의 소위 선진사회의 문화를 모방하고, 그들의 가치관을 무비판적으로 직수입하는 데에만 열심이었다. 그 결과가 오늘날과 같은 정신문화의 혼란으로 나타나고 있는 것이다. 또 한 가지는 이기적 개인주의이다. 이것 역시 한국의 사회질서를 더욱 혼란하게 하고 사회윤리와 도덕의 기초를 흔들리게 하는 중대한 사회문제이다.

2. 노인과 가족

가족관계는 가족원 상호 간의 인간관계를 의미하는 것으로, 일반적으로 노년기는 사회적 인간관계가 감소하는 대신 가족관계에 대한 의존도가 증대되는 시기이다. 특히 노년기는 신체적 능력이 쇠약해지면서 일상생활에서 배우자나 타인에의 의존도가 높아지고, 사회적으로 역할이 상실되는 퇴직 혹은 배우자와의 사별 등으로 사회적 지위 및 역할이 축소되고 심리적으로 소외, 고독 등을 느끼기 쉽기 때문에 신체적, 심리적, 사회적으로 위축되어 가족관계가 중요하다.

노년기는 일반적으로 신체적 노쇠와 더불어 사회경제적 능력이 감퇴되고 인간관계의 폭도 좁아지게 된다. 일반적으로 노년기는 사회적 인간관계가 감소하는 대신 가족관계에 대한 의존도가 증대되는 시기이다. 노년기에는 친구나 친척과의 이별뿐만 아니라 한평생을 살아온 배우자와의 영원한 이별을 경험하게 된다.

1) 변화하는 가족 가치관

(1) 결혼 · 이혼 · 재혼에 대한 견해

통계청(2014) 조사에 의하면 결혼에 대해서 「해야 한다」고 생각하는 비율은 68.0%('08) ⇨ 64.7%('10) ⇨ 62.7%('12) ⇨ 56.8%('14)로 점점 감소하는 추세이다. 이혼에 대해서 「해서는 안 된다」고 생각하는 비율은 58.6%('08) ⇨ 56.6%('10) ⇨ 48.7%('12) ⇨ 44.4%('14)로 과거에 비해 감소하고 있는 반면, 「할 수도 있고 하지 않을 수도 있다」고 생각하는 비율은 31.9%('08) ⇨ 33.4%('10) ⇨ 37.8%('12) ⇨ 39.9%('14)로 증가하는 추세를 보이고 있다. 재혼에 대해서는 재혼을 「해야 한다」고 생각하는 비율은 16.5%로 남자(19.9%)가 여자(13.3%)보다 높게 나타났다.

〈표 Ⅰ-1〉 결혼 · 이혼 · 재혼에 대한 견해 (단위: %)

	계[1]	결혼			이혼			재혼		
		해야[2]한다	해도 좋고 하지 않아도 좋다	하지[3] 말아야 한다	해서는[4] 안 된다	할 수도 있고 하지 않을 수도 있다	이유가 있으면 하는 것이 좋다	해야[2]한다	해도 좋고 하지 않아도 좋다	하지[3] 말아야 한다
2012년	100.0	62.7	33.6	1.8	48.7	37.8	10.9	19.4	61.1	13.2
2014년	100.0	56.8	38.9	2.0	44.4	39.9	12.0	16.5	60.0	15.5
남 자	100.0	61.5	34.4	1.6	49.1	36.1	10.3	19.9	59.1	12.4
여 자	100.0	52.3	43.2	2.4	39.9	43.6	13.5	13.3	60.9	18.5
미혼남자	100.0	51.8	41.6	1.8	36.0	41.4	13.6	16.0	61.8	8.9
미혼여자	100.0	38.7	55.0	2.9	24.4	52.1	18.3	10.9	71.1	8.2
13~19세	100.0	45.3	45.6	2.0	34.9	43.0	12.5	10.7	63.4	10.1
20~29세	100.0	51.2	44.1	2.1	32.0	47.2	16.0	15.5	67.9	8.0
30~39세	100.0	45.7	50.7	2.3	34.6	49.1	13.0	13.9	67.9	11.3
40~49세	100.0	50.6	45.5	2.4	39.4	45.8	12.4	14.8	62.6	16.6
50~59세	100.0	64.0	32.8	1.9	50.8	36.0	10.9	18.2	56.3	18.8
60세 이상	100.0	75.8	20.8	1.5	65.5	23.0	8.4	22.5	46.5	23.2

주: 1) 각 항목별로 '잘 모르겠다' 있음 2) '반드시 해야 한다'와 '하는 것이 좋다'를 합한 수치임
3) '하지 않는 것이 좋다'와 '하지 말아야 한다'를 합한 수치임
4) '어떤 이유라도 이혼해서는 안 된다'와 '이유가 있더라도 가급적 이혼해서는 안 된다'를 합한 수치임

출처: 2014 사회조사, 통계청

(2) 노인의 이혼 및 재혼

2013년 65세 이상 인구 만 명당 이혼건수는 남자는 21.9건, 여자는 6.6건을 보이고 있으며, 2013년 65세 이상 인구 만 명당 재혼건수는 남자는 10.1건, 여자는 2.7건으로 나타났다.

〈표 Ⅰ-2〉 이혼 및 재혼 (단위: 해당 남자(여자) 인구 만 명당 건)

<table>
<tr><th rowspan="4"></th><th colspan="6">남자</th><th colspan="6">여자</th></tr>
<tr><th colspan="2">이혼</th><th colspan="4">재혼</th><th colspan="2">이혼</th><th colspan="4">재혼</th></tr>
<tr><th rowspan="2">전체[1]</th><th rowspan="2">65세 이상[2]</th><th rowspan="2">전체[1]</th><th colspan="3">65세 이상[2]</th><th rowspan="2">전체[1]</th><th rowspan="2">65세 이상[2]</th><th rowspan="2">전체[1]</th><th colspan="3">65세 이상[2]</th></tr>
<tr><th></th><th>사별후[2]</th><th>이혼후[2]</th><th></th><th>사별후[2]</th><th>이혼후[2]</th></tr>
<tr><td>2000</td><td>64.2</td><td>10.8</td><td>23.3</td><td>8.0</td><td>5.0</td><td>3.0</td><td>63.0</td><td>2.1</td><td>25.4</td><td>1.0</td><td>0.5</td><td>0.5</td></tr>
<tr><td>2001</td><td>71.6</td><td>11.6</td><td>24.9</td><td>7.7</td><td>4.3</td><td>3.4</td><td>70.3</td><td>2.2</td><td>27.3</td><td>1.0</td><td>0.4</td><td>0.5</td></tr>
<tr><td>2002</td><td>76.4</td><td>12.8</td><td>24.8</td><td>7.6</td><td>3.6</td><td>3.9</td><td>75.0</td><td>2.4</td><td>27.1</td><td>1.1</td><td>0.5</td><td>0.6</td></tr>
<tr><td>2003</td><td>87.1</td><td>15.9</td><td>26.1</td><td>8.0</td><td>4.0</td><td>4.0</td><td>85.5</td><td>3.3</td><td>28.5</td><td>1.2</td><td>0.5</td><td>0.7</td></tr>
<tr><td>2004</td><td>72.0</td><td>15.0</td><td>29.3</td><td>8.9</td><td>4.2</td><td>4.8</td><td>70.7</td><td>3.3</td><td>32.3</td><td>1.4</td><td>0.6</td><td>0.8</td></tr>
<tr><td>2005</td><td>65.7</td><td>15.7</td><td>30.6</td><td>9.5</td><td>4.2</td><td>5.3</td><td>64.5</td><td>3.6</td><td>33.6</td><td>1.6</td><td>0.7</td><td>0.9</td></tr>
<tr><td>2006</td><td>63.2</td><td>17.5</td><td>28.2</td><td>10.0</td><td>3.8</td><td>6.1</td><td>62.1</td><td>4.2</td><td>29.8</td><td>1.9</td><td>0.6</td><td>1.2</td></tr>
<tr><td>2007</td><td>62.1</td><td>19.1</td><td>28.6</td><td>10.6</td><td>4.3</td><td>6.4</td><td>61.2</td><td>5.0</td><td>30.5</td><td>2.1</td><td>0.9</td><td>1.3</td></tr>
<tr><td>2008</td><td>57.6</td><td>22.1</td><td>28.3</td><td>9.3</td><td>3.0</td><td>6.3</td><td>56.8</td><td>5.8</td><td>30.6</td><td>1.8</td><td>0.6</td><td>1.3</td></tr>
<tr><td>2009</td><td>60.5</td><td>21.0</td><td>26.2</td><td>9.9</td><td>3.2</td><td>6.7</td><td>59.7</td><td>5.6</td><td>28.3</td><td>2.1</td><td>0.6</td><td>1.5</td></tr>
<tr><td>2010</td><td>56.3</td><td>20.1</td><td>25.6</td><td>9.7</td><td>2.9</td><td>6.8</td><td>55.6</td><td>5.5</td><td>27.4</td><td>2.2</td><td>0.6</td><td>1.6</td></tr>
<tr><td>2011</td><td>54.5</td><td>19.9</td><td>24.6</td><td>9.9</td><td>2.6</td><td>7.3</td><td>53.8</td><td>5.5</td><td>26.6</td><td>2.4</td><td>0.6</td><td>1.8</td></tr>
<tr><td>2012</td><td>54.0</td><td>20.5</td><td>24.1</td><td>10.4</td><td>2.4</td><td>8.0</td><td>53.3</td><td>5.8</td><td>26.3</td><td>2.7</td><td>0.6</td><td>2.1</td></tr>
<tr><td>2013</td><td>53.9</td><td>21.9</td><td>22.9</td><td>10.1</td><td>2.4</td><td>7.7</td><td>53.2</td><td>6.6</td><td>25.1</td><td>2.7</td><td>0.5</td><td>2.1</td></tr>
</table>

자료: 통계청, 「인구동태통계연보(혼인, 이혼편)」 각 년도
주: 1) 15세 이상 남자(여자) 연앙인구 만 명당 이혼(재혼)건수
2) 65세 이상 남자(여자) 연앙인구 만 명당 이혼(재혼)건수

출처: 2014 사회조사, 통계청.

(3) 부모부양책임 의식의 변화

우리나라의 부모부양책임에 대한 가치관은 매우 빠르게 변하여 세대 간의 격차를 보여준다. 현재의 노인세대들은 부모의 부양을 당연한 것으로 받아들였다. 그리고 자녀를 자신들의 노후를 대비하는 수단으로 생각하였다. 그러나 젊은 세대들은 고령세대와는 다른 가치관과 사회적 환경 속에서 성장하였다. 그 결과 고령세대, 경제활동세대 그리고 자녀세대 간의 가치관의 충돌이 심화되고 있다.

통계청(2014) 발표에 의하면, 부모의 노후 생계는 「가족과 정부 · 사회」가 함께 돌보아야 한다는 견해가 47.3%로 가장 많고, 다음은 「가족」 31.7%로 나타났다. 부모의 노후를 「가족」이 돌보아야 한다는 생각은 40.7%('08) ⇨ 36.0%('10) ⇨ 33.2%('12) ⇨ 31.7%('14)로 지속적으로 감소하는 추세를 보이고 있다. 또한 가족 중 부모 부양 책임자는 「모든 자녀(75.4%)」, 「자식 중 능력 있는 자(14.2%)」 순으로 나타났다(통계청, 2014).

(4) 노인단독가구 증가

2014년 보건복지부의 「2014노인실태조사」에 따르면 독거노인 비율은 ('94년)13.6% ⇨ ('04년)20.6% ⇨ ('14년)23.0%로 해가 갈수록 증가하고 있다.

노인단독가구로 생활하는 노인의 경우 단독가구 거주 기간을 조사하였는데 5년 미만이 19.0%, 5~10년 미만이 18.5%, 10~15년 미만이 20.3%, 15~20년 미만이 16.2%이며, 20~30년이 19.1%이다. 30년 이상인 경우도 6.9%이다. 연령군별로도 연령이 많은 노인이 단독가구 거주 기간이 긴 현상이 발견된다. 가구형태별로는 노인독거의 경우 5년 미만의 비중이 높다.

또한 단독거주노인의 경우 그 이유를 살펴보면 1/3이 자녀의 결혼으로 인한 것이며, 20.6%는 자녀의 타 지역 거주, 15.5%는 개인(부부)생활을 향유하기 위해서, 11.1%는 기존의 거주지에 계속 거주하고 싶어서 등으로 단독거주를 하고 있는 이유가 다양하다.

성별로는 남자노인의 경우 자녀가 타 지역에 거주해서와 자녀의 결혼으로 인해서와 같이 자녀의 인구학적 상황에 의한 단독가구 거주가 상대적으로 높은 반면, 여자 노인의 경우는 기존 거주지 거주를 희망해서라는 비중이 상대적으로 높다(보건복지부, 2014).

2) 변화하는 가족관계

현대의 가족관계는 과거의 가족관계와는 매우 다른 차원으로 발전하고 있다. 과거의 3세대 가족은 대부분 다자녀를 양육하였지만, 1차 베이비붐(1955~63년생) 이후 세대들은 인구정책에 부응하여 자녀를 하나 또는 둘만 낳았고, 현재 청년세대들은 자녀출산이 꼭 필요하다고 생각하지도 않고 있다. 이러한 출산기피현상은 부자녀, 자녀 1명 또는 2명만을 출산하는 가족이 대부분을 차지하고 있다(통계청, 2014; 한국보건사회연구원, 2014).

(1) 노부모-성인자녀와의 관계

부모가 자녀와 동거하는 비율은 38.0%('08) ⇨ 35.3%('10) ⇨ 33.7%('12) ⇨ 31.4%('14)로 감소하고 있었으며, 자녀 중에서는 장남(맏며느리)과 사는 비율이 14.6%로 가장 높았으나, 과거에 비해 감소하는 추세이다. 또한, 부모와 함께 살고 있지 않은 가구주가 부모님과 교류하는 빈도를 보면, 전화 통화는「일주일에 한두 번(44.3%)」, 만남은「한 달에 한두 번(41.8%)」이 가장 많았다(통계청, 2014).

(2) 노년기 부부관계의 변화

결혼생활만족도는 신혼기는 매우 높은 결혼만족도에서 시작하지만, 결혼한 이후 배우자에 대한 환상이 깨지고, 부부관계가 장기간에 걸쳐 소원해지면 이혼하게 된다. 2013년 65세 이상 인구 만 명당 이혼건수는 남자는 21.9건, 여자는 6.6건으로 나타났으며 2013년 65세 이상 인구 만 명당 재혼건수는 남자는 10.1건, 여자는 2.7건으로 나타났다(통계청, 2014).

(3) 노년기 남녀의 역할변화

기대수명의 연장은 배우자와 함께 살아가는 기간의 연장을 의미한다. 그러므로 고령사회에서 노인들은 퇴직과 자녀의 분가로 인한 사회적 역할과 부모의 역할을 상실한 이후에 배우자와 새로운 관계 재설정이 매우 중요해진다. 남성노인은 퇴직한 이후 집에 머무는 시간이 많아지면서 가정에서 함께하는 시간을 어떻게 보낼 것인가 하는 문제도 발생한다.

(4) 손자녀 관계의 변화

전통적인 가정에서는 부 또는 모가 행방불명 혹은 사망한 경우 한쪽 부모가 자녀를 대개 양육하였지만, 현대로 오면서 조부모가 손자녀를 맡게 되는 비율이 높아지는 이유는 자녀의 이혼으로 인해서 조부모가 그 손자녀를 양육하고 있기 때문이다. 이는 다시 말해서 손자녀의 부모 중 어느 한쪽이 사망해서가 아니라 이혼한 경우 그 자녀를 부모가 책임지지 않고 그 양육의 책임을 조부모 혹은 외조부모에게 전가하고 있음을 말해준다고 하겠다.

(5) 고부관계

고부간의 갈등은 시어머니와 며느리 사이에서 발생하는 충돌을 의미하는 것으로, 주로 가정 내에서 서로 상치되는 위치와 생활에 대한 견해나 이해 차이, 가치관의 차이가 주요 원인이다. 이러한 고부관계는 산업화 이후의 사회 변화와 함께 그 관계 유형에 있어서 급격한 변화가 나타나고 있다. 산업화와 함께 현대사회에서는 자녀세대의 경제적 독립으로 인하여 며느리가 가계관리권을 가지게 되고, 고부간의 학력차이로 며느리의 지위상승이 이루어짐으로써 과거에 절대적 권력을 행사하던 시어머니의 역할이 며느리에 대한 의존적, 협력적 역할로 전환되는 반면에 며느리는 무조건 순종과 인내를 하는 과거의 며느리 지위에 반하여 권리를 주장하므로 고부간에 새로운 형태의 갈등이 야기되고 있다.

(6) 형제 및 친척 관계

형제자매들은 일생을 통하여 다른 관계에 비하여 서로에게 많은 영향을 미치며 특히 배우자를 상실한 경우 더욱 중요한 지지기반이 되며 독신 노인에게는 가족 중에서 일차적인 관계를 맺을 가능성이 높은 사람이다.

한국보건사회연구원(2014)의 조사에 의하면 형제자매를 포함한 친척과의 왕래 및 연락 빈도를 살펴보면 친인척과 왕래가 없는 비율이 22.2%이다. 약 절반 정도인 45.2%가 연 1, 2회 정도만 왕래하고 있고, 15.6%는 연락이 전혀 없고 14.2%만이 주 1회 이상의 연락을 주고받고 있었다. 연락이 없는 비율이 유배우 12.0%, 무배우 21.4%로 배우자가 없으면 친인척과의 연락도 적었다.

3. 인구고령화의 특징

우리 사회는 산업화가 급격한 발전과 더불어 건강기술의 증진으로 말미암아 평균수명의 연장과 함께 노인 인구의 증가에 따른 고령화사회가 되어가고 있다. 이에 우리나라는 1990년대에 들어가면서 노인문제에 대해서 사회적 관심이 높아지기 시작하였다. 노인인구의 증가에 의한 여러 가지 사회문제, 즉 생산연령인구의 감소, 노인을 위한 사회복지비용 지출의 증가, 사회적 부양부담의 증가 등 심각한 사회문제에 따른 장기적 정책 마련이 시급한 실정이다.

1) 인구고령화 지표

국제연합에서는 65세 이상 노인인구가 전체 인구의 7% 이상을 차지할 때 고령화사회(aging society), 14% 이상이면 고령사회(aged society), 20% 이상이면 초고령사회(super aged society)로 분류한다. 우리나라는 이미 2008년도 기준 노인인구의 비율이

10.3%로 '고령화사회'로 접어들었으며 2018년에는 고령사회에, 2026년에는 초고령사회로 진입할 것으로 예상하고 있다. 2040년에는 이 비율이 32.3%로 국민 3명당 1명이 노인인 사회가 될 것으로 예측하고 있다.

2) 인구구조변동

(1) 우리나라의 인구피라미드 변화 추이

우리나라는 1960년에는 피라미드형(출생률과 사망률이 동시에 높아 인구가 증가)이었다가, 2005년에는 인구가 정체하는 종형과 인구가 감소하는 선진국형 주발형의 중간 형태를 보였다. 향후 2050년에는 역삼각형(전체인구 대비 노인인구의 비율이 높음) 모양의 변화를 보일 전망이다. 한편, 인구구조의 역삼각형 변화의 조건으로 노인인구의 절대 수 증가 조건과 노인인구 비율의 증가 요인을 고려한다.

① 노인인구의 절대 수 증가

노인인구의 절대 수 증가는 기대수명이 증가(또는 사망률 감소)함에 따라 나타난다. 이는 의료기술의 향상, 주거환경의 위생적인 변화, 생활수준의 향상으로 영양상태 호전, 개인의 건강관리 상태가 좋아짐에 따라 사망률이 감소하기 때문이다.

② 노인인구 비율의 증가

인구고령화는 저출산 · 고령화의 두 가지 변화를 의미한다.

(2) 노인인구구조 변동의 질적 원인

인구구조에 직접적으로 영향을 미치는 질적 요인들로는 의학기술의 발전, 피임방법의 발견, 사회적 및 경제적 조건의 변화, 여성의 사회진출의 활성화, 가치관의 변화, 정치적인 사건 그리고 지역적 삶의 격차 등을 들 수 있다.

① 의학기술의 발전은 질병의 예방, 진단 및 치료방법을 개선하여 사망률 하락을 가져왔으며, 사회적 및 경제적 조건의 변화는 대량생산과 대량소비를 통해 삶의 질을 개선하였다. 또한 주거환경 및 생활환경의 개선은 보건위생시설의 확충을 통해 전염병의 경로를 차단하였다.

② 가치관의 변화는 피임방법의 발견과 함께 핵가족화, 여성의 사회진출, 결혼연령의 상승, 자녀출산의 기피 등으로 출산율을 하락시킨다.

③ 전쟁이나 이민정책과 같은 정치적인 사건들이 인구구조에 영향을 준다.

(3) 노인인구구조 변동의 양적 원인

① 출산율 감소

우리나라의 출산율은 지난 반세기 동안 급격히 하락하였다. 인간은 무엇보다도 의학기술의 발전과 피임방법의 발견으로 스스로 자녀출산을 조절할 수 있는 능력을 갖게 되었다. 가치관의 변화로 인해 여성의 사회진출 및 직장생활에 대한 욕구는 증가하였으며, 결혼 및 출산 연령은 상승하였고, 꼭 자녀를 출산해야 한다는 의식도 약해졌다.

출산율의 감소는 통계청의 인구통계에 의해서도 검증되고 있다. 2013년 혼인건수는 32만 3천 건으로 전년(32만 7천 건)보다 1.3% 감소하였으며 평균초혼연령은 남자의 경우 30.9세(2005년) ⇨ 31.8(2010) ⇨ 32.2(2013), 여자의 경우 27.7(2005년) ⇨ 28.9(2010) ⇨ 29.6(2013)으로 결혼이 늦추어지고 있는 양상이다. 정부가 출산정책을 적극적으로 수행하고 있지만 출산율 감소는 2050년까지 계속 지속될 것으로 예측되고 있다.

② 사망률 감소

우리나라는 삶의 조건과 삶의 질은 경제발전과 사회개발을 통해 개선되었고, 보건위생과 방역체계의 발전은 수인성 질병 및 해충에 의한 전염병들의 전염경로를 차단하고 발병률을 낮추었으며, 의학과 생명과학의 발전은 다양한 사망원인을 발견하고 새로운 예방방법과 치료방법을 개발하였다. 평균기대수명이란 해당연도에 출생한 신생아(0세)가 앞으로 평균 몇 년간 생존할 것인가를 나타내는 척도이다. 평균기대수명은 2005년 약 79세에서 2010년 약 81세로 앞으로도 계속 연장되어 2014년에는 82.4세에 이르고 있다. 남녀별로 살펴보면 2014년 출생아의 기대수명은 전체 82.4년, 남자 79.0년, 여자 85.5년으로 남녀 간 차이는 6.5년이다(e-나라 지표).

3) 인구고령화 실태

(1) 노인인구 수의 증가

2015년 세계 인구는 73억 2천만 명으로, 2000년에 비해 1.2배로 증가하였고, 향후 15년간도 유사한 속도로 증가하여 2030년에는 84억 2천만 명에 이를 전망이다. 한국 인구는 2015년 5천 1백만 명으로, 2000년에 비해 1.1배로 증가하였고, 향후 15년간에는 소폭 증가에 그쳐 2030년에 5천 2백만 명으로 정점에 이를 전망이다. 또한, 세계 인구 중 65세 이상 비중은 2015년 8.2%에서 2060년 17.6%로 증가할 전망이다. 한국의 고령인구 비중은 2015년 13.1%로 1960년(2.9%)에 비해 4.5배로 증가한 수준이며, 이후에도 계속 증가하여 2030년에는 24.3%, 2060년에는 40.1%로 높아질 전망이다. 고령인구 비중 순위는 1960년 152위에서 2015년 51위, 2030년 15위, 2060년에는 2위 수준으로 높아질 전망으로 보인다(통계청, 2015).

(2) 인구고령화 속도

우리나라는 인구고령화가 점점 더 빠른 속도로 진행되고 있다. 프랑스의 경우는 노년인구비가 7%에서 14%에 이르는 데 115년이 걸렸고, 미국은 71년, 영국은 47년, 독일은 40년, 일본은 24년이 걸린 반면에 우리나라는 18년에 불과할 것으로 예상된다(최성재 · 장인협, 2002: 7). 구미의 각국은 장기간에 걸쳐서 인구고령화가 진행된 결과, 고령화사회에서 초고령사회로 이동하는 인구구조 및 사회구조변동에 대처할 수 있었지만, 우리나라는 그 부담을 완화할 수 있는 시간적 여유가 없어서 경제적으로

나 사회적으로 큰 부담으로 작용하게 된다.

4. 인구고령화의 파급효과

1) 노동력 부족

베이비붐세대(1955~1963)의 약 절반이 공적연금의 사각지대에 놓일 가능성이 높아 소득보장에 대한 욕구가 크므로 사회적 여건이 허락한다면 이들의 은퇴 시기는 늦춰질 가능성이 높다. 따라서 새로운 노동인구 유입의 절대 수가 감소하고 기존 노동인구의 은퇴가 지연됨에 따라 노동력 고령화를 초래할 것이라 예상된다. 이러한 노동력 부족현상은 1960년대 후반과 1970년대 초반에 출생한 연령집단이 노인연령 내에 진입하는 2040년에는 더 심화될 것으로 예측된다.

2) 노인부양비 증가

노인부양비를 나타내는 지표는 노년부양비와 노령화 지수이다.

(1) 노년부양비

노인부양비는 생산가능인구(15~64) 100명당 고령인구(65세)의 비를 표시하므로 노인인구가 증가할수록 젊은 세대가 맡게 되는 부양부담이 증가한다는 것을 의미한다. 2014년 노년부양비는 17.3명으로 생산가능인구 5.8명이 고령자 1명을 부양해야 할 형편이다. 다시 말하면 현재 저출산이 지속될 경우 2018년에는 생산가능인구 5명이 1명을, 베이비붐세대의 고령인구 진입 및 기대수명 증가로 인하여 2030년에는 2.6명이 1명을, 2060년에는 1.2명이 1명을 부양해야 할 것으로 전망된다.

(2) 노령화 지수

노령화 지수란 유소년인구(0~14) 100명당 고령인구(65세)의 비를 표시하며 현재보다 장래의 인구고령화를 나타낸다. 2014년 노령화지수는 88.7명으로 유소년인구(0세~14세 인구) 100명당 65세 이상 고령자는 88명이었으며, 2017년에 이르면 104.1명으로 고령인구가 유소년인구를 앞지를 것으로 전망된다(통계청, 2014).

3) 의료비 증가

인구고령화에 의한 사회적 파급효과 중 가장 많은 사회적 비용 증가를 초래한 것은 의료비 증가이다. 2013년 고령자 진료비는 전체 진료비의 34.5%, 1인당 진료비는 305만 원이었으며, 2013년 건강보험상 65세 이상 고령자 진료비는 17조 5,283억 원으로 전체 진료비 50조 7,426억 원의 34.5%를 차지하였다. 고령자 1인당 진료비는 전체 1인당 진료비 102만 원보다 3배 많은 것이다.

〈표 Ⅰ-3〉 건강보험 진료비[1] 현황 (단위: 억 원, %, 천 원, %p)

	2005	2006	2007	2008	2009	2010	2011	2012	2013	
										증감률
전체	247,968	285,580	322,590	350,366	394,296	436,570	460,760	482,349	507,426	5.2
1인당 진료비	523	602	675	728	811	893	935	971	1,015	4.5
65세 이상	60,556	73,931	90,813	104,904	120,391	137,847	148,384	160,382	175,283	9.3
(구성비)	(24.4)	(25.9)	(28.2)	(29.9)	(30.5)	(31.6)	(32.2)	(33.3)	(34.5)	(1.2)
고령자 1인당 진료비[2]	1,545	1,815	2,070	2,281	2,495	2,769	2,862	2,933	3,054	4.1

자료: 건강보험심사평가원, 「2005~2007년 건강보험통계지표」, 「2008~2013년 진료비통계지표」
주: 1) 진료비는 심사실적 기준의 건강보험 요양급여 비용임
2) 고령자 1인당 진료비 = 65세 이상 진료비 / 65세 이상 건강보험가입자 수

4) 잠재성장률 하락 전망

구매력이 높은 노동인구 감소와 구매력이 낮은 노인인구 증가로 소비증가율은

('01~10)3.77% ⇨ ('11~30)3.01% ⇨ ('31~60)1.41%로, 투자증가율은 ('01~10)3.14% ⇨ ('11~30)2.44% ⇨ ('31~60)1.15%로 하락할 전망이다. 또한 노동력 감소 노동생산성 저하 투자 위축 등으로 잠재성장률도 2001~2010년 4.42% ⇨ 2011~2016년 1.03% 하락할 전망이다.

5) 사회보장 부담 증가

연금 보험료 납부 인구는 감소하나 수급 인구가 급격하게 증가하여 사회보장 지출부담이 급증될 것으로 전망된다. 국민연금은 '44년도부터 수지적자가 발생하여 '60년에는 적립기금이 소진될 것으로 전망되며 건강보험은 현 보험료율과 지출행태 유지시 '35년에 고갈할 것으로 전망된다. 또한 공공사회복지지출은 '13년 기준 GDP 대비 9.8%에서 '40년에는 OECD 평균에 이르고 '60년에는 29.0%로 상승될 전망이다.

〈표 I -4〉 한국의 GDP 대비 사회보장지출 비중 예측 (단위: GDP 대비 %)

구분	1980	1985	1990	1995	2000	2005	2010	2011	2013	2020	2030	2040	2050	2060
스웨덴	26.0	28.2	28.5	31.8	28.2	28.7	27.9	27.2			–	–	–	–
덴마크	24.4	22.9	25.0	28.7	26.0	27.3	29.9	30.1			–	–	–	–
프랑스	20.6	25.8	24.9	29.0	28.4	29.6	31.7	31.4			–	–	–	–
독일	21.8	22.2	21.4	25.9	26.2	27.0	26.8	25.5			–	–	–	–
영국	16.3	19.2	16.3	19.2	18.4	20.2	22.8	22.7			–	–	–	–
미국	12.8	12.8	13.1	15.0	14.2	15.5	19.3	19.0			–	–	–	–
일본	10.3	11.1	11.1	14.1	16.3	18.4	22.1	23.1			–	–	–	–
한국	–	–	2.8	3.2	4.8	6.5	9.0	9.0	9.8	12.9	17.9	22.6	26.6	29.0
OECD 평균	15.4	17.0	17.5	19.3	18.6	19.4	21.7	21.4			–	–	–	–

자료: OECD STAT(2015, 10월 기준), 제1차 중장기 사회보장 재정추계(보건복지부, 2014, 1월)

6) 재정수지 악화

저출산 및 잠재성장률 둔화에 따라 총수입 증가율이 낮아지고 고령화에 따라 복지지출 총지출은 빠르게 증가하여 재정건전성 악화가 우려되고 있다. 우리나라는 GDP 대비 국가채무 비율은 '14년 35.9%로 양호한 수준이나 저출산고령화로 재정 여건 악화로 GDP 대비 국가채무 비율도 상승할 우려가 있다(저출산고령사회위원회, 2015).

Chapter_ 2

노인복지의 이해

노인이란 일반적으로 일정연령에 도달한 사람 또는 노화과정에 있는 사람을 칭한다. 그러나 노인의 개념은 다양하다. 노인의 개념정의가 다양한 것은 노화과정이 개인적으로 편차가 클 뿐만 아니라 시대적 및 사회적 상황 그리고 문화적 배경에 따라 다양한 시각이 존재하기 때문이다. 이에 본 장에서는 노인과 노인복지에 대한 다양한 개념을 먼저 살펴보고 노인복지의 발달사에 대해서 고찰하고자 한다.

1. 노인과 노인복지의 개념

1) 노인의 개념

노인에 대한 정의는 지역적(혹은 국가적) 특성과 사회적 환경에 따라 다양하게 정의되고 있다.

(1) 국제노년학회의 정의

1951년 제2회 국제노년학회에서는 노인의 개념을 다음과 같은 다섯 가지 특성을 가진 사람이라고 하였다(현외성 외, 1998).

1. 환경변화에 적절히 적응될 수 있는 자체조직에서 결핍이 있는 사람
2. 자신을 통합하려는 능력이 감퇴되는 시기에 있는 사람
3. 인체기관, 조직기능 등에 있어서 감퇴현상이 일어나는 시기에 있는 사람

4. 생활 자체의 적응이 정신적으로 결손되어 가고 있는 사람
5. 인체의 조직 및 기능저장의 소모로 적응력이 감퇴되는 시기에 있는 사람

(2) 뉴가르텐(B. Neugarten)의 정의

뉴가르텐(B. Neugarten)은 미국 노인 집단을 다음 세 단계로 분류했다(Willamson, 1980).

① 연소노인(young-old)은 55~65세로서, 이들 대부분은 일을 할 수 있으며, 돈 버는 능력과 사회적 승인이 최고조에 달해 있을 때이다.
② 중고령 노인(middle-old)은 65~75세로서, 퇴직자들이 많이 포함된다.
③ 고령노인(old-old)은 75세 이상으로서, 신체적으로 약하고 병약하며 고립되고 궁핍한 계층의 노인들이다.

(3) 법적 개념

현행 노인복지법이나 노인장기요양보험법은 원칙적으로 "65세 이상의 자"를 법의 적용대상으로 규정하고 있으며 고용상 연령차별금지 및 고령자고용촉진에 관한 법률은 "고령자"와 "준고령자"라는 개념을 사용하고 있는데(제2조 제1호와 제2호), "고령자는 55세 이상인 사람"으로 "준고령자는 50세 이상 55세 미만인 사람"으로 규정한다(동법 시행령 제2조 제1항과 제2항). 한편, 국민연금법에서는 노인의 연령을 60세로 보고 이때를 연금수급 연령으로 규정하고 있으며 국민기초생활보장법(2000)에서 보호노인 대상자를 65세 이상으로 규정하고 있다.

(4) 조작적 정의

조작적 정의는 실제로 관찰하여 노인으로 규정하기에 편리하도록 된 정의이다.

① 개인의 자각에 따른 노인

개인의 자각에 따른 노인이란 개인 스스로 주관적으로 판단하여 노인이라고 생각하는 사람을 노인으로 일컫는 것이다. 그러나 노인에 대한 주관적 정의는 노인에 관한 연구나 정책으로 활용하기에는 무리가 있다.

② 역연령에 따른 노인

노인에 관한 정의에서 현재 가장 보편적으로 사용하는 정의는 역연령에 따른 정의인데 출생 이후부터 달력상의 나이로 계산한 만 나이가 일정 연령 이상일 경우 노인으로 규정한다. 이러한 역연령에 따른 노인의 정의는 정책과 행정상의 결정에 매우 보편적으로 활용되고 있으며 학술적으로도 이 시기부터 노인이라고 규정하는 것이 일반적이다.

③ 사회적 역할 상실에 따른 노인(사회적 노인)

사회적 역할 상실에 따른 노인이란 생산활동으로부터 은퇴한다거나 여성의 경우 주부로서의 역할과 지위를 이양함으로써 중요한 사회적 역할과 지위가 감소되거나 이를 상실한 사람을 노인이라고 규정하고자 하는 정의이다. 그러나 이 정의는 사회적 지위와 역할이 불분명한 사람에게는 적용하기 어려운 점이 있다.

④ 기능적 연령에 따른 노인

기능적 연령은 특정 연령범주에 속한 개인의 외모, 신체적 기능, 생산성, 자아통제력, 정신기능 등의 기능수준을 근거로 하여 노인을 규정한다. 그러나 특정 연령의 사람들의 개인차를 무시하고 일률적으로 노인을 규정하기 때문에 노인복지실천 현장에서 활용하기에는 다소 무리가 있다.

⑤ 발달단계에 따른 노인

인간의 발달단계는 생물학적, 심리학적, 사회적, 환경적 특성에 따라 구분할 수 있는데 50대 후반부터 초기 노년기, 60세 혹은 65세부터 노년기로 분류하거나 75세 이후를 후기 노년기로 구분하는 경우도 있다.

2) 노인복지의 개념

(1) 광의의 개념과 협의의 개념

광의의 노인복지 개념으로는 노령화 과정에 있거나 노후생활을 준비하는 제반 연령집단까지도 포함하는 포괄적인 활동으로 전체 노인의 생활상의 안정, 의료 · 직업의 보장, 주택, 여가의 보장, 그 외의 사회정책 전체를 의미하는 것으로 북유럽과 스웨덴의 경우가 해당된다. 한편, 협의의 노인복지 개념은 퇴직, 빈곤, 질병, 사별, 상실 등 여러 가지 요인으로 발생되는 생활곤란, 고독과 욕구불만 등을 겪고 있는, 스스로 인간다운 생활을 영위하기 어려운 노인과 그 가족에게 개별적인 부조나 지원과 보호, 육성, 자활을 위한 사업을 전개하기 위해 사회적으로 조직된 서비스로 개개인의 노인이 인간으로 생활하는 기쁨을 가지며, 장수를 누릴 수 있도록 원조하기 위한 사회서비스이다.

따라서 노인복지란 노인이 신체적 · 정신적 · 사회적 · 영적으로 편안하고 안락한 상태가 되도록 하기 위하여 노인문제를 예방하고 해결하기 위한 공 · 사의 조직적 체계를 통해서 노인생활 전체를 제도적으로 보장하기 위한 종합적인 대책이라고 할 수 있다(박차상, 2009).

(2) 노인복지편람에 의한 노인복지의 정의

노인복지는 노인들이 인간답게 살도록 돕는 사회의 노력이다. 이것은 구빈사업은 물론 인간으로서 기본 욕구를 충족하고 문화생활을 하며, 삶의 의미를 찾게 하는 예방적 · 개별적 의미를 포함하기도 한다.

(3) 장인협과 최성재의 정의

장인협과 최성재는 '노인복지란 노인이 인간다운 생활을 영위하면서 자기가 속한 가족과 사회에 적응하고 통합될 수 있도록 필요한 자원과 서비스를 제공하는 데 관련된 공적(公的) · 사적(私的) 차원에서의 조직적 제반활동'이라고 정의하고 있다(장인협 · 최성재, 2006).

(4) 이인수의 정의

이인수는 노인복지란 빈곤, 노쇠, 고독, 무료함 해결은 물론 노인 스스로 자신이 이 사회에서 꼭 필요한 존재라고 느끼며 긍정적이고 우호적인 자세로 여생을 살아갈 수 있는 사회적 여건을 마련하는 일이라고 하였다.

첫째, 노인의 삶의 질을 높이기 위해 사회 전반적으로 추구해야 하는 인륜적 과업이다.

둘째, 빈곤 · 질병 · 고독 · 무위 등 노년기의 주요 문제를 해결하는 국가사회적 활동이다.

셋째, 노인으로 하여금 자신이 이 사회에서 꼭 필요한 존재라고 느끼며 긍정적이고 우호적인 자세로 여생을 살아갈 수 있는 사회적 여건을 마련하는 일이다.

넷째, 노인의 심신의 건강유지 및 생활안정을 위하여 필요한 조치를 강구하기 위해 국가에서 추진하는 여러 가지 활동이다.

다섯째, 저소득 노인에 대한 기초생활보장, 건강관리 강화, 재가복지서비스 확충, 노인의 여가선용 및 사회참여기회 확충, 경로효친사상의 지속적 앙양 및 경로우대 영역에서 이루어지는 활동이라고 볼 수 있다(이인수, 1999: 13).

3) 노인복지의 원칙

(1) 1차 고령화 관련 국제행동계획(International Plan of Action on Ageing)의 원칙

고령화 관련 국제행동계획은 고령화, 노인문제 관련 정책과 사업의 수립 · 지침을 위한 최초의 국제적인 도구이다. 고령화 관련 국제행동계획은 다음과 같은 원칙에 근거를 두고 있다.

① 발전의 목표는 발전과정과 발전에 따른 이익의 형평성 있는 분배에 있어서 전체 국민이 참여하여 국민의 복지가 증진되어야 한다. 발전과정은 인간의 존엄성을 높이고 사회자원, 권리와 의무를 나눔에 있어서 연령계층 간 형평성을 확보해야 한다.

② 노인들의 여러 가지 문제점은 평화, 안전, 무기경쟁의 중지, 그리고 군사적인 목적으로 사용되었던 자원을 경제 · 사회적인 발전을 위하여 재배분하는 조건들하에서만 진정한 해법을 발견할 수 있을 것이다.

③ 노인들의 발전적이고 인도주의적인 차원에서의 문제점들은 독재와 억압, 식민주의, 인종주의, 인종 · 성 · 종교에 근거한 차별, 백인 우월주의, 종족말살, 외국 침략과 점령, 그리고 다른 형태의 외국 지배가 널리 퍼져 있지 아니하고 인권이 존중받는 곳에서 해결책을 발견할 수 있을 것이다.

④ 각 국가는 전통, 사회구조 및 문화적 가치의 맥락 아래, 인구학적인 추세와 그 변화에 대응하여야 한다. 모든 연령계층의 사람들은 조화로운 발전을 추구함에 있어서 전통적인 요소와 혁신적인 요소 사이의 균형을 유지하여야 한다.

⑤ 노인들의 정신적, 문화적, 사회 · 경제적인 기여는 사회에 귀중한 것이며, 더욱더 인식되고 증진되어야 한다. 노인에 대한 지출은 지속적인 투자로 간주되어야 한다.

⑥ 다양한 구조와 형태를 가지고 있는 가족은 세대를 이어가는 사회의 기본적인 단위이며, 각 국가의 전통과 관습에 따라 유지되고, 강화되고 그리고 보호되어야 한다.

⑦ 정부, 특히 지방정부, 민간단체, 개인 자원봉사자, 그리고 노인협회를 비롯한 자발적 단체들은 가정과 지역사회에서 노인들을 위한 지원과 보호에 특히 중요한 기여를 할 수 있다. 정부는 이러한 종류의 자발적인 활동을 유지하고 장려하여야 한다.

⑧ 사회 · 경제적인 발전에 있어서의 중요한 목표는 연령에 따른 차별과 비자발적인 인종차별을 없애고, 세대 간 연대감과 상호지원이 장려되는 세대 간 통합

이 이루어진 사회를 만드는 것이다.

⑨ 고령화는 전 생애에 걸친 과정이며, 그렇게 인식되어야 한다. 전 인류의 노후 삶에 대한 준비는 사회정책의 통합적인 분야가 되어야 하며, 육체적, 심리적, 문화적, 종교적, 정신적, 경제적, 건강 및 기타 요소들을 포괄하여야 한다.

⑩ 행동계획은 물질적인 측면뿐 아니라 정신적인 측면에서도 정당하고 번영된 노후를 달성하기 위하여 세계적인 사회 · 경제 · 문화 그리고 정신적인 추세의 보다 광범위한 배경하에서 고려되어야 한다.

⑪ 고령화는 경험과 지혜의 상징인 동시에 인간들에게 그들의 신념과 열망에 따라서는 개인적인 성취에 더 접근할 수 있게 해준다.

⑫ 노인들은 정책에 특히 영향력이 있는 이들을 포함하여 정책들의 형성과 실행과정의 적극적인 참여자이어야 한다.

⑬ 정부와 민간단체 그리고 모든 관계자는 노인 중 가장 취약한 계층, 특히 여성과 농촌 출신이 많은 가난한 노인들에 대하여 특별히 책임을 져야 한다.

⑭ 고령화에 대한 모든 측면에서의 계속적인 연구가 필요하다.

(2) 노인을 위한 유엔원칙(United Nations Principles for Older Persons)

노인복지의 원칙은 국제연합(UN)이 1991년 유엔총회에서 채택한 노인을 위한 유엔원칙(United Nations Principles for Older Persons)에 가장 잘 반영되어 있다. 이 원칙에 따르면 국가가 노인복지사업을 추진함에 있어서는 독립(independence), 참여(participation), 보호(care), 자아실현(self-fulfillment), 존엄(dignity)이라는 원칙을 반영하여야 한다(보건복지가족부, 2000).

이를 보다 세부적으로 살펴보면 다음과 같다.

① 독립 (independence)	• 소득, 가족과 지역사회의 지원 및 자조를 통하여 적절한 식량, 물, 주거, 의복 및 건강보호에 접근할 수 있어야 한다. • 일을 할 수 있는 기회를 제공받거나, 다른 소득을 얻을 수 있는 기회에 접근할 수 있어야 한다. • 직장에서 언제 어떻게 그만둘 것인지에 대한 결정에 참여할 수 있어야 한다. • 적절한 교육과 훈련 프로그램에 접근할 수 있어야 한다. • 개인의 선호와 변화하는 능력에 맞추어 안전하고 적응할 수 있는 환경에서 살 수 있어야 한다. • 가능한 한 오랫동안 가정에서 살 수 있어야 한다.
② 참여 (participation)	• 사회에 통합되어야 하며, 그들의 복지에 직접 영향을 미치는 정책의 형성과 이행에 적극적으로 참여하고, 그들의 지식과 기술을 젊은 세대와 함께 공유하여야 한다. • 지역사회 봉사를 위한 기회를 찾고 개발하여야 하며, 그들의 흥미와 능력에 알맞은 자원봉사자로서 봉사할 수 있어야 한다. • 노인들을 위한 사회운동과 단체를 조직할 수 있어야 한다.
③ 보호(care)	• 각 사회의 문화적 가치체계에 따라 가족과 지역사회의 보살핌과 보호를 받아야 한다. • 신체적, 정신적, 정서적 안녕의 최적 수준을 유지하거나 되찾도록 도와주고 질병을 예방하거나 그 시작을 지연시키는 건강보호에 접근할 수 있어야 한다. • 노인의 자율과 보호를 고양시키는 사회적, 법률적인 서비스에 접근할 수 있어야 한다. • 인간적이고 안전한 환경에서 보호, 재활, 사회적 · 정신적 격려를 제공하는 적정 수준의 시설보호를 이용할 수 있어야 한다. • 노인이 보호시설이나 치료시설에서 거주할 때도 그들의 존엄, 신념, 욕구와 사생활을 존중받으며, 자신들의 건강보호와 삶의 질을 결정하는 권리도 존중받는 것을 포함하는 인간의 권리와 기본적인 자유를 향유할 수 있어야 한다.
④ 자아실현 (self-fulfillment)	• 자신들의 잠재력을 완전히 개발하기 위한 기회를 추구하여야 한다. • 사회의 교육적, 문화적, 정신적 자원과 여가에 관한 자원에 접근할 수 있어야 한다.
⑤ 존엄 (dignity)	• 존엄과 안전 속에서 살 수 있어야 하며, 착취와 육체적, 정신적 학대로부터 자유로워야 한다. • 나이, 성, 인종이나 민족적인 배경, 장애나 여타 지위에 상관없이 공정하게 대우받아야 하며, 그들의 경제적인 기여와 관계없이 평가되어야 한다.

(3) 제2차 마드리드 고령화 국제행동 계획

제2차 세계고령화회의는 2002년 4월 8일~12일까지 스페인 마드리드에서 개최되었는데 여기서 채택된 마드리드 고령화국제행동 계획의 주제들은 다음과 같다.

① 모든 사람의 인권과 모든 노인들의 기본적인 자유의 완전한 실현

② 노년기의 빈곤해소 및 노인을 위한 유엔원칙을 세우는 목표를 재확인하는 것을 포함하여 안전한 노후의 달성
③ 노인들이 소득활동과 봉사활동을 포함하여 사회의 경제 · 정치 · 사회적 생활에 완전하고 효과적으로 참여할 수 있게 능력을 부여하기
④ 노인들이 단일한 동질집단이 아니라는 것을 인식하면서, 노후에 지역사회에서의 평생교육과 참여와 같은 것은 물론, 전 생애를 통한 개인개발, 자아실현 및 복지를 위한 기회 제공
⑤ 개인의 경제적, 사회적, 문화적 권리 및 시민적, 정치적 권리의 완전한 향유와 노인에 대한 모든 형태의 폭력과 자별의 철폐
⑥ 특히, 성차별의 철폐를 통하여 노인의 성평등 달성
⑦ 사회개발을 위하여 가정, 세대 간 상호의존, 연대와 호혜주의의 중요성 인식
⑧ 예방적 보건의료와 재활 관련 보건의료를 포함한 노인을 위한 보건의료, 지원, 사회적 보호의 제공
⑨ 국제행동계획을 실제적인 행동으로 전환함에 있어 모든 수준의 정부, 시민사회, 민간분야 및 노인들 사이의 협력관계 촉진
⑩ 특히 개도국에서 과학적 연구와 전문적 지식을 강화하고, 기술의 가능성을 고령화가 개인, 사회, 건강 분야에 미치는 영향에 초점을 맞추도록 하는 것
⑪ 노화과정에 있는 노인의 고유한 상황과 노인들의 특수한 환경에 대한 인식 및 노인들에게 직접 영향을 미치는 결정에 노인들이 자신들의 소리를 효과적으로 낼 수 있는 방법을 찾을 필요성에 대한 인식

(4) 제2차 세계고령화회의 정치선언문(Political Declaration)

2002 고령화국제행동계획은 21세기 고령화의 엄청난 잠재가능성이 실현될 수 있도록 하기 위하여 모든 분야의 모든 수준에서 태도, 정책 및 관행의 변화를 요구하고 있다. 많은 노인들이 안전과 존엄을 가지고 노후를 보내고 있으며, 또한 그들의 가정과 지역사회에서 참여를 하고 있다. 행동계획의 목적은 모든 사람들이 안전과

존엄을 가지고 노후를 보내며 완전한 권리를 가진 시민으로서 그들의 사회에 참여를 계속하도록 보장을 하는 것이다. 건강하고 풍성한 노년의 기초는 인생에서 일찍이 닦여지는 것을 인식하면서, 행동계획은 정책결정자들이 개인과 인구의 고령화에 관련된 중요한 우선순위에 초점을 맞추도록 도와주는 실제적인 도구가 되는 것을 의도하고 있다. 고령화의 본질과 그것이 제기하는 도전의 공통적인 모습은 인식되었으며, 특정한 권고들은 각 국가들이 처한 다양한 상황에 맞추어 적용시킬 수 있도록 입안되었다. 행동계획은 세계화 과정에 있는 모든 국가들의 상호의존성은 물론, 다양한 지역에서 발생하고 있는 발전과 변천의 많은 상이한 단계를 고려하고 있다(보건복지부, 2002).

4) 노인복지의 목적

노인복지의 첫 번째 목적은 노인들의 인간다운 삶을 보장하려는 '국민적 최저 수준 이상'이라는 소극적 생활 보장의 기준보다는 '최적 수준의 생활' 보장이라는 보다 적극적인 생활보장의 기준을 따르는 것이 타당할 것이다.

노인복지의 두 번째 목적은 자아실현의 욕구 충족이다. 노인복지는 노인들이 지닌 기본적인 사회적 욕구의 충족뿐만 아니라 성장에 대한 욕구 충족을 지원하고, 다양한 생활 영역에서 야기되는 노인과 그 가족의 문제를 예방 · 해결하는 것을 목표로 한다고 할 수 있다.

노인복지의 세 번째 목표는 사회통합의 유지이다. 사회통합은 가족, 이웃, 집단, 조직, 지역사회 및 국가에 이르기까지 자신이 속한 사회체계에 심리사회적으로 유대감을 갖고 적응하는 것을 말한다. 노년기에는 가족 내 · 외부에서의 지위와 역할 상실로 인하여 고독과 사회적 소외를 경험하며, 주류사회의 주변인으로 전락할 가능성이 높아진다. 따라서 노인복지는 노인의 사회적 소외를 완화하고 주류 사회의 구성원으로서의 지위와 역할을 부여하여 노인들이 사회활동에 적극적으로 참여함과 아울러 평생 동안 쌓아온 지혜와 경험을 바탕으로 국가와 사회발전에 기여할 수 있는 기회를 부여할 수 있어야 한다.

5) 노인복지의 특성

(1) 욕구의 다양성

인간들은 성장과정에 따라 그 행복의 조건 및 인간적 욕구가 단순하나 점차 나이가 들수록 그 욕구가 다양해진다. 노인들의 경우 경제적 빈곤, 건강의 약화, 역할상실, 고독감 등 어려운 문제에 당면하고 있으며 후손들의 장래에 대한 걱정과 어른으로서 대접을 받겠다는 욕구 등 그 욕구가 다양성의 성격을 띤다.

(2) 대상의 보편성

노인복지는 예외 없이 노화에 직면하게 되는 모든 사람이 조만간 그 대상이 된다는 점에서 요보호자 중심의 복지와는 달리 대상의 보편성을 그 속성으로 한다.

(3) 대상의 급격한 증가

노인복지 대상으로서 고령인구의 증가요인은 인구의 자연적인 증가현상과 의료의 발달, 생활수준의 향상에 따른 평균수명의 연장, 인구의 고령화 현상을 원인으로 본다. 동시에 산업 · 도시화에 있어서 새로운 기술개발, 구조조정, 정년제 등 인위적인 정책에 따른 제도적인 요인도 노인복지 대상의 급격한 증가를 가져왔다.

(4) 선 봉사 후 수혜성

지금의 노인은 경제활동이 가능했던 활동기간 중 보험료 또는 납세 등에 의해 보험재정이나 국가재정에 기여해왔으며 사회적 활동을 통한 사회발전에 공헌해 왔기 때문에 경제능력을 상실한 노후에는 현재의 경제활동 대상으로부터 부양받을 권리를 갖고 있다.

6) 노인복지의 필요성

노인문제의 근본적인 원인 중의 하나는 인구의 고령화이다. 즉, 전체 인구에 비하여 노인인구가 상대적으로 많아져가고 있다는 데 있다. 20세기 들어와 경제가 발전하여 생활수준의 향상으로 사망률이 감소하게 되어 대부분의 인간이 노년기를 경험하게 된다. 따라서 인간의 평균수명이 연장되는 것이며 결국 노인인구가 전체인구에 비하여 상대적으로 증가하여 사회의 노령화시대가 도래하는 것이다. 이와 같은 고령화 시대에 맞추어 사회와 국가가 그 목적에 따라 노인생활의 문제점을 파악하여 노인도 소속된 가족 및 지역사회에 잘 적응하여 활기찬 노후생활을 보장할 수 있도록 노인복지의 필요성이 대두되었다. 노인복지의 필요성을 크게 4가지로 구분하여 살펴보면 다음과 같다(설계경, 2012).

(1) 소득보장의 필요성

노인은 직장에서 은퇴하면 재취업의 기회가 제한되고 수명이 연장되어 빈곤이 장기화된다. 즉, 노인의 빈곤 원인은 노화로 인해 신체적 능력이 저하되어 일을 할 수 없게 되고, 또한 노동시장에서의 경쟁력을 상실하는 것이다. 이로 인해 취업 또는 재취업의 기회가 거의 없게 된다. 따라서 노인은 경제적 곤란을 갖게 되면 이러한 경제적 곤란은 노인의 최소한의 생활을 위협하기 때문에 큰 문제가 된다.

결국 노인의 빈곤원인은 도덕적 결함이나 개인적 성격의 결함에 원인이 있는 것이 아니라 생물학적, 사회적인 요인에 의해 발생하게 된다. 따라서 사회적 · 국가적 차원에서 노인에 대한 소득보장의 대책이 필요하다.

(2) 의료보장의 필요성

어느 나라나 보편적인 문제로 노인이 되면 신체적 정신적 퇴화가 불가피하여 만성질환으로 발전하게 된다. 노인의 만성질환을 완전히 치료하는 것은 불가능하기 때문에 대부분의 노인들은 건강하지 못한 상태에서 생활하고 있으며, 자신들의 건강문제에 대해 심각한 걱정을 하고 있다. 노령화로 인해 노인들에게는 발병률이 높으며, 의료비의 지출이 많아져 경제적인 부담이 커지고 있다. 또한 노인병의 치료와 간호는 집중적으로 받아야 하지만 경제적인 부담이 커서 치료를 받지 못하는 경우가 많다.

따라서 노인에 대한 의료보장제도가 필요하다.

의료보장제도는 질병, 부상, 분만, 사망 등의 요인으로 인한 생활상의 불안을 방지하기 위하여 최소한의 생활을 보장하고 문화적인 생활을 영위하도록 하는 데 그 의의가 있다. 즉 전 국민이 공동으로 책임을 짐으로써 사회정의 실현과 사회연대를 도모하고자 의료보장제도가 필요한 것이다.

(3) 주택보장의 필요성

노인은 경제적으로 수입에 한계가 있으므로 주택을 확보하는 데 필요한 비용을 자력으로 마련하기가 어렵다. 따라서 국가와 지역사회 차원에서 소득 수준에 따라 주택수당을 제공하거나, 무료 또는 저렴한 비용으로 주거공간을 확보하도록 지원하여야 한다. 노인에 대한 주택보장은 노인 스스로 안전하고 안락함을 유지할 수 있고 독립성을 확보하여 일상생활을 유지할 수 있도록 한다.

주택보장은 안전의 욕구 등 노인의 정서적 안정에 대한 욕구충족과 연결된 대책이라고 할 수 있다. 그러나 정서적 안정의 욕구는 건강이나 경제적 상황에 많은 영향을 받게 되므로 건강상태와 경제적 소득 수준에 따라 다양한 방법으로 이루어지고 있다. 따라서 노인에 대한 주택보장은 노인들이 가능한 한 자신에게 친숙한 지역사회 내에서 머물면서 계속적으로 생활할 수 있도록 하기 위해 필요한 것이다.

(4) 사회적 서비스의 필요성

산업화의 영향으로 가치관이 변화되고 핵가족으로 인해 노인들에 대한 인식이 변화되었으며, 이로 인하여 전통사회에서 가졌던 노인의 역할을 상실하게 되었다. 이러한 사회적 변화는 노인들이 소외감 속에서 고독할 수밖에 없는 심각한 사회적 문제로 발전하였다. 따라서 노인에 대한 사회적 서비스는 필요성과 함께 노인이 가족과 사회에 공헌한 바에 대한 반대 급부적 보상으로 사회가 노인에게 적절한 복지프로그램과 서비스를 제공해야 할 것이다.

노인복지에서 사회복지 서비스는 사회복지사업의 내용 중 노인에게 적용될 수 있는 모든 서비스와 노인복지법상 복지배치와 노인복지 시설에 해당하는 것을 포함한다. 따라서 사회복지 서비스는 노인의 일상생활에 가장 관계가 깊고, 노인들의 의욕상실과 의존성의 증가로 인한 문제를 그 환경에 잘 적응할 수 있도록 도와준다.

사회적 환경변화로 인하여 노인들에게 소외감과 고독감 등 사회문제가 발생하게 되었다. 따라서 이에 따른 노인의 문제를 해결하기 위해서는 사회적 서비스가 필요하다.

2. 노인복지의 발달 과정

우리나라 노인복지정책이 제도화되어 발전하기 시작한 때는 1981년 노인복지법이 제정된 이후이다. 때문에 본 장에서는 그 기준을 노인복지법이 제정된 1981년을 기준으로 분류하고자 한다.

1) 노인복지법 제정 이전 시대

(1) 삼국시대

삼국시대에는 부양해 줄 사람이 없는 노인은 홀아비(鰥), 홀어미(寡), 고아(孤)와 함께 왕조의 주된 구호대상이었다. 국가차원의 제도적인 노인복지 개입은 전혀 없이 매우 빈약했다.

(2) 고려시대

불교의 자비사상이 노인구제 등의 보호사업에 영향을 미쳤다. 노인보호사업 가운데 노인관리에게 베풀어진 관리부여, 병든 노부모를 위한 부양휴가제도, 노인봉사원제도 등은 근대적 의미의 노인복지제도라고 할 수 있다.

(3) 조선시대

조선 초에 시행된 노인보호사업은 그 대상이 매우 제한된 고령인구로서 환과고독을 제외하고는 양반계급 중에서도 특권층에 속한 관리들의 노후문제에만 선별적으로 접근했다.

(4) 근대사회

① 일제 강점기

1910년 한일합방 이후 노인복지사업은 다른 사회복지사업과 더불어 조선총독부에 의해 실시되었다. 이는 식민지 통치에 반대하는 민족운동의 무마책이었고 동시에 식민지통치를 연장하기 위한 도구로 시행된 것으로, 시혜 또는 자선적 성격의 단순구호사업에 불과하였다.

② 해방 이후~1950년대

1945년 해방과 더불어 남북분단에 의한 미군정기(1945~1948), 6 · 25전쟁 등의 시대적 격변으로 인해 이 시기의 노인복지는 거의 독립적으로 기능하지 못했던 것으로 평가된다.

(5) 1960년대

4 · 19혁명과 5 · 16정변 등 정치 · 사회적 변동과 경제개발정책이 국가핵심이 되었으며 사회복지에 관한 법률을 점차 정비하였다.

- 1961년 생활보호법, 아동복리법, 윤락행위등방지법, 군사원호보상법 실시
- 1962년 공무원연금법, 재해구호법 제정
- 1963년 군인연금법, 산업재해보상보험법, 의료보험법 등 사회보장에 관한 법률이 제정됨으로써 미비하지만 사회보장의 기틀 마련
- 1963년에 친목단체로 시작한 경로당이 1969년에 대한노인회 지부로 전환하는 등 노인단체 등장하기 시작

(6) 1970년대

경제성장의 가시적 성과와 더불어 산업화, 도시화, 핵가족화, 인구의 고령화 등이 매우 빠르게 진행되었다. 노인문제가 사회문제로 대두되면서, 노인들의 다양한 욕구도 나타나기 시작하였다. 그러나 노인을 위한 서비스나 급여는 생활보호법에 의한 생계보호 정도에 국한되었다.

2) 노인복지법 제정 이후

(1) 1980년대~1990년대

우리나라 노인복지정책이 제도화되어 발전하기 시작한 때는 1981년 노인복지법이 제정된 이후이다. 법 제정 당시 노인문제에 대하여 국가, 사회, 가족이 함께 책임지는 것을 기본방향으로 하였으나, 1차적 책임은 가정에게 있으며 국가는 무의탁, 저소득층 노인을 주된 정책대상으로 하였다. 이에 따라 이 시기의 노인복지서비스는 보완적인 것으로 1987년 재가노인복지 시범사업이 실시되기 전까지는 노인양로 및 요양시설을 중심으로 서비스가 제공되었다. 1989년에 모든 노인들이 의료보장의 혜택을 받게 되었고, 주거복지 시설이 다양화되었으며, 노인여가 시설제도가 도입됨으로써 지역사회 기반의 서비스가 제공되기 시작했다. 이러한 노인복지법과 관련 제도의 정비를 기반으로 1900년대에는 노인복지의 대상층이 지역사회 거주노인으로 보다 폭넓어졌다. 1991년에 노령수당 지급, 경로식당 설치, 주간 보호 및 단기보호사업

이 실시되기 시작했고 1998년에는 경로연금제도가 도입되었다.

(2) 2000년대 이후

2000년대는 우리나라 노인복지서비스가 급변한 시기로 재가복지서비스, 노인의 사회참여, 소외노인 지원, 시설보호서비스, 그리고 건강 예방과 증진을 위한 보건의료서비스 등의 구조 안에서 새로운 서비스가 개발되고, 기존의 서비스가 폐지되기도 하는 등의 변화와 발전을 이루어왔다. 2000년도 초반의 재가복지사업은 가정봉사원 파견사업, 주간보호, 그리고 일시보호서비스를 중심으로 제공되어 왔으나, 2008년 노인장기요양보험이 도입되면서 재가복지서비스의 상당 부분이 노인장기요양보험의 재가급여 지원으로 흡수되었으며, 장기요양보험의 급여대상에서 제외된 경증노인을 위한 노인돌봄종합서비스와 지역사회 내 독거노인지원서비스 등이 새롭게 운영되고 있다.

노인의 사회참여를 증진시키기 위한 노인복지서비스로는 경제활동지원과 여가활동이 있으며, 2000년 이후 유사한 사업구조와 내용을 유지해오고 있다. 경제활동은 공공부문의 일자리 창출과 민간부문 취업지원을 중심축으로 진행해 왔으며, 여가활동은 경로당과 노인복지관 설치운영, 노인자원봉사 활성화라는 인프라 구축과 서비스 개선을 중심으로 진행해 왔다. 노인의 사회참여 영역에서는 2004년부터 노인일자리사업이 시작되어 지금까지 관련 사업을 확장해 온 것이 노인 사회참여 영역에서의 가장 큰 변화라고 할 수 있다.

2001년 이후 노인복지서비스의 긍정적인 변화 중 하나는 경제적으로 취약한 빈곤노인 중심의 서비스에서 사회적으로 취약한 소외노인에 대한 서비스로의 전환이라고 할 수 있다. 노인학대에 전문적이고 체계적으로 대응하고, 노인학대예방과 피해노인의 삶의 질 향상을 위해 2004년부터 전국 시 · 도에 노인학대예방센터(현, 노인보호전문기관)를 설치 · 운영하기 시작했으며, 2011년부터 16개 시 · 도에 학대피해노인 쉼터를 운영하고 있다. 그러나 아직까지는 노인학대예방이나 권익증진 영역은 타 노인복지서비스 영역에 비해 사회적 관심과 지원이 낮은 수준이라 할 수 있다.

노인건강증진과 관련하여 2000년부터 치매상담지원센터 운영과 노인건강검진사업을 통해 노년기 건강을 예방하고 치매노인과 가족에 대한 지원을 실시하였으며, 인프라 확대 차원에서 치매요양병원 건립을 지원하였다. 이들 사업은 사업내용과 규모가 일부 바뀌었지만 2015년 현재까지 유지되어 운영되고 있다. 2006년 이후 치매검진사업과 치매관리지원 사업이 새롭게 도입되었으며, 노인실명예방을 위한 안검진과 개안수술비를 지원해주고 있다(한국보건사회연구원, 2014).

3. 노인복지 분야

사회복지 분야는 그 분야가 끊임없이 변화하고 있는데 최근 가장 눈에 띄는 사회복지 분야 중 하나는 실업 혹은 실직자와 그 가족에 대한 사회복지실천이다.

1) 사회복지 분야 분류의 기준

① 사회적 약자나 살아가면서 직면하는 문제 중심의 분류

가족, 아동 및 청소년, 노인, 장애인, 여성복지, 산업복지, 의료사회사업, 정신보건사회복지, 학교사회복지, 군사회복지, 교정사회복지 등 다양

② 전 생애에 걸쳐서 발생 가능한 문제 중심의 분류

예컨대, 의료, 고용, 교육, 사회서비스, 소득보장, 지역서비스, 주택주거환경서비스 등으로 분류한다든지, 또는 복지사업, 사회보험, 보건의료, 고용대책, 주택 및 환경, 일반복지 등으로 분류

2) 노인복지 분야

노인복지 분야 역시 노인이 가진 다양한 욕구의 내용을 어떻게 분류하느냐에 따

라 다르게 논의할 수 있는데 흔히 사회보장이나 사회복지정책을 분야별로 구분할 경우에는 소득보장, 의료보장, 주택보장, 사회복지서비스 관련 분야 등으로 구분한다. 이 중 노인의 삶의 질에 가장 직접적인 영향을 주는 분야는 소득 및 의료 보장으로서 노인복지의 핵심을 이루고 있다.

Chapter_ 3

노화현상과 노화이론

1. 노화현상에 대한 이해

노인이 경험하는 신체적 변화는 1차적으로 신체를 구성하고 있는 세포가 노화에 의해 제 기능을 충분히 발휘하지 못하는 것을 의미한다. 노인은 전반적으로 예비력이 감소하여 잠재하고 있는 질병이 나타나기 쉽고, 질병이 발생하면 급격히 상태가 악화되어 쉽게 죽음에 이르게 된다.

1) 신체적 변화

(1) 노인의 신체적 특징

노화는 신체의 발달과정에서 퇴행적 발달을 의미하는데 생물학적 노화가 진행됨에 따라 여러 가지 신체구조의 변화와 신체기능의 변화를 동반하게 된다. 노인의 신체적 특성에 관하여 여러 관점이 있지만 여기에서는 다음과 같이 정리하고자 한다.

① 체력의 변화

신체조직의 수분과 뼈의 질량이 감소하고 골밀도가 낮아짐에 따라 관절염이 생기고 운동능력이 감퇴한다.

② 시력 및 청력의 변화

시력이 감소하는 노인이 나타난다. 명시성이 낮은 색이나 비슷한 질감의 표면을 구분하기 힘들고 빛에 대한 감각이 둔화되어 젊은 사람보다 밝은 조도를 필요로 한다. 청력 또한 높은 주파수의 소리를 듣기 어렵고 반사음에 대한 분별이 낮아져 노인성 난청이 발생한다. 소리에 대한 감각이 둔화되어 젊은 사람보다 큰 소리를 필요로 한다.

③ 감각기관의 변화

기본적으로 외부를 인식하는 오감이 모두 퇴화된다. 피부탄력의 감소로 촉각이 둔해지고 고통에 대한 반응이 약해진다. 미각의 둔화로 짜고 단 것에 대한 감각이 낮아지고 외부 온도에 대한 감각과 이에 대한 체온유지 능력이 떨어지게 된다.

④ 신체기관의 변화

노년기에는 호흡기계통의 변화로 기관지질환이나 호흡기질환이 일어날 가능성이 높아진다. 또한 치아결손과 소화효소 분비량의 감소, 위, 근육의 약화 등으로 인하여 소화기능이 감퇴되고 세포수의 감소와 함께 운동능력이 저하되며 신장 혈관의 경화현상으로 신장기능이 저하된다. 체액이 줄어들어 휴식상태의 산소소모량이 줄면서 기초대사율의 감소 등이 일어나고 생식기능의 저하현상도 함께 진행된다.

⑤ 회복능력의 변화

신체조직의 기능저하는 회복하는 기능도 감퇴시키기 때문에 작은 외부의 충격이나 변화에도 주의하여야 한다. 젊은 사람에게는 가벼운 감기나 질환, 갑작스런 온도변화 등도 치명적이 될 수 있다.

(2) 노인성 질환의 특성

① 노인성 질환은 단독으로 발생하는 경우는 드물고, 하나의 질병에 걸리면 다른 질병을 동반하기 쉽다.
② 노인성 질환은 증상이 거의 없거나 애매하여 정상적인 노화과정과 구분하기 어렵다. 기존 질병명으로는 구분되지 않고, 기능 이상으로만 나타나는 질병이

흔하므로 단순한 식욕부진이나 전신 허약감에도 주의를 기울여야 한다.

③ 노인성 질환은 원인이 불명확한 만성 퇴행성 질환이 대부분이다.

④ 노인성 질환은 경과가 길고, 재발이 빈번하며, 합병증이 생기기 쉽다.

⑤ 노화에 따라 신장기능이 저하되어 수분과 전해질의 균형이 깨지기 쉽고, 이로 인해 의식장애, 심장수축이상, 신경이상 등이 발생한다.

⑥ 노인은 젊은 사람보다 약물에 더욱 민감하게 반응하기 때문에 약물을 사용할 때 더욱 신중해야 한다. 신장은 소변 농축 능력과 배설 능력이 저하되어 약물 성분이 신체 내에 오래 남아 중독 상태에 빠질 수 있다.

⑦ 노인은 질환에 대한 민감도가 높기 때문에 위험 요인에 노출 시 질병에 쉽게 걸리게 된다. 또한 증상, 경과, 예후 등이 젊은 사람의 검사기준을 적용할 수 없는 질환이 많아 초기 진단이 매우 어렵다.

⑧ 노인은 질환 자체가 비교적 가벼워도 의식장애를 일으키기 쉽다.

⑨ 노인이 질환으로 움직이지 않게 되면 몸의 일부를 입박하게 되고, 노화에 따른 혈액순환 저하로 욕창이 잘 발생한다. 또한 골격근의 수축력 감소로 관절이 쉽게 뻣뻣해진다. 따라서 관절경축과 욕창예방을 위한 세심한 배려가 요구된다.

⑩ 노인성 질환으로 일상생활 수행능력이 저하되면 질환이 치유된 후에도 의존 상태가 지속되는 경우가 많다. 따라서 자신의 일상생활은 가급적 스스로 하게 하여 와상상태가 되지 않도록 도와야 한다.

⑪ 노인성 질환은 신체적 측면뿐만 아니라 심리적, 사회적, 경제적, 영적 측면이 모두 연관되어 있어 의학, 간호학, 사회심리학, 경제학, 사회복지학 등의 다학제적이고 총체적인 접근이 필요하다.

(3) 노인성 질병

① 소화기계 종류

• 위염

위염은 위 점막의 염증을 의미하며 급성 위염과 만성 위염으로 구분된다. 급성 위염은 갑자기 발생하는 위 점막의 염증이며 급성 위염이 완치되지 못하고 방치되거나 재발하는 경우 만성 위염으로 변화한다.

• 변비

변비란 변을 보는 횟수가 일주일에 3회 이하인 경우, 변의 딱딱한 정도가 아주 심한 경우, 변을 보는 데 많은 시간이 필요한 경우, 배변 후에도 대장에 변이 남아 있는 듯한 느낌(잔변감)이 3개월 이상 지속되는 것을 의미한다.

• 위암

위암은 남성에서 2배 정도 호발하며 60세 이상에서 더 많이 발생하는 것으로 보고되고 있다. 최근 위암의 조기진단, 수술과 항암제 등의 발달로 치료성적이 향상되고 사망률이 감소하고 있지만 우리나라에서의 발생률은 전체 남자 암 발생자 중 약 24%(1위)를 차지하고 있고 여자에서는 약 15.3%(2위)를 차지하고 있다.

② 호흡기계 질환

• 만성기관지염

만성기관지염이란 기관지의 만성적 염증으로 기도가 좁아진 경우를 뜻한다. 따라서 호흡곤란에 시달리게 되고 만성염증으로 기관지벽이 파괴될 경우 일부 기관지는 오히려 비가역적으로 늘어나 기관지 확장증이 되기도 한다.

• 천식

천식은 기관지 점막이 외부 자극에 대한 과민반응으로 경련을 일으키는 것이다.

③ 순환기계 질환

• 고혈압

고혈압이란 성인의 최고 혈압(수축기 혈압)이 140mmHg, 최저 혈압(이완기 혈압)이 90mmHg 이상인 경우를 의미한다.

• 동맥경화증

동맥경화증은 동맥 혈관의 안쪽 벽에 콜레스테롤이 축적되어 혈관 내부가 좁아지거나 막혀 혈액의 흐름에 장애를 일으키고, 혈관 벽이 굳어지면서 발생하는 것이다.

④ 근골격계 질환

• 퇴행성 관절염

퇴행성 관절염은 관절을 구성하는 여러 가지 성분 중에서 연골과 주위골에 퇴행 변화가 나타나서 생기는 관절염으로, 주로 체중을 많이 받는 관절, 즉 무릎관절, 엉덩이관절 등에 심한 통증과 운동장애를 나타내며, 장기간 방치할 경우에는 관절의 변형까지 초래하는 가장 흔한 관절 질환이다.

• 골다공증

골다공증은 노화에 따라 척추, 대퇴 부위 뼈 조직에서 뼈세포가 상실되어 골밀도가 낮아지고 골절을 일으키기 쉬운 상태가 되는 대사성 질환이다. 뼈는 칼슘과 단백질로 구성된 살아있는 조직으로, 몸에서는 항상 적은 양의 뼈가 파괴되고 생성되는 과정이 이루어지게 되는데, 뼈의 칼슘이 형성되는 것보다 흡수가 더 많으면 뼈의 밀도나 양이 줄어들어, 뼈는 약해지고 쉽게 부러질 수 있다.

⑤ 생식 및 비뇨기계 질환

• 요실금

요실금은 자신의 의지와 상관없이 때와 장소를 가리지 않고 소변이 배출되는 현상이다. 정상적으로 소변이 차게 되면 방광은 팽창되어 늘어나며, 요도괄약근은 반사적으로 수축하여 방광입구를 조임으로써 소변이 새는 것을 방지하고, 소변이 많이 고이면 방광 벽에 분포한 감각신경을 통해 뇌에 전달하여 방광 벽은 수축하고 요도괄약근은 이완되어 소변배출이 이루어진다. 방광, 요도괄약근, 신경계통 중 어느 하나라도 문제가 생길 경우 요실금 현상이 나타난다.

• 전립선비대증

남성의 배뇨장애 중에서 가장 많은 전립선비대증은 전립선이 어떤 원인에 의해 비정상적으로 커지게 되는 현상으로 대개 50세 전후에 나타난다.

⑥ 감각기계 질환

• 녹내장

녹내장은 눈의 압력(안압)의 상승으로 인하여 시신경이 손상되어 시력이 점차적으로 약해지는 질환이다. 눈의 모양과 기능유지를 위하여 안구에는 일정한 압력, 즉, 안압이 필요하다. 안압은 정상적으로 15~20mmHg로, 각막과 수정체 등에 영양을 공급하는 방수라는 액체의 생성과 배출 균형을 통해 유지된다. 녹내장은 방수가 안구 밖으로 배출되는 통로에 문제가 생겨 발생한다.

• 백내장

백내장은 수정체가 혼탁해져서 빛이 들어가지 못하여 시력장애가 발생하는 질환으로, 검은 눈동자에 하얗게 백태가 껴서 뿌옇게 보이거나 잘 안 보이게 되는 질환이다(보건복지부, 2008).

2) 노인의 심리학적 변화

(1) 우울증 경향의 증가
(2) 내향성 및 수동성의 증가
(3) 조심성의 증가
(4) 경직성의 증가
(5) 생에 대한 회고의 경향
(6) 친근한 사물에 대한 애착심
(7) 시간 전망의 변화
(8) 유산을 남기려는 경향
(9) 의존성의 증가

3) 노인의 사회학적 변화

대부분의 인간은 자신이 사회적으로 수행하는 역할 속에서 자신의 가치와 존재의 의미를 찾게 된다. 그러나 기대되는 역할을 제대로 수행하지 못할 경우 자아정체감의 위기를 가져오게 된다. 최근 평균수명의 연장은 노년기의 기간을 연장시키게 되면서, 사회적 역할을 상실한 노인들은 고독감과 좌절감 속에서 말년을 보내게 되면서 '노인문제'를 낳게 되었다. 노인문제는 다양한 문제들을 수반하게 되면서, 현대산업사회의 중요한 사회문제로 부각되게 되었다.

노인에게 가장 흔한 역할은 은퇴자, 부모, 조부모, 증조부모, 배우자, 주부, 친척, 친구, 시민, 자원봉사자, 종교인, 동호회원, 서비스 수혜자 등이다. 노인에게 사회적 역할 변화를 가져오는 대표적인 사건은 은퇴, 배우자와 친족의 상실, 자녀의 결혼이다.

(1) 은퇴

은퇴는 여러 가지 의미에서 인생의 분기점이 된다. 장년기에서 노년기로의 이행이며, 노동을 끝내고 새로운 여가생활로 이행해 가는 분기점이 된다. 이 시기에 노인은 다양한 감정을 경험하게 된다.

① 소득 상실로 인한 경제적 빈곤감

② 동료, 직원들과의 대인관계 축소로 인한 유대감 상실

③ 사회적 신분과 지위를 잃어버림으로써 경험하는 상실감

④ 어머니로서의 역할에 많이 의존했던 여성은 자녀가 떠난 후 빈 집에 홀로 남아 있는 것 같은 정신적 고통

⑤ 사회생활과 직업을 중요시 여기던 남성은 퇴직 후 새로 가사 활동에 참여하게 되면서 부인과 미묘한 대립적 갈등을 겪게 된다.

한편, 에츠레이(Atchlery, 1988)는 퇴직자의 역할에 대한 적응과정을 다음과 같이 7단계로 설명하였다(고수현, 2015).

① 먼 단계(remote phase)

은퇴가 멀리 있다고 생각하고 은퇴를 대비하지 않는 단계

② 근접단계(near phase)

은퇴 프로그램에 관심을 가지며 은퇴 후 생활을 계획하는 단계

③ 밀월단계(honeymoon phase)

은퇴 후 직장생활로부터의 스트레스로부터 벗어나 평안한 상태를 경험하는 기간을 의미

④ 환멸단계(disenchantment phase)

은퇴 전에 갖는 이상이 환상에 불과하다는 것을 깨닫고 은퇴 후에 우울 상태를 겪는 단계

⑤ 재지향단계(reorientation phase)

은퇴의 환멸감을 느낀 사람들이 미래의 삶을 새롭게 생각하는 단계

⑥ 안정단계(stability phase)

은퇴자가 올바른 선택의 기준, 선택에 따른 올바른 행위기준을 찾아냈을 때 이르는 단계

⑦ 종결단계(termination phase)

은퇴자로서의 역할이 종결되는 단계

(2) 배우자와 친족의 상실

노인들은 젊은 사람들보다 죽음에 대해 더 많이 생각한다. 가족이나 친한 친구의 죽음과 스트레스를 받는 여러 가지 생활사건을 경험하게 된다. 배우자나 친구와 사

별하는 경우 막연히 느끼던 죽음이 현실화되면서 심한 허무감, 절망감, 고독감을 갖게 된다.

(3) 자녀의 결혼

남성 노인은 집안에서 가장의 자리를 아들에게 인계함에 따라 고독감을 느낄 수 있다. 여성 노인은 자식이 성장하여 자립하게 되자 '빈둥지증후군'으로 노후에 대한 초조와 불안감을 가지게 된다(보건복지부, 2014).

2. 노화이론

1) 생물학적 노화 이론

생물학적 노화에 관한 이론들은 매우 다양한 분야에서 연구되고 있지만 신체적 노화의 원인에 대한 규명에 대해서는 명확히 밝혀지지 않고 있다. 이에 여기에서는 생물학적 노화 이론에 대해서 살펴보기로 한다.

(1) 프로그램 이론

프로그램 이론에서는 세포조직들의 생명시간이 한정되도록 유전적으로 프로그램화되어 있기 때문에 인간의 생명도 유한하다고 주장한다. 인체조직은 최대 60번의 세포분열을 한 이후에 더 이상 세포분열을 하지 않고 정지된다. 상처가 치유되기 위해서는 젊은 성인의 경우 40번의 세포분열을 하지만, 나이가 들어가면서 세포분열 횟수는 점점 줄어들게 프로그램화되어 있다(Dandekar, 1999). 따라서 이 이론에 의하면 노화는 사전에 프로그램화된 세포의 사멸로 발생한다는 이론이다.

(2) 유해산소 이론

세포는 신진대사를 통해 에너지를 얻어 생명을 유지하는데, 신진대사과정에서 음식을 분해하고 에너지를 얻기 위해서는 활성산소가 필요하다. 활성산소(active oxygen)는 체내에서 대사과정을 통해 끊임없이 생성되는 물질로서 인체에 에너지를 공급하는 한편, 유해산소(free radical)를 배출한다. 체내에서의 신체적 손상은 활성산소가 세포조직에 필요 이상으로 축적될 때 일어난다. 항산화제로 멜라토닌과 같은 호르몬과 비타민 A, C, E 등과 같은 무기물들이 있다.

(3) 마모 이론

이 이론은 인간의 몸은 기계처럼 일정 기간 사용하게 되면 특정 부위가 손상되어 인체기능이 저하된다고 본다. 특히, 노화는 신체기관이 시간이 지남에 따라 마모되기 때문에 일어난다고 가정한다.

(4) 조직상해 이론

이 이론은 단백질의 산화과정에서 독소를 발생시키고, 신경세포에 다양한 위해물질들이 축적되면서 이것들이 육체적 노화를 일으키는 것으로 본다. 조직상해 이론은 산업체와 사업장에서 화학물질과 같은 유해물질을 사용함으로써 산재의 원인으로 작용한다는 점을 밝혀내고 있다. 그러므로 이 이론에 의하면, 사고 및 직업병의 예방을 통해 노동자의 노화를 지연시킬 수 있다는 점과 노동자보호정책의 필요성을 제시한다는 점에서 중요하다.

2) 심리적 노화 이론

(1) 발달심리이론

발달심리이론들은 노년기의 심리적 적응을 위한 과업들과 관련된 것들을 주로 다루고 있는데 이 이론에서는 노년기에도 인간발달이 지속된다고 가정하고, 일생 동안의 경험이 가치 있는 것임을 발견할 때에 노년기를 긍정적으로 인식한다고 본다.

① Erikson의 심리사회 발달단계이론

Erikson(1963)은 인간발달단계를 8단계로 구분하고, 각 단계마다 발달과업을 설정한 후에 인간발달에서 위기의 유형과 해결책을 제시하면서 긍정적인 발달을 이루어 나가는 규범적인 모델을 제시하였다(Erikson, 1963). 삶의 마지막 단계인 노년기의 발달과업은 절망적인 태도를 극복하고 긍정적인 자아통합(ego integrity)을 달성하는 것이다. 그러나 전 단계에서 해결하지 못한 위기적인 사건들이 남아있는 경우에 통합과정은 실패하고, 자신의 삶에 대한 후회와 무상함으로 인해 절망상태에 빠져든다고 한다.

② Havighurst의 발달과업이론

Havighurst(1972)에 의하면, 심리적 갈등은 생애주기의 순차적인 단계에서 주어진 발달과업을 완수하면 행복해진다. 각 단계는 신체적인 조건, 문화적인 규범과 사회적인 기대감 그리고 개인적인 가치설정과 개인적인 기대감에 의해서 6단계로 구분된다. 그리고 각 발달단계에서 주어진 과업을 완수하는지 여부가 현재의 행복과 다음 단계의 성공적 과업수행에 결정적인 역할을 한다고 하였다. Havighurst는 노년기 발달과업으로 다음과 같이 여섯 가지의 적응과제를 제시하였다(최성재 · 장인협, 2002).

㉠ 약화되는 신체적 힘과 건강에 따른 적응
㉡ 퇴직 및 경제적 수입 감소에 따른 적응
㉢ 배우자의 죽음에 대한 적응
㉣ 자기 동년배 집단과의 유대관계 강화
㉤ 사회적 역할을 융통성 있게 수행하고 적응하는 일
㉥ 생활에 적합한 물리적 생활환경의 조성

③ Peck(1968)의 발달과업이론

Peck은 중년기 이후의 발달과업을 세 가지로 보고 있다.

첫째, 자아분화 대 직업역할 몰두

자아의 분화가 잘 되어 있는 경우는 자아의 지지기반을 직업역할 이외에 여러 가지 역할에 나누어 두고 있는 데 비하여 자아의 분화가 약한 경우는 거의 전적으로 자아의 지지기반을 직업역할에 두고 있다.

둘째, 신체초월 대 신체몰두

신체적 기능쇠퇴의 생물적 노화현상을 극복하고 잘 적응함으로 생활의 만족을 얻는 것이다. 신체적 기능쇠퇴 현상에만 몰두하여 그것을 극복하지 못하면 생활의 만족을 얻지 못하고 심리적 기능도 크게 손상된다.

셋째, 자아초월 대 자아몰두

현실적인 자아의 초월의 단계로 죽음을 인정하고 긍정적으로 받아들여 미래에까지 연결하는 것이다. 이러한 자아초월의 과업이 잘 해결되지 못하면 죽음을 두려워하게 된다.

(2) 사회와해 이론(social breakdown theory)

Kuypers & Bengtson(1973)은 "사회와해증후군(social breakdown syndrome)"의 개념을 토대로 사회와해 이론을 발전시켰다. 사회와해증후군은 심리적으로 허약한 개인이 주변환경으로부터 부정적인 반응을 받게 되고 그 다음으로 자아개념에 영향을 받게 되면서 부정적인 피드백의 악순환을 거치게 된다는 것이다.

키퍼스와 벵슨은 다음의 네 단계를 거쳐 부정적인 피드백의 악순환 과정이 발생한다고 주장하였다.

① 역할상실 혹은 노화에 대한 편견 때문에 건강 관련 위기 경험

② 사회환경에 의해 노인이 의존적 존재로 낙인찍힘
③ 이전에 소유하고 있던 기술 자체가 위축
④ 개별들은 무능력한 자아를 수용하게 됨

즉, 사람은 자신의 부정적 행동에 대해 비판을 받게 되면 반항하거나 자신감을 상실하거나 또는 다른 부정적 행동을 하게 된다. 제3자가 사회적 취약계층에게 비현실적인 기대를 하거나 무관심한 사회적 환경이 조성되는 경우에 그는 무기력, 무능력 또는 더욱 부정적 환경을 재현함으로써 결국 개인의 가치 있는 삶을 와해시킨다.

이 이론을 노인에게 적용하면, 노인들이 사회로부터 강제퇴직을 당함으로써 중년기의 역할을 상실하고 사회에서 무능력자로 낙인을 받고 의존적인 존재로 취급되어 결국 자신감을 상실하고 불안한 상태에 놓이게 된다.

3) 사회구성주의 이론

사회구성주의 이론에서는 연령과 노화에 대한 사회적 구성체를 검토하여 개인을 사회적-구조적 맥락에 연결한다. 이 이론은 개인과 개인을 둘러싼 미시적 체계 간 상호작용 속에서 노인의 사회적 관계를 규명하고 의미를 찾고 개인의 참여와 상호작용이 현실을 창조하고 그 창조된 현실의 영향을 개인이 받는다는 의미에서 노인과 노화를 새롭게 해석하고 설명할 수 있는 시각을 제공하고 있지만 사회의 거시적 체계와 사회구조적 요인을 등한시하는 면에서 제한점이 있다.

4) 정체감 위기 이론

직업적인 역할은 직업과 관련된 자기의 정체감을 더욱 확고히 한다. 그러나 퇴직은 다른 역할의 상실까지 가져온다. 강제적이고 비자발적인 퇴직의 경우 자아기반이 무너짐으로써 정체성 유지는 위기를 맞게 되고 결국은 와해된다는 것이다.

5) 사회적 노화 이론

(1) 연령계층 이론(age stratification theory)

Riley와 Foner(1968)가 주장한 이론으로 연령계층화란 연령집단에 따라 사회적 계층화가 나타나서 연령에 따른 불평등과 차별이 나타나게 되는 현상을 의미한다. 라일리와 포너는 동일한 연령대(cohort)에 속하는 사람들은 동일한 문화권에서 서로 비슷한 역사적 경험을 하면서 성장해왔기 때문에 비슷한 가치관과 태도를 갖고 있다고 가정하고, 출생연도에 따라 삶의 조건과 삶의 질에서 차이가 발생한다는 점을 발견하였다. 연령계층 이론의 구조적인 지표로는 태어난 시대에 지배적인 사회제도에 의해 결정되는 가족생활주기, 직업생활주기, 경력 등에서의 차이점이다. 그러므로 연령대별 개인의 경력은 세대의 진행과정과 사회구조변동이라는 메커니즘에 의한 결과이며, 사회적 불평등을 야기하는 요인으로 정의된다.

(2) 하위문화이론(subculture theory)

하위문화이론은 로즈(Rose, 1965)에 의해 제기된 이론으로 하위문화란 한 범주에 속하는 구성원들이 다른 범주에 속하는 사람들과의 관계보다는 같은 범주에 속하는 사람들과 더 많은 관계를 유지하면서 형성된 독특한 문화를 말한다. 이 같은 현상은 현대사회에서 ① 타 연령층과의 상호작용으로부터 배제된 노인층의 증가 ② 연령분리정책의 결과로서 노인들끼리의 증가된 상호작용 ③ 노인들의 공통된 신념과 관심사의 증가 등의 요인으로 더욱 설득을 얻고 있다.

노인들은 나이가 들어가면서 가족과의 접촉이 줄어들고, 청년층과 격리되며, 홀로 살아가면서 소외를 경험하지만, 동시에 동년배들 간의 사회적 접촉빈도는 증가한다. 그리하여 노인들만의 문화를 형성하게 되고 결국 노년문화라는 연령에 의한 하위문화를 형성시킨다. 최근 지역사회에 설치된 복지관, 노인대학, 여가생활시설 등이 확충되면서 노인의 하위문화 형성은 보다 더 쉬워지고 있다(유성호 외, 2015).

(3) 현대화 이론(modernization theory of aging)

모든 연령대가 과거에는 공통된 문화와 전통 속에서 공동체 생활을 하였지만, 산업화는 젊은층을 도시로 이동시키면서 매우 빠른 속도로 전통사회를 해체하고 새로운 문화를 형성하였다. 전통사회의 노인들은 전통의 전수, 손자 · 손녀 양육 및 교육, 집안의 대소사를 맡는 등 중요한 역할을 해왔다. 반면에 젊은 세대는 농촌에서 도시로 이동하면서 전통과 사회적 통제로부터 벗어나게 되었고, 세대 간 다른 역사적 경험들은 생활양식, 경험, 규범 그리고 이해관계 등 모든 면에서 대립적인 위치에 서게 되었다. 즉, 사회구조 및 사회체제의 변화는 세대(世代)별로 다른 조건을 부여하여 세대 간의 이질성을 심화시키면서 노인들의 신분은 하락하었다. Cowgill & Holmes(1972); Cowgill(1986)는 사회구조적 관점에서 사회체제의 변화가 개인의 행동이나 특성에 영향을 주는 문제를 다루면서 현대화이론을 구축하였는데 이들은 노인의 사회적 지위를 상실시키는 요인으로 건강기술의 발전, 과학기술의 발전, 도시화, 교육기회의 확대 등 네 가지를 지적하였다(장인협 · 최성재, 2002).

① 건강기술의 발전

건강기술의 발전은 노인인구 수의 증가를 초래한다. 노인인구 수의 증가는 노동시장에서 세대 간에 치열한 경쟁을 가져온다. 이때 사회적으로 일정연령에 도달하면 퇴직하도록 정년제를 도입하고 고령층이 퇴직하도록 압력을 행사한다.

② 과학기술의 발전

과학기술의 발전은 전통적 기술과 경영방식에 의존하는 노인으로 하여금 새로운 기술과 지식을 소유한 젊은이와의 경쟁에서 탈락하도록 한다.

노인들은 그의 기능수행능력이 하락하면서 시장에서 가치 있는 역할을 하지 못하고 의사결정에서 소외된다. 결국 젊은 세대와 노년세대 간의 격차는 심화된다.

③ 도시화

도시화는 농경중심의 전통적 사회에서 유지되던 가족제도와 가족구조의 변화를 가져왔다. 젊은 세대는 구직과 교육을 위해 도시로 이동함으로써 핵가족화를 가속화시켰으며, 세대 간 지역적 분리를 가져왔다.

④ 교육기회의 확대

교육기회의 확대로 젊은 세대들이 고령세대들보다 사회경제적 신분상승의 기회를 갖게 되었다. 결국 교육기회의 확대와 과학의 발달은 부모세대의 지적, 도덕적, 그리고 사회경제적 지위를 하락시킨다.

(4) 분리이론(Disengagement Theory)

Cumming과 Henry(1961)의 분리이론에 의하면, 노인이란 기능과 역할을 상실하는 퇴보과정에 있는 사람이기 때문에 노년기에 퇴직함으로써 개인적으로나 사회적으로 만족한다는 가정에서 출발한다.

인간은 나이가 들어가면서 신체조직이 퇴화하고, 경제활동으로부터 퇴직하면서 경제적으로나 심리적으로 허약해지며, 생활공간은 점점 좁아지고, 삶의 에너지도 감소한다. 인간의 생애주기에서 노화란 피할 수 없는 자연적인 현상이며, 역할상실은 피할 수 없는 과정이고, 사회적 관계는 점점 해체되며 마침내 죽음을 준비하는 단계로 이르게 된다.

분리이론에서 분리는 개인적 분리와 사회적 분리로 구분한다(안홍순, 2013).

첫째, 개인적 분리란 노화를 자연스럽게 받아들이고 노년기에 자아를 재정립하여 사회에 적응하면서 나름대로 만족된 휴식을 취할 때에 생활만족도가 높다고 한다.

둘째, 사회적 분리는 사회의 입장에서 보다 많은 지식과 기술을 가지고 있는 훈련된 젊은이로 교체하는 것이 훨씬 유리하다고 판단하는 것을 의미한다. 그러므로 노인을 직장으로부터 분리하는 것이 사회적인 측면에서도 유리하다고 판단한다.

(5) 활동이론(Activity Theory)

활동이론은 Tartler, Havighurst, Neugarten & Tobin 등에 의해서 형성되었다. 즉, 고령화는 생산능력의 하락을 의미하고, 더 이상 동료로부터 인정을 받지 못하고 중요한 작업이나 결정에서 소외되며, 결국 퇴직하게 되는 과정으로 이해한다(Tartler, 1961).

활동이론은 노년기에 중년층의 연령규범을 지속할 수 있도록 노인들의 사회참여 활동에서의 제약을 완화하고, 개인의 자아개념을 재확인하는 데에 필요한 사회적 역할을 제공하며, 신체적 및 정신적 기능을 계속 사용할 수 있는 방법과 프로그램들을 개발하는 데에 초점을 두고 있다. 활동이론은 분리이론과 대립적인 이론으로서 노화이론에서 가장 많은 논란의 초점이 되고 있다.

(6) 교환이론(exchange theory)

Homans, Blau 등의 교환이론에 의하면, 인간관계 또는 사회적 관계는 둘 이상의 사람들 사이의 거래로서 이익추구활동 또는 보상활동의 결과이다. 교환이론은 이러한 가정으로부터 세대 간의 교환을 설명한다. 교환자원의 가치가 높거나 풍부한 청년층이 교환자원의 가치가 낮거나 부족한 노년층을 지배하게 된다. Rosow는 노인의 교환자원을 약화시키는 일곱 가지 요인을 다음과 같이 제시하고 있다(이해영, 2006).

① 재산 소유 및 통제권 약화

② 낙후된 지식

③ 노인의 종교적 전통과의 연계 약화

④ 핵가족화

⑤ 노인 생산성 약화

⑥ 도시화로 인한 공동체적 유대의 약화

⑦ 상호 의존성의 약화

Chapter_ 4

노인복지법과 행정

국가와 지방자치단체는 노인의 복지를 증진할 책임을 지고(법 제4조 제1항), 또 노인의 복지에 관한 시책을 강구한에 있어서 본법의 기본이념이 구현되도록 노력해야 한다(법 제4조 제2항).

국가 또는 지방자치단체는 경로효친의 사상을 앙양하고 노인의 생활의욕을 높이기 위하여 매년 10월 2일을 노인의 날로, 매년 10월을 경로의 달로 정했다(법 제6조 제1항). 이에 따라 보건복지부장관, 시 · 도지사 및 시장 · 군수 · 구청장은 매년 노인의 날 · 경로의 달에 실시하여야 할 행사의 계획을 수립하여 이를 시행하여야 한다(령 제11조).

1. 노인복지법

노인복지법은 노인의 질환을 사전예방 또는 조기발견하고 질환상태에 따른 적절한 치료 · 요양으로 심신의 건강을 유지하고, 노후의 생활안정을 위하여 필요한 조치를 강구함으로써 노인의 보건복지증진에 기여함을 목적으로 한다. 이 법의 이념은 다음과 같다.

① 노인은 후손의 양육과 국가 및 사회의 발전에 기여하여 온 자로서 존경받으며 건전하고 안정된 생활을 보장받는다.

② 노인은 그 능력에 따라 적당한 일에 종사하고 사회적 활동에 참여할 기회를 보

장받는다.

③ 노인은 노령에 따르는 심신의 변화를 자각하여 항상 심신의 건강을 유지하고 그 지식과 경험을 활용하여 사회의 발전에 기여하도록 노력하여야 한다.

1) 노인복지법의 역사

노인복지법은 노인복지정책이나 사업의 내용과 형태를 규정하는 노인복지의 모법(母法)으로서 현재 노인세대뿐만 아니라 국민 모두가 행복한 노후생활을 영위할 수 있도록 유도하고 지원하는 법률이다. 노인복지법은 공법(公法), 사법(私法), 사회법 중에서 사회법에 속하며, 노인의 건강 유지, 노후 생활안정을 통하여 노인보건복지 증진에 기여할 목적(제1조)으로 제정된 법률이다.

노인복지법은 1969년 처음으로 민간부문에서 노인복지법 제정을 위한 안이 제시된 이후 각종의 법안들이 입법결정과정에서 폐기 또는 상당한 변화를 겪었으며, 1980년 보건사회부에서 마련한 노인복지법 초안을 기반으로 하여 1981년 6월 5일 노인복지법이 제정되었다. 노인복지법은 1981년 제정 이후 여러 차례에 걸쳐 개정되어 현재에 이르고 있다.

(1) 1989년 제1차 개정

개정된 노인복지법의 주요 골자는 ① 노인복지대책에 관한 국무총리의 자문에 응하기 위하여 노인복지대책위원회를 설치하고, ② 복지시설기관은 재가노인을 위한 가정봉사원제 및 필요한 결연사업의 실시를 위하여 노력하도록 하고, ③ 국가 또는 지방자치단체가 65세 이상의 노인에 대하여 노령수당을 지급할 수 있도록 했다. ④ 노인의 생업지원을 위하여 공공시설 내의 매점설치허가 및 전매품 판매인의 지정에 있어서 노인이 신청하는 경우에는 이를 우선적으로 반영할 수 있도록 하고, ⑤ 노인복지시설의 범위에 새로이 실비양로시설, 유료노인요양시설 및 노인복지주택을 추가하고, ⑥ 노인여가시설을 경로당, 노인교실 및 노인휴양소로 분류하는 것 등이다.

(2) 1993년 제2차 개정

현행규정상 미비점을 개선하여 노인복지사업의 효율성을 높이기 위하여 1993년 12월 27일 법률 제4,633호로 노인복지법의 제2차 개정을 단행하였다.

그 주요골자는 ① 사회복지법인이 아닌 개인도 시 · 도지사의 허가를 받아 유료노인복지시설을 설치 · 운영할 수 있도록 하였다. ② 재가노인복지사업의 종류를 가정봉사원파견사업, 주간보호사업, 단기보호사업으로 명시하고, 이러한 사업을 실시할 수 있는 법적 근거를 마련하였다. ③ 행정처분의 상대방 또는 대리인에게 의견진술의 기회를 주기 위하여 청문절차를 규정하는 것 등이었다.

(3) 1997년 제3차 전면개정

노인복지법은 1997년 3월 27일 법률 제5,317호로 부분개정을 보았다. 내용은 재가복지사업을 도입하였고 사회복지공동모금회법이 통과됨에 따라 사회복지사업기금법에 관한 규정을 공동모금법으로 대치하는 것이었다. 이와 같이 부분적인 개정으로는 노인복지를 충분히 달성할 수 없고 국민연금에서 제외되는 노인들, 또 시대적으로 IMF규제상황이라는 어려운 여건 속에서 노인문제에 대한 근본적인 대책이 요망되었다. 이에 정부는 인구의 고령화 추세에 따라 증가하고 있는 치매 등 만성퇴행성 노인질환에 보다 효과적으로 대처하고, 노인생활의 안정을 위하여 전국민연금이 실시되어도 연금적용대상에서 제외되는 65세 이상 노인 중 경제적으로 생활이 어려운 노인에 대한 국가의 적극적인 소득지원과 노인취업 활성화를 도모하며, 노인복지시설 이용 및 운영체계 개편 등을 통하여 노인보건복지증진을 도모하기 위해 1997년 8월 22일자로 노인복지법을 전면개정하였다.

(4) 1999년 제4차 개정

전문개정을 본 (신)노인복지법이 나온 지 불과 1년 반 정도 지나고 또 노인복지법은 부분개정을 하였는데 주요 내용은 생활보호대상자인 경우에는 국민연금 등 공적연금을 수급하고 있더라도 경로연금을 수급할 수 있도록 하였으며, 신고만으로도 가정봉사원 교육훈련기관의 설치가 가능하도록 하였다. 유료양로시설, 유료노인복지주택, 유료노인요양시설, 유료노인전문요양시설의 비용수납 신고제 폐지 등이다.

(5) 2004년 제10차 개정

2004년 개정안에서는 그동안 사회적 문제가 되어 왔던 노인학대 예방과 학대받는 노인을 보호하기 위한 긴급전화, 노인보호 전문기관의 설치 등에 관한 조항이 신설되었다.

(6) 2006년 개정안

의료기관의 치매거점센터 지정 등 치매관리사업 확대, 유료노인복지시설 입소노인의 입소보증금 보호 강화와 노인복지회관 시설 기준 완화 등 현행 제도의 운영상 나타난 일부 미비점을 개선 · 보완하려는 것이다.

(7) 2007년 노인복지법 일부 개정[공포일자: 2007. 8. 3. 법률 제8608호]

개정안의 주요 내용을 보면 홀로 사는 노인에 대한 국가의 지원을 명시하고, 기존의 노인주거복지시설의 무료 · 실비 및 유료 등의 구분을 없애며, 요양보호사 자격제도를 도입하는 한편, 실종노인의 보호를 위하여 실종노인을 보호할 경우 신고하도록 하며, 60세 미만의 자에게 노인복지주택을 분양 · 임대하는 것 등을 금지하고 이를 위반한 경우 벌칙을 부과하도록 하는 등 노인의 보호체계 마련과 노인장기요양법 실행에 따른 현행 제도의 미비점을 보완하며 기존 법의 운영과정에서 발견된 몇 가지 미비점을 개선 · 보완하려는 것으로 볼 수 있다. 이 법에 대하여 보건복지부는 2008년 2월부터 시행한다고 밝혔다.

(8) 2010년[시행 2010. 4. 26.] [보건복지부령 제7호, 2010. 4. 26. 일부개정]

요양보호사 자격시험제도를 도입하고, 요양보호사교육기관 운영제도를 신고제에서 지정제로 변경하는 것을 주요 내용으로 「노인복지법」이 개정(법률 제9964호, 2010. 1. 25. 공포, 2010. 4. 26. 시행)됨에 따라 요양보호사 자격시험 시행에 필요한 세부절차와 요양보호사교육기관 지정기준을 정하는 한편, 현행 제도의 운영상 나타난 일부 미비점을 개선 · 보완하려는 것이다. 주요내용으로는 요양보호사 자격시험 실시에 관한 규정 마련(제29조의2부터 제29조의8까지), 요양보호사교육기관 지정기준 및 절차 마련(제29조의10 및 별표 10의3), 요양보호사교육기관의 위반행위에 대한 행정처분 강화(제31조제1항 및 별표 11) 등이다.

(9) 2012년[시행 2013. 4. 23.] [법률 제11249호, 2012. 2. 1. 일부개정]

노인들이 편안한 노후생활을 영위할 수 있도록 국가 또는 지방자치단체로 하여금 경로당에 대한 양곡구입비 및 냉난방 비용을 보조할 수 있도록 하고, 전기판매사업자 등으로 하여금 전기요금 등 공과금을 감면할 수 있도록 함으로써 경로당의 활성화를 도모하고 노인의 복지를 증진하려는 것이다.

2) 최근의 노인복지법의 역사

2015년 개정된 노인복지법 시행규칙[시행 2015. 7. 29.] [보건복지부령 제318호, 2015. 6. 2. 일부개정]

65세 이상의 자에 대하여 실시하는 건강진단과 보건교육에 성별 다빈도질환 등을 반영하도록 하고, 노인복지주택 중 분양형을 폐지하며, 노인복지주택의 입소자의 범위를 입소자격이 있는 노인이 부양을 책임지고 있는 19세 미만의 자녀 · 손자녀로 확대하는 등의 내용으로 「노인복지법」이 개정(법률 제13102호, 2015. 1. 28. 공포, 7. 29. 시행)됨에 따라, 65세 이상의 자에 대하여 실시하는 건강진단과 보건교육에는 국민건강보험공단과 건강보험심사평가원이 작성하는 건강보험통계의 성별 다빈도질환 등을 반영하는 한편, 노인복지주택의 분양 관련 규정을 삭제하는 등 관련 규정을 정비하려는 것이다.

2. 노인복지 관련법

1) 저출산 · 고령사회기본법[법률 제7496호, 2005. 5. 18 제정]

자녀의 출산 및 양육이 원활하게 이루어지고 노인이 중요한 사회적 행위자로서 건강하고 활력 있는 사회생활을 할 수 있도록 국가의 책임을 정하고, 저출산 · 고령사회정책의 기본방향과 그 수립 및 추진체계에 관한 사항 등을 규정함으로써 국민의 삶의 질 향상과 국가의 지속적인 발전에 이바지하려는 것이다. 주요내용으로는 저출산 대책을 위한 국가 및 지방자치단체의 시책으로 국가 및 지방자치단체는 자녀의 출산과 보육, 모자보건의 증진, 경제적 부담의 경감 등을 위한 시책을 강구하도록 하며, 고령사회정책을 위하여 국가 및 지방자치단체는 고용과 소득보장, 건강증진과 의료제공, 생활환경과 안전보장, 여가 · 문화 및 사회활동의 장려, 평생교육과 정보화, 취약계층노인 등에 대한 특별한 배려, 가족관계와 세대 간 이해증진, 경제와 산업, 고령친화적 사업의 육성 등을 위한 시책을 강구하도록 하였다.

2) 고용상 연령차별금지 및 고령자고용촉진에 관한 법률[법률 제4487호, 1991. 12. 31. 제정]

최근 평균수명의 연장 등으로 인구구성에 있어 고령자가 차지하는 비율이 증가하고 있음에도 이들의 취업이 저조하며, 산업인력의 부족현상이 심각해지고 있는 점 등을 감안하여 고령자가 그 능력에 적합한 직업에 취업하는 것을 지원 · 촉진함으로써 고령자의 고용안정과 국민경제의 발전에 이바지하려는 것을 목적으로 하여 주요내용으로는 고용의 모든 단계에서 연령차별을 금지하고 차별행위에 대한 구제절차를 마련하고자 하는 것이다. 또한 근로능력이 있는 근로자의 일할 기회를 보장하기 위하여 사업주로 하여금 정년을 60세 이상으로 정하도록 의무화하고, 정년 연장에 따른 임금체계 개편 등의 조치를 하도록 하되 사업장 규모에 따라 단계적으로 시행하도록 하려는 것 등이다.

3) 장애인 · 노인 · 임산부 등의 편의증진 보장에 관한 법률[법률 제5332호, 1997. 4. 10. 제정]

장애인 · 노인 · 임산부 등이 생활을 영위함에 있어 안전하고 편리하게 시설 및 설비를 이용하고 정보에 용이하게 접근하도록 함으로써 이들의 사회활동 참여와 복지증진을 도모하려는 것을 목적으로 제정되었으며, 주요내용으로는 장애인 등의 시설 · 설비 및 정보에 대한 접근권을 인정하며, 편의시설을 설치하여야 하는 대상시설을 정하고 편의시설의 설치 및 운영에 관하여 규정하고 있다.

4) 기초연금법[법률 제12617호, 2014. 5. 20. 제정]

국가재정의 지속가능성을 확보하면서 노인세대를 위한 안정적인 공적연금제도를 마련하여 65세 이상의 노인 중 소득기반이 취약한 70%의 노인에게 기초연금을 지급함으로써 노인빈곤 문제를 해소하고 노인의 생활안정과 복지 증진에 기여하려는 것을 목적으로 하며, 이는 2014년 기존의 기초노령연금법을 전면 개정한 것으로 볼 수 있다. 주요내용으로는 기초연금을 받을 수 있는 수급권자를 65세 이상인 사람으로서 소득과 재산을 환산한 소득인정액이 기초연금을 받는 사람이 전체 65세 이상인 사람 중 100분의 70 수준이 되도록 하였다.

5) 노인장기요양보험법[법률 제8403호, 2007. 4. 27. 제정]

우리나라 인구의 고령화가 세계에서 유례가 없을 정도로 빠르게 진행됨에 따라 치매 · 중풍 등 일상생활이 어려운 노인들의 수도 날로 증가하고 있으나, 핵가족화 ·

여성의 사회참여 증가 등으로 장기요양이 필요한 노인을 가정에서 돌보는 것이 어렵고 그 가정의 비용부담이 과중하여 노인장기요양문제는 우리 사회가 시급히 해결해야 할 심각한 사회적 문제로 대두되고 있는 실정이므로, 노인의 간병 · 장기요양 문제를 사회적 연대원리에 따라 정부와 사회가 공동으로 해결하는 노인장기요양보험제도를 도입하여 노인의 노후생활 안정을 도모하고 그 가족의 부양부담을 덜어줌으로써 국민의 삶의 질을 향상하려는 것을 목적으로 한다.

6) 기타

이 외에도 노인복지에 관련한 법으로 국민기초생활보장법, 의료급여법, 국민건강보험법, 국민연금법, 긴급복지지원법 등을 들 수 있을 것이다.

7) 현행 노인복지법의 구성

노인복지법은 제7장 62조로 구성되어 있다. 주요 내용을 살펴보면 다음과 같다.

〈표 Ⅰ-5〉 노인복지법의 주요 내용

장	주요 내용
제1장 총칙	제1조 목적 및 정의 제2조 기본이념 제3조 가족제도의 유지 · 발전 제4조 보건복지증진의 책임 제5조 노인실태조사 제6조 노인의 날 제7조 노인복지상담원 제8조 노인전용주거시설
제2장 경로연금	제5조~제22조 기초노령연금법 제정으로 삭제
제3장 보건 · 복지조치	제23조 노인사회참여지원, 노인일자리전담기관의 설치 · 운영 제24조 지역봉사지도원 위촉 및 업무 제25조 생업지원 제26조 경로우대 제27조 건강진단, 홀로 사는 노인에 대한 지원 제28조 상담 · 입소 등의 조치 제29조 삭제 제30조 노인재활요양사업

<table>
<tr><td>제4장
노인복지시설의
설치 운영</td><td colspan="2">제31조 노인복지시설의 종류, 사회복지사업법에 따른 신고와의 관계
제32조~제33조 노인주거복지시설 및 설치, 노인복지주택의 입소자격
제32조~제35조 노인의료복지시설 및 설치
제36조~제37조 노인여가복지시설 및 설치, 경로당에 대한 양곡구입비 등의 보조
제38조~제39조 재가노인복지시설 및 설치
제39조의 2~3, 13~14
요양보호사의 직무, 자격증의 교부 및 요양보호사교육기관의 지정, 요양보호사의 결격사유 및 자격의 취소
제39조의 4~9
노인학대 예방을 위한 긴급전화 및 노인보호전문기관의 설치, 노인학대 신고의무와 절차, 응급조치 의무, 보조인의 선임, 금지행위
제39조의 10 실종노인에 관한 신고의무
제39조의 11 조사
제39조의 12 비밀누설의 금지
제39조의 13~14 요양보호사의 결격사유, 요양보호사의 자격의 취소
제40조 변경 · 폐지   제41조 수탁의무
제42조 감독   제43조 사업의 정지 등
제44조 청문</td></tr>
<tr><td>제5장
비용</td><td>제45조 비용의 부담
제47조 비용의 보조
제49조 조세감면</td><td>제46조 비용의 수납 및 청구
제48조 유류물품의 치환</td></tr>
<tr><td>제6장
보칙</td><td>제50조 심사청구 등
제51조 노인복지명예지도원
제53조 권한의 위임 · 위탁
제55조 건축법에 대한 특례</td><td>
제52조 삭제
제54조 국 · 공유재산의 대부 등</td></tr>
<tr><td>제7장
벌칙</td><td>제56조, 제57조, 제58조, 제61조 삭제
제60조 양벌규정
제62조 삭제</td><td>제59조 벌칙
제61조의 2 과태료</td></tr>
</table>

출처: 국가법령정보센터(http://www.law.go.kr)

3. 노인복지행정

1) 노인복지행정의 정의

복지서비스 전달체계란 사회복지서비스의 공급자와 소비자를 연결시키기 위한 조직적 배열이며, 사회복지서비스 전달업무를 실제로 집행하는 사회적 체계이다. 노인복지행정이란 노인복지법 및 관련법과 정책을 서비스로 전환시켜서 노인복지와 관련된 다양한 조직, 재원과 인력을 통해 노인복지 대상자에게 효과적이고 효율적으로 전달해주는 과정에 관한 활동이다. 노인복지행정체계는 노인복지서비스를 전달하는 공적 · 사적 조직과 이들 조직과 관련된 서비스 전달망을 일컫는다. 이러한 노인복지행정전달체계는 공공행정체계와 민간행정체계로 구분할 수 있다. 공공행정체계는 다시 중앙행정체계와 지방행정체계로 나눌 수 있다. 민간행정체계는 사회복지 · 종교 · 재단 등과 같이 각종 법인들과 자원봉사단체, 기업 등으로 세분화한다.

2) 노인복지행정의 과정

행정과정을 다루는 대표적인 내용으로 기획, 조직, 지도와 관리, 평가 및 통제과정 등 4단계로 나누어진다.

(1) 기획

기획은 행정의 정수로 간주되는데 복지정책에 의해 수립된 목표를 향해 행정가가 그것을 원활히 수행할 수 있도록 기관행정을 인도하는 길잡이 지도이다. 정책이 조직 전반에 걸쳐 의사결정의 지침으로 작용하는 것이라고 한다면 기획은 행정가가 복지정책에서 밝혀진 사명을 확대하고 운용하기 위한 수단이다.

(2) 조직

조직은 계획을 실천에 옮기기 위한 인적 구성이며 조직은 그 역할과 책임이 불분명할 경우 구성원 간에 갈등이 초래되어 비효율적이고 비효과적인 결과를 초래할 수 있다.

(3) 지도와 관리

지도와 관리는 넓은 의미의 인사관리 과정을 의미하는데 인사관리란 사회복지조직의 목적을 달성하기 위한 인적 자원을 활용하는 관리활동을 말한다. 행정가는 관리자이자 리더로서 피고용인에게 동기를 부여할 책임이 있다.

(4) 평가 및 통제과정

평가란 사회복지기관의 목표에 따라 전반적인 활동결과를 사정하는 과정을 말한다. 노인복지행정가는 평가과정에 대한 충분한 지식과 기술을 갖추고 있어야 한다.

3) 노인복지 행정의 전달체계

(1) 공공노인복지행정 조직

지방자치단체는 광역자치단체나 기초자치단체 모두 행정조직의 소속은 행정자치부이지만, 노인복지사업은 보건복지부에서 관장한다. 즉, 조직과 인력은 행정자치부이지만 노인복지사업은 보건복지부로부터 업무지침과 재정을 전달받아 수행하고 있다. 중앙정부와 지방자치단체는 노인들에게 직접서비스를 전달하는 주체는 아니며 읍 · 면 · 동 주민센터의 사회복지전담공무원에 의해서 노인에게 서비스를 전달한다. 또한, 읍 · 면 · 동 주민센터와 함께 지방자치단체와 계약에 의한 노인복지시설에서 노인들에게 직접적인 서비스를 제공하고 있다.

① 중앙정부

중앙정부의 노인복지행정조직 주무 부처인 보건복지부 조직 가운데 사회복지행정조직을 중심으로 노인복지 업무와 직접 관련이 있는 것은 저출산고령사회정책국이다. 저출산고령사회정책국은 그 산하에 가족정책관과 노인정책관을 두고 있는데 노인정책관이 노인복지업무를 담당하고 있다. 우리나라 중앙정부의 노인복지행정조직 주무부처는 보건복지부이다. 보건복지부 조직에는 기획조정실, 보건의료정책실, 사회복지정책실, 인구정책실이 있는데 노인복지업무를 담당하고 있는 곳은 인구정책실이며 인구정책실에는 인구아동정책관, 노인정책관, 보육정책관을 두고 있다.

또한 노인정책관에는 노인정책과, 노인지원과, 요양보험제도과, 요양보험운영과가 있다.

② 지방정부

㉠ 광역자치단체의 노인복지행정조직

• 서울특별시:

서울특별시에는 복지본부 안에 복지정책과, 희망복지지원과, 어르신복지과, 인생이모작지원과, 장애인복지정책과, 장애인자립지원과, 자활지원과가 있는데 노인관련문제는 주로 어르신복지과에서 관장한다.(http://namesearch-app.seoul.go.kr, 2015).

• 광역자치단체:

광역자치단체의 경우 노인복지업무를 담당하는 부서는 노인복지과, 사회복지과, 노인장애인복지과, 가정복지과, 복지정책과, 저출산고령화대책과 등 다양한 명칭을 사용하는데 부산광역시의 경우 노인복지를 위한 행정기구로는 사회복지국이 있는데 그 안에 사회복지과, 장애인복지과, 노인복지과가 설치되어 있다. 노인복지 관련업무 관장은 노인복지과에서 주로 담당한다.(http://wsearch.busan.go.kr, 2015).

㉡ 기초자치단체의 노인복지행정조직

기초자치단체(시 · 군 · 구)의 노인복지행정은 보편적으로 사회환경국 산하의 가정복지과에서 주로 주관하고 있다. 자치구에서는 사회산업국(생활복지국) 산하의 사회복지과(노인복지 담당)에서, 자치군에서는 군수 밑의 사회복지관에서 각각 노인복지행정을 주관하고 있다(정상양 외, 2012).

㉢ 읍 · 면 · 동의 노인복지행정조직

읍 · 면 · 동의 사회복지행정체계는 과 · 계를 따로 두지 않고 사회복지담당을 두고 있다. 여기에서는 일반 사회복지행정 및 노인복지 관련 업무를 관장하고 있다.

㉣ 보조기관

현행 사회복지서비스 관계법에서는 지방자치단체의 장에게 위임한 각 법상의 복지조치에 따른 업무를 담당하게 하기 위하여 보조기관으로 아동복지전담공무원, 장애인복지상담원, 노인복지상담원, 모자복지상담원 등을 시 · 군 · 구에 배치하도록 권장하고 있다.

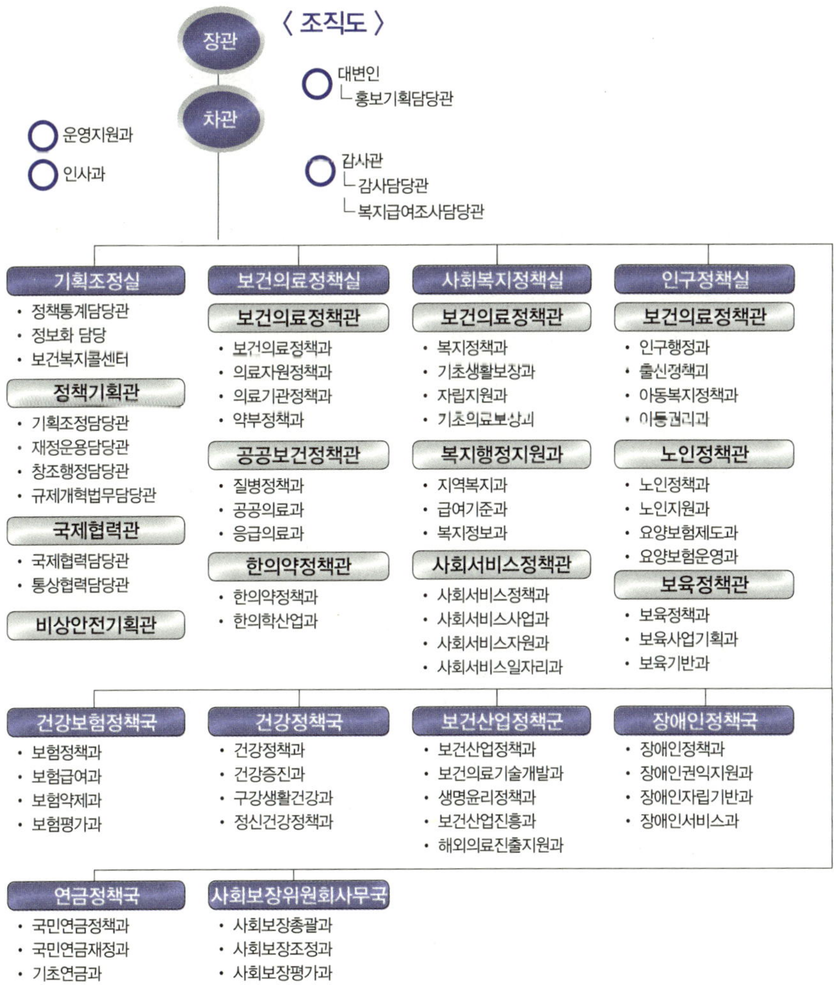

출처: 보건복지부.

(2) 민간노인복지행정 조직

민간 노인복지행정조직의 기본 전제는 헌법 제34조, 즉 국가에 대한 국민의 생존권 보장으로 일정한 범위 내에서 정부의 지도나 감독을 받아야 한다. 민간노인복지행정조직의 운영주체로는 사회복지법인, 재단법인, 사회법인, 특수법인, 사회단체(종교단체, 법정단체, 주민조직 등) 등이 있는데 이는 민간법인이나 단체 및 개인이 노인복지사업을 목적으로 운영하는 기관이나 시설을 총칭한다.

노인복지시설은 운영주체에 따라 공공 노인복지시설과 민간 노인복지시설, 양자의 혼합체로 분류하는데 현재 우리나라의 경우는 상당 부분이 민간 노인복지시설로 개인 및 민간 법인체에 의해 운영되고 있는 실정이다. 민간 노인복지시설들은 노인복지 증진을 위한 공공책임을 위탁받아 서비스를 전달하는 조직체로 공공성과 전문성을 제고하고 사회적인 신뢰를 확보하기 위하여 법인격을 갖추게 된다. 노인복지행정조직의 가장 전형적인 형태는 노인복지입소시설과 노인복지이용시설로 대별된다.

4. 노인복지의 재정

1) 노인복지 재정에 대한 이해

국가의 복지재정은 복지수요를 해결하기 위하여 필요한 재화 및 서비스를 생산하는 데 들어가는 정부의 비용을 의미하며, 노인복지재정은 노인복지행정조직(중앙정부, 지방정부, 민간시설 및 기관 등)이 노인복지 증진을 위하여 필요한 재원을 동원하고 배분하여 효율적으로 사용하고 관리하는 전체과정을 의미한다.

노인복지와 관련된 재정은 크게 공공재원과 민간재원으로 구분하는데 공공재원은 중앙부처로부터 지원되는 것과 지방자치단체에서 지원하는 것으로 구분한다.

(1) 공공재원

공공재원은 중앙 및 지방정부에 의한 공공부담금 또는 보조금(사회복지사업기금 포함)을 일컫는다.

(2) 민간재원

민간재원은 정부기관 이외에서 지원되는 재정으로서 이용자 부담금, 법인부담금, 노인복지시설에 입소된 노인이 사망한 경우에 남긴 유류품(금전, 유가증권), 지역사회의 기부금, 기타 민간자금의 투자 등을 들 수 있다.

오늘날에는 공공과 민간의 재원들이 상호 혼합되어 있고, 이러한 재원들이 합해져서 시설이나 기관이 운영되고 있다.

2) 노인복지 재원구조

노인복지의 재정은 중앙정부 재정에서의 국고부담, 지방자치단체의 지방비, 기업이나 사회복지법인 등에서 부담하는 사용자부담금, 사회보험의 가입자로부터 갹출하는 보험료, 기금 등에서 발생하는 이자수입과 잡수입 등으로 이루어지고 있으나 대체로 조세와 사회보험료가 중심을 이루고 있다.

(1) 조세

조세는 중앙정부의 국세와 지방자치단체의 지방세로 구분하는데 국세의 경우 전국적이고 보편적인 서비스의 제공에 소요되는 프로그램의 운용에, 지방세의 경우 지방의 특수한 욕구에 대응하는 서비스의 제공을 위한 프로그램의 운용에 주로 사용된다.

(2) 사회보험료

보험료에 의하여 사회보장제도를 운영하는 방식으로 노인장기요양보험제도가 대표적이다. 사회보험료는 사회보장의 중심제도로 국민으로부터 보험료를 강제 갹출하고 있다.

3) 노인복지의 재정배분의 흐름

(1) 중앙정부에서 지방정부에 제공되는 지원금

① 지방교부세

지방교부세는 지방정부 간의 재정력 격차를 완화함으로써 주민이 어디에 살고 있든지 관계없이 최소한의 행정서비스를 받기 위한 것으로 조건 없는 일반지원금을 지칭한다.

2006년 「지방교부세법」에 의하면 보통교부세, 부동산교부세, 특별교부세, 분권교부세로 구분된다.

보통교부세	분권교부세를 제외한 교부세 총액의 100분의 96을 재원으로 하여 특별시나 광역시의 자치구를 제외한 전체 지방정부 중 지방교부세법에서 정의되는 기준재정수입액이 기준재정수요액에 미달하는 단체를 대상으로 일정한 공식에 따라 배분한다.
부동산교부세	2005년에 도입된 종합부동산세를 재원으로 하여 자치단체의 재원감소를 보전하고 재정형평성을 제고하기 위한 것이다.
특별교부세	2006년 기준 ① 재정수요액의 산정방법으로 포착할 수 없는 특별한 지역현안수요가 있을 때 특별교부세재원의 2분의 1에 해당하는 금액을 사용 ② 보통교부세의 산정기일 후에 발생한 재해로 인하여 특별한 재정수요가 있거나 재정수입의 감소가 있을 때 특별교수세재원의 나머지 2분의 1을 사용하도록 규정하였다.
분권교부세	분권교부세는 2005-2009년까지 한시적으로 운영되었다.

② 국고보조금

지방정부 간에 발생하는 외부효과로 인한 자원배분의 비효율성을 시정하거나 중앙정부의 특정목적을 달성하기 위하여 엄격한 중앙정부의 통제하에 운영되는 특정지원금이다.

③ 국가균형발전 특별회계

2003년 말에 제정된 국가균형발전 특별회계는 「국가균형발전특별법」에서 상정하고 있는 국가균형발전계획의 추진을 재정적으로 지원하고 지역개발 및 지역혁신을 위한 사업을 지역의 특성 및 우선순위에 따라 효율적으로 추진하기 위하여 2005년부터 시행되고 있다.

(2) 광역자치단체에서 기초자치단체에 지원되는 지원금

① 자치구 재원조정 교부금

자치구 간의 수평적 재정불균형과 자치구의 광역지방정부 간의 수직적 재정불균형을 해소하기 위한 지원금이다.

② 보조금 및 재정보전금

보조금은 특별시나 광역시의 경우 당해 구역 내의 지방공공서비스의 효율적 공급을 위하여 제공되는 지원금이다.

4) 2015년 보건복지부 노인복지 예산안

① 아래 표에서 보는 바와 같이 2015년 노인복지예산은 87,798억 원으로, 보건복지부 소관 사회복지 총지출(예산과 기금포함) 419,519억 원의 20.9%를 차지하고 있다.

〈표 Ⅰ-6〉 2015년 보건복지부 노인복지 예산안 (단위: 억 원)

구분	'14예산 (A)	'15예산(안) (B)	증감 (B-A)	증감률 (%)
총지출	468,995	519,368	50,373	10.7
사회복지	380,047	419,519	39,472	10.4
노인 등	63,848	87,798	23,950	37.5

자료: 보건복지부. 2014a.「2015년도 보건복지부 소관 예산 및 기금운용계획(안) 개요」. 9월.

② 2015년 노인복지 예산 증가율은 2014년 63,848억 원 대비 37.5%로 사회복지 총지출 증가율 10.4%의 약 3배에 달하나 이는 기초연금의 전면확대로 인한 의무지출예산의 증가 등 자연증가분이 대부분이며 지자체 재가노인돌봄서비스 보조금 예산 등은 오히려 대폭 감소되는 등 노인복지 서비스 및 일자리 사업 개선을 위한 실질적 예산 증액 편성은 이루어지지 않았다. 2014년의 전년 대비 노인복지 예산 증가율 46.5%와 비교해 2015년 노인복지 예산 증가율은 9% 포인트(2014년 노인복지 예산 증가율의 약 80%에 그침) 낮으나 이는 2014년 후반기에 기초연금이 시행됨에 따라 예산증가폭이 이례적으로 컸음을 고려해 이해해야 한다.

2015년 노인 1인당 노인복지예산은 1,319,488원(노인인구 6,653,943명 기준)으로 2014년 노인 1인당 노인복지예산인 995,682원(노인인구 6,412,484명 기준)보다 32.5% 증가되었다.

〈표 Ⅰ-7〉 2015년 보건복지부 노인복지 예산(안)

(단위: 백만 원)

구분	'14예산 (A)		'15예산(안) (B)	증감 (B-A)	증감률 (%)
	본예산	추경포함			
기초연금지급	5,200,103	5,200,103	7,582,410	△2,382,307	45.8
노인복지사업관리	1,220	1,220	219	△1,001	△82.0
양로시설 운영지원	–	–	31,990	31,990	순증
영주귀국사할린한인정착비지원	3,913	3,913	4,916	1,003	25.6
영주귀국사할린한인단체경상보조	1,112	1,112	1,212	100	9.0
노인보호전문기관	5,812	5,812	6,958	1,146	19.7
노인단체 지원	40,241	40,241	11,150	△29,091	△72.3
효문화 진흥원설립 지원	4,277	4,277	2,622	△1,655	△38.7
노인돌봄서비스 지자체보조	143,269	143,269	131,311	△11,958	△8.3
노인일자리운영	305,190	305,190	332,574	27,384	8.97
노인장기요양보험 사업운영	584,883	584,883	597,164	12,281	2.1
노인요양시설 확충	33,374	33,374	31,967	△1,407	△4.2
장사시설 확충	40,623	40,623	27,921	△12,702	△31.2
장사제도 운영	117	117	116	△1	△0.9
망향의 동산 위탁사업비	329	329	334	5	1.5
치매관리체계구축	17,648		14,159	△3,489	△19.8
노인건강관리	13,997		12,597	△1,400	△10.0
독거노인 응급 안전망 구축	7,247		7,683	436	6.0

자료: 보건복지부. 2014a. 「2015년도 보건복지부 소관 예산 및 기금운용계획(안) 개요」. 9월.

5) 노인복지행정의 개선 과제

(1) 중앙정부의 노인복지행정 업무의 분산

현 우리나라 중앙정부의 노인복지행정조직을 살펴보면 보건복지부를 비롯하여 노동부, 교육과학기술부, 문화체육관광부, 행정자치부, 여성가족부, 법무부, 환경부 등 여러 부서가 관여하고 있다. 이처럼 정부의 노인복지행정 업무가 분산되어 있어 노인복지서비스의 전문화와 능률화를 기대하기 어렵다. 노인복지행정 업무의 통합이 필요하다.

(2) 노인복지서비스 지방전달체계의 미비

사회복지행정체계상 보건복지부 내 저출산고령사회정책국이 설치되어 상급기관의 복지행정 조직화는 상당히 발전되었으나 하급기관인 광역시 · 도와 자치 시 · 군 · 구에는 상급기관에 상응하는 조직화가 이루어지지 않고 있다.

(3) 과감한 노인복지행정의 지방정부로의 미이양

현행 중앙의 노인복지행정 업무 중 기획 및 통일적 기준 설정이나 국가적 예산 지원이 필요한 업무를 제외하고 관리, 집행적인 업무를 과감하게 지방으로 이양하거나 위임하여 효율적으로 업무를 수행하도록 해야 한다.

(4) 지방재원의 미확보

노인복지행정의 효율적 기능 배분에서 중요한 것은 재원의 확보이다. 따라서 노인복지행정 기능의 지방 이양에 따라 늘어나는 재정적 수요를 충당하기 위하여 별도의 재원조달 방안이 강구되어야 할 것이다.

제2부
노인복지정책

Chapter_ 5

노인소득보장정책

현대사회에서는 인간다운 생활의 영위를 위해서 최소한의 소득이 필요한데 노년기에는 여러 가지 노화 현상으로 인해서 수입이 감소되어 경제적으로 어려움을 겪는다. 이에 노인의 이러한 경제적 소득의 감소로 인한 문제를 예방 및 대처하기 위하여 우리나라는 사회의 연대책임 정신을 발휘하여 최저한의 수입을 보장해 주는 소득보장제도를 마련하고 있다. 본 장에서는 노인의 소득보장에 대한 이해를 돕기 위하여 우리나라 사회의 노인의 빈곤실태를 먼저 살펴보고 중산층을 대상으로 한 공적연금제도인 국민연금, 특수직역연금, 그리고 저소득층을 대상으로 하는 공공부조제도인 국민기초생활보장제도와 기초연금에 대해 살펴보고자 한다.

1. 노인의 빈곤실태

1) 생활상의 어려움

통계청의 '2013년 사회조사결과'에 따르면 60세 이상 고령자들이 겪고 있는 어려운 점은 「경제적인 어려움(38.6%)」과 「건강문제(35.5%)」이며, 연령이 높아질수록 「건강문제」의 비율이 높아지고 있다. 도시지역의 고령자들은 「경제적인 어려움」에 대해, 농어촌지역은 「건강문제」에 대해 상대적으로 더 어려움을 느끼는 것으로 나타났으며, 남녀별로는 「경제적인 어려움」과 「건강문제」 모두 여자가 남자보다 높게 나타났다.

2) 노인의 가처분 소득빈곤비율

경제적 안정, 사회활동 그리고 여가활동의 가능성은 시장소득뿐만 아니라 조세와 보험료의 높이 그리고 이전소득의 높이에 의해서 결정되는 가처분 소득에 의해서 결정된다. 최근 통계청의 조사에 의하면, 65세 이상 노인인구의 49.4% 그리고 70세 이상의 경우 54.5%가 가처분소득 기준에서 빈곤한 삶을 살고 있는 것으로 조사되었다

한편 한국조세재정연구원(2013)이 2008년 세계금융위기 이후 34개 OECD회원국의 빈곤비율(중위소득의 50% 미만 소득인구비율) 추이를 분석한 결과, 우리나라 65세 이상 노인빈곤비율이 상승하였다. 이 보고서에 따르면, 2011년 노인 100명당 빈곤층이 77명에 달하고 미국, 영국, 스웨덴 등 OECD 34개 회원국의 평균 노인빈곤비율이 2.7%p가 하락한 반면에 우리나라에서는 노인빈곤비율은 1.9%p 상승하였다(한국조세재정연구원, 2013).

또한, 김복순(2014)의 연구에 의하면 노인의 소득하위 10%와 소득상위 10%의 소득점유율을 보면, 최저소득층의 소득점유율은 2006년 2.5%에서 2013년 1.9%로 감소한 반면, 최고소득층의 소득점유율은 동기간 21.8%에서 24.9%로 상승한 것으로 나타나 노인의 소득분배가 개선되지 못하고 불평등이 심화되고 있는 것으로 분석되었다. 특히 노인 1인가구의 최저소득층의 소득점유율은 2006년 2.2%에서 2013년 1.3%로 하락한 반면, 최고소득층(상위 10%)의 소득점유율은 동기간 28.5%에서 31.5%로 상승하여 노인 1인가구의 소득불평등이 65세 이상 노인 전체보다 더 확대된 것으로 나타났다.

3) 노년기 생활비 마련 실태

노인들은 본인 또는 배우자와 자녀 · 친척 등과 같이 사적 이전으로부터 생활비를 마련하고 있고, 공적 연금과 같은 사회보장제도로부터 생활비를 마련하는 비율은 매우 낮은 것이 현실이다. 통계청의 '2013년 사회조사'에 의하면 노인들은 주로 본인과 배우자의 부담으로 생활비를 마련하고 있다.

60세 이상 고령자의 생활비 마련방법은「본인 및 배우자 부담」이 63.6%로 가장 많고,「자녀 또는 친척 지원」28.8%,「정부 및 사회단체」7.6% 순으로 나타났다. 성별로 보면, 남자의 경우「본인 및 배우자 부담」이 76.6%를 차지한 반면, 여자는 53.7%로 남자가 22.9%p 높았다. 연령이 높아질수록「자녀 또는 친척 지원」이나「정부 및 사회단체」에 의지하는 비중이 높아지고 있다. 또한, 생활비를 본인이나 배우자가 부담하는 경우, 그 방법은「근로소득 및 사업소득」53.1%,「연금, 퇴직급여」24.9%,「재산소득」12.2% 순이었으며,「근로소득 및 사업소득」에 의한 생활비마련은 연령이 낮을수록,「연금, 퇴직급여」는 연령이 높을수록 그 비중이 커지고 있다.

4) 노인의 빈곤율

우리나라 전체의 상대적 빈곤율은 2013년 14.6%로 전년과 동일한 수준으로 유지되었으나 65세 이상 고령층의 상대적 빈곤율은 48.1%로 나타나 노인의 거의 절반이 소득빈곤상태에 놓여 있는 현실을 보여주고 있다. 특히 65세 이상 노인 1인가구의 상대적 빈곤율이 74.0%로 나타나 노인 빈곤이 노인 1인가구에 밀집되어 있음을 알 수 있다(김복순, 2014).

2. 노인소득보장정책의 현황

우리나라 노인을 위한 소득보장 프로그램을 소득보장 방법별로 살펴보면 노인을 대상으로 한 직접적인 소득보장에 해당되는 것은 공적부조방식의 국민기초생활보장법상의 기초생활급여와 기초연금제도가 있으며, 사회보험 방식의 국민연금, 특수직연금(공무원, 군인, 사립학교교직원) 제도가 있다. 간접 지원제도로는 경로우대제도, 세제감면제도, 경로승차권제도 등이 있다.

1) 공적부조

공적부조는 일반조세를 재원으로 자산조사를 통하여 법정요건을 충족시키는 저소득층에게 급여를 제공하는 제도이다. 우리나라의 경우 노인만을 위한 공적부조에는 기초연금(구, 기초노령연금)과 노인에게만 한정된 제도가 아니라 전 국민을 대상으로 빈곤층에게 급여를 제공하는 국민기초생활보장제도가 있다.

(1) 기초연금

기초연금은 2012년 말 제18대 대통령선거에서부터 2014년 5월 기초연금법이 통과될 때까지 대한민국의 핵심적인 정치적 쟁점이 되었다.

기초연금은 1991년 당시 생활보호대상노인에게 처음으로 급여를 지급하였던 노령수당제도에 그 기원을 두고 있다. 노령수당은 1998년 경로연금으로 명칭이 변경되어 국민기초생활보호수급자와 저소득층 노인에게 급여를 지급하였다. 2007년에는 「기초노령연금법」이 제정되고 경로연금이 폐지되고 기초노령연금이 시행되었다. 이에 2008년 1월부터 수급대상자와 급여수준을 확대하여 65세 이상 노인 가운데 정부가 정한 소득인정액 이하인 저소득층 노인에게 기초노령연금을 지급하여 오다가 2014년 7월부터 기초연금으로 지급되고 있다. 기초연금제도는 우리나라의 경우 공적부조제도 중 노인만을 위한 제도로 빈곤층 노년층에게 매우 중요한 소득원이다.

① 박근혜 정부의 기초연금 도입 경과

박근혜 정부의 기초연금 도입 경과는 다음과 같다(석재은, 2015).

• 18대 대통령직 인수위원회 기초연금 도입안

18대 대통령직 인수위원회에서는 박근혜 대통령 대선공약의 기초연금 실행안으로 소득수준 및 가입기간에 따른 차등 기초연금안을 제안하였다. 인수위안의 핵심은 노인가구 소득수준과 국민연금 가입기간을 기준으로 기초연금 급여수준을 차등하는 방안이었다. 즉 소득수준이 70% 이하이고 국민연금 비수급자이거나 국민연금 가입연수가 길수록 높은 기초연금을 주는 반면, 소득수준이 상위 30% 수준이고 국민연금 비수급자이거나 국민연금 가입연수가 짧을수록 낮은 기초연금을 주는 방안을 제안하였다(이용하 · 김원섭, 2013; 김연명, 2013).

• 국민행복연금위원회 구성(2013.3~7) 및 세 가지 기초연금(안) 제안

인수위안에 대한 비판이 거세지자 정부는 서둘러 국민행복연금위원회를 구성했다. 국민행복연금위원회에서 기초연금 도입방안은 합의안에 도달하지 못하고, 상이한 장에서 제안된 기초연금 도입방안 3가지를 병렬적으로 제안하였다. 첫째 방안, 소득하위 70% 노인에게 소득인정액(국민연금, 근로소득, 자산평가액 등의 합)에 따라 최대 20만원까지 차등지급(1안), 둘째 방안, 소득하위 70% 노인에게 국민연금과 연계해 국민연금급여액 중 A값이라 불리는 균등부분 급여액이 기초연금액에 미치지 못하는 액을 최대 월 20만원까지 차등지급(2안), 셋째 방안, 소득하위 80% 노인에게 월 20만원정액지급(3안)이다.

• 2013년 9월에 정부의 기초연금법 제정안 발표

첫째, 수급대상은 모든 노인이 아니라 기초노령연금과 같이 중하위 70% 노인을 대상으로 하며 특수직역연금수급자 및 배우자는 제외한다.

둘째, 급여수준의 경우 20만원으로 하되, 국민연금수급권자의 경우 국민연금의 소득재분배급여(소위 A급여) 크기에 따라 기초연금을 차등급여하는 방안으로 제시되었다. 인수위안과 반대로 가입기간이 길어 국민연금 균등급여 수준이 높을수록 기초연금급여를 감액하는 방식이다.

셋째, 기준연금액을 국민연금 균등급여 A값이 아니라 20만원을 기준연금액으로 설정한 뒤 차후에는 이를 기준으로 물가상승률로 연동시킨다고 하였다. 부가연금액도 A급여의 50%가 아니라 10만원이라는 기준액을 정하고 있어 향후 급여가치가 현재수준을 유지할 수 있을 것인지에 대해서는 회의적이다. 또한 기초노령연금과 마찬가지로 부부 동시수급시 감액을 설정하고 있으며, 비수급자와의 소득역전을 방지하기 위한 급여감액을 설정하고 있다.

넷째, 기초연금 재원 부담을 공공부조 및 사회서비스 재원부담과 마찬가지로 국가와 지차체가 분담하는 것으로 하였다.

이상과 같은 정부안이 발표되자 또다시 야당과 진보적 시민단체는 박대통령이 대선공약을 지키지 않았다고 비난을 쏟아냈다. 박근혜 대통령이 공약과 달리 모든 노인에게 기초연금을 지급하지 못한 부분에 대해 사과했지만, 비난은 더욱 거세졌다.

정부안에 대하여 국회와 정부로 구성된 여 · 야 · 정 협의체는 수차례 논의를 통해 2014년 4월 30일 여야 절충안이 마련되었고, 5월 2일 기초연금법이 국회에서 통과되었다. 2014년 4월 국회에서 여야 합의안을 마련하는 과정에서 65세 이상 노인 중 소득하위 70% 대상으로 당초 정부안과 같이 국민연금 A급여(가입기간에 비례)에 따라 차등지급하되, 국민연금이 30만원 이하인 노인에게는 A급여와 관계없이 기초연금 20만원을 지급하는 수정안이 마련되었다.

② 기초연금 수급자격 및 기초연금액

기초연금 수급자격에는 만 65세 이상의 대한민국 국적이어야 하며, 가구의 소득인정액이 소득 하위 70% 정도로써, 선정기준액 이하의 대상자들이 지급받을 수 있다. 기초연금액은 「기초연금법」 제5조(기초연금액의 산정)에 따라 기초연금액은 기준연금액과 국민연금 급여액 등을 고려하여 산정하며 기준연금액은 매년 고시하는 전국소비자물가변동률을 반영하여 조정된다. 한편, 2015년도 대상유형별 기초연금액 산정은 다음과 같다.

구분	기준연금액 산정대상	국민연금급여액 등, A급여액 등을 고려한 산정대상	기준연금액의 50% 산정대상
대상유형	• 무연금자 • 국민연금 유족금액 · 장애연금 수급권자 • 장애인연금 수급권자 및 국민기초생활보장 수급권자 • '국민연금급여액 등'이 기준연금액의 150% 이하인 국민연금 노령연금 · 분할연금 수급권자 및 연계노령연금 · 연계퇴직연금 수급권자 • 직역연금 재직기간이 10년 미만인 연계유족 연금 수급권자	• '국민연금급여액 등'이 기준연금액의 150%를 초과하는 국민연금 노령연금 · 분할연금수급권자 및 연계노령연금 · 연금퇴직연금 수급권자 • 직역연금 재직기간이 10년 연계 노령연금 수습권자	• 직역연금 특례대상자* * 기초연금법 및 장애인 연금법 상 특례
기초연금액	기준연금액 ▼	부가연금액~기준연금액 ▼	부가연금액 ▼
기초연금급여액(감액후)	2만원~기준연금액		2만원~부가연금액

출처: 보건복지부(2015), 2015기초연금사업안내.

[그림 II-1] 대상유형별 기초연금액 산성

③ 기초연금액 수급 현황

기초연금은 65세 이상 인구에 대하여 단독가구 기준으로 월 소득인정액 930,000원 이하, 부부가구 기준 월 1,488,000원 이하인 인구에게 지급되며, 소득인정액은 소득평가액과 재산의 소득 환산액으로 구성된다. 수급자 규모는 현재 65세 이상 전체 노령인구의 약 70%에 해당되는 수준이다. 기초연금 이전의 기초노령연금부터의 급여지출 현황을 살펴보면, 2008년 1인당 지급금액이 월 84,000원이었던 것이 지속 증가하여 2014년 7월부터 월 20만원으로 증가하였으며, 2015년 4월 이후 현재 지급금액은 202,000원이다. 이에 따라 급여지출 규모 역시 2008년 2.2조 원에서 2015년 예산기준 10.2조 원으로 크게 증가하였다.

다음으로 기초노령연금 수급자 현황을 살펴보면, 수급자 수는 2008년 2,898천 명에서 2014년 4,220명으로 지속 증가하고 있으며, 국민연금과 기초노령연금 동시 수급자의 경우에도 2013년 기준 110만 명을 넘는 수치를 보이고 있다. 65세 이상 인구

대비 수급자는 2014년 기준 약 64%를 기록하고 있는데, 이는 2009년 68.9%에서 지속적으로 하락하고 있다.

〈표 II-1〉 기초(노령)연금 수급자 통계

연도	65세 이상 인구수(가)	기초(노령)연금 수급자수(나)	국민연금과 기초노령연금 동시수급자(다)	65세 이상 인구 대비 수급자수 (나/가)	기초노령연금 수급자수 대비 국민연금 수급자수 (다/나)
2008	5,069	2,898	403	57.2%	13.9%
2009	5,268	3,630	719	68.9%	19.8%
2010	5,506	3,728	823	67.7%	22.1%
2011	5,701	3,818	916	67.0%	24.0%
2012	5,854	3,933	1,023	67.2%	26.0%
2013	6,251	4,045	1,131	64.7%	27.9%
2014[1)]	6,665	4,220		63.6%	

자료: 보사연 내부자료.
주: 1) 기초연금 전환 후 2014년 8월 기준 사회보장정보시스템(행복e음) 통계 자료.

④ 기초연금유형별 특징

기초연금은 국가마다 상이하게 구성된 노후소득보장제도와 운영방식에 따라 다양한 형태로 구분할 수 있다. 수급요건에 따라 사회보험형, 사회수당형, 사회부조형으로 구분된다. 사회보험방식의 기초연금은 기여를 기반으로 재원을 마련하여 지급되는 반면, 사회수당방식의 기초연금은 일정 연령 도달시 거주요건을 전제로 기여여부와 무관하게 기초연금이 지급된다. 한편 사회부조형 기초연금은 공공부조형태로 소득 · 자산조사를 통해 일정소득 이하인 경우, 기여여부와 관계없이 연금급여가 지급되는 것을 의미한다(김영모, 1999).

사회부조형은 반드시 국가에 의해 그 재원이 조달되며, 사회수당형의 경우에는 대체로 국가가 재원을 조달하나 노르웨이, 핀란드 등의 국가처럼 소득자나 사용자가 조세체계 내에서 사회보장세를 부담하는 방식으로 재원을 조달하는 경우도 있다. 우리나라의 현행 기초연금은 노인인구의 70%를 소득/자산조사 방식으로 선별하고 재원의 대부분을 조세로 운영하는 사회부조형이라고 볼 수 있다(오미옥 · 이수경, 2015).

㉠ 기여방식의 사회보험형

기여방식의 연금은 보편적 기초연금제도로서 전 국민 연금제도의 기본방향으로 설정된다. 즉, 재원은 상당부분 보험료 수입으로 충당한다. 이 제도는 일정기간 이상의 보험료 납부를 전제로 수급권을 부여하며 소득수준에 관계없이 가입기간에 비례하여 지급한다. 그러나 이러한 기초연금모형에서는 고용 및 소득이 불안정한 가입자의 경우 향후 노후빈곤문제에 직면하게 되므로, 추가적인 최저소득보장제도가 필요하다. 이러한 기여방식의 연금은 기여요건 충족으로 수급권이 발생하고 가입기간에 따라 감액되므로 조세방식에 비해 엄격하게 운영된다. 그러나 이 방식의 기여방식은 조세방식에 비해 보편성 측면에서는 거의 차이가 없으며 연금의 적절성 측면에서는 다소 미흡하다고 평가된다(김대철 외, 2014).

㉡ 조세방식의 사회수당형

조세방식은 보편적 기초연금제도로서 사회문화적 최저수준 보장의 정액연금을 제공하는 것이다. 재원은 국가의 일반재정이다. 이 제도는 모든 국민에게 동일한 기초연금을 지급하므로 가장 보편적이고 급여의 적정성도 높다는 장점이 있으나 비용조달이 만만치 않다는 단점이 있다(이용하 외, 2013). 이러한 방식은 상대적으로 진보적이고 평등주의 성향이 강한 북유럽 국가와 서구 복지국가에서 운영하고 있다.

㉢ 소득/자산조사방식의 사회부조형

소득/자산조사방식의 사회부조형은 선별적 제도로서 저소득 연금수급자의 최저생계를 보장하기 위해 조세를 재원으로 운영하는 제도이다. 종류로는 공적연금제도의 내재형과 독립형 기초연금제도가 있다. 첫째, 공적연금제도 내재형은 현재의 공적연금제도 체계 내에서 최저소득보장을 위한 정책 추가로서 실현이 가능하다. 둘째, 독립형 기초연금제도로서 2014년 이전까지 우리나라의 기초노령연금제도가 여기에 해당된다. 이러한 기초소득보장 모형은 현행 공적연금제도의 기능적 결함을 보완해 주는 역할을 하되, 공적연금제도와 행정적으로 분리하여 운영하는 방안을 채택하고 있다.

이처럼 기초연금은 비례연금과 달리 소득활동 및 일정 기여기간 등의 수급요건을 요구하지 않아 연금사각지대를 빠르게 해소할 수 있고, 급여액 자체가 높지 않으므로 국가개입을 최소화하면서 효과적으로 빈곤해소를 도모할 수 있는 장점을 가지고 있어 OECD국가의 1/3이 도입 운영하고 있다(OECD, 2011). 그런데 어떤 기초연금이든 수급권의 보편성, 급여수준의 적절성, 재정적 지속가능성 등 제도의 정책목표를 적절히 조화시키는 것이 어려워질 수 있는데 이를 보완하기 위해 사실 어느 하나의 원칙을 적용하기보다는 기본적 원리 외에 다른 원리를 혼용하는 경우가 많다.

(2) 국민기초생활보장제도

국민기초생활보장제도는 국가와 지방자치단체가 주체가 되어 최저생활이하이거나 생활능력을 상실한 저소득층의 국민에게 건강과 최저생활을 보장하고 자활을 돕는 소득보장제도이다. 국민기초생활보장제도는 1961년에 제정된 생활보호법에 의한 생활보호제도를 대체한 제도로서 1999년에 국민기초생활보장법이 제정 · 공포됨에 따라 2000년부터 실시되었다.

2000년 10월 1일부터 시행된 기초생활보장제도는 이후 경제성장과 함께 여러 가지 복지제도가 시행되고 복지수요가 다양화되면서 기존 기초생활보장제도에 한계점이 드러나기 시작했다. 2013년 5월 탈빈곤유인강화와 사각지대 해소를 위해 기초생활보장제도를 생계, 의료, 주거, 교육 등 각 급여 대상별 특성에 맞게 상대적 빈곤 관점을 반영하여 급여별 최저보장수준을 현실화한다는 취지로 '기초생활보장제도 맞춤형 급여체계'를 개편하겠다고 보건복지부가 발표하였다.

맞춤형 급여체계 개편방안의 핵심은 생계, 의료, 주거, 교육 등 각 급여 대상별 특성에 맞게 상대적 빈곤 관점을 반영하여 급여별 최저보장 수준을 현실화하여 보장성을 강화하였다. 부양의무자 기준을 완화하여 생활을 감당하기 어려운 이들의 사회보장을 강화하며, 급여별로 수급자 선정기준을 다층화 하여 소득이 증가하여도 필요한 급여는 계속 지원하여 일을 통해 자립할 수 있도록 도와주고자 하는 것이다.

국민기초생활보장제도는 부양의무자가 없고 최저생계비 이하인 경우 7가지 급여(생계 · 주거 · 의료 · 교육 · 자활 · 해산 · 장제급여)를 일괄 지원하는 통합급여 방식이었다. 이를 개인의 복지수요에 맞추는 개별급여 방식으로 개편하여 생계 · 주거 · 의료 · 교육급여별 대상자 선정 및 급여수준을 별도 설정하는 것으로 개편된 것이다. 또한, 일정수준 이상 소득이 증가하면 기초생활보장제도 급여가 중단되어 일할 능력이 있는 수급자라도 근로증가유인이 적은 문제점이 있었으나, 개별급여로 전환하여 근로능력자가 자립 · 자활을 통해 수급대상에서 벗어날 수 있도록 적극 유도하는 것이다.

급여의 종류로는 [국민기초생활보장법]에 의한 생계급여, 교육급여, 해산급여, 장제급여, 주거급여, 자활장려금, [장애인복지법]에 의한 경증장애수당, 장애아동수당, 장애인자녀 학비, [장애인연금법]에 의한 장애인연금, [영유아보육법]에 의한 시설미이용아동 양육수당, [입양촉진 및 절차에 관한 특례법]에 의한 입양아동 양육수당, 입양장애아동 양육보조금, [기초노령연금법]에 의한 기초노령연금, [긴급복지지원법]에 의한 긴급복지 지원금, [한부모가족지원법]에 의한 한부모가족 자녀 양육비, 한부모가족 자녀교육비 등서비스의 종류, [영유아보육료]에 의한 영유아보육료 지원(영유아보육료 0~ 4세, 만5세아보육료, 장애아보육료, 방과후 보육료, 다분화가족 무상보육료), [노인장기요양보험법]에 의한 재가급여, 시설급여, [바우처사업]에 의한 노인돌봄종합서비스, 산모 · 신생아 도우미지원, 장애인활동보조지원, 지역사회 서비스투자, 가정간병방문도우미, 장애아동재활치료 등이 있다.

2014년 국민기초생활보장 일반수급자 123만 7천명 중 65세 이상의 노인인구는 37만 9천명으로 30.6% 수준으로 나타났다. 2009년 이후 고령자 수급자는 계속 증가하고 있으며, 2015년 7월부터 맞춤형 기초생활보장제도의 도입으로 수급자는 더 증가할 전망이다. 성별로 보면, 여자 수급자(26만 4천명)가 남자 수급자(11만 5천명) 보다 2.3배 많았다.

〈표 II-2〉 국민기초생활보장 수급자(65세 이상) (단위: 명, %)

연도	총수급자 (일반수급자)	65세 이상 수급자			
			구성비1)	남 자	여 자
2001	1,345,526	334,272	24.8	87,213	247,059
2005	1,425,684	367,658	25.8	93,995	273,663
2010	1,458,198	391,214	26.8	106,723	284,491
2011	1,379,865	378,411	27.4	104,901	273,510
2012	1,300,499	376,098	28.9	107,156	268,942
2013	1,258,582	376,112	29.9	110,189	265,923
2014	1,237,386	379,048	30.6	114,731	264,317

자료: 보건복지부, 「국민기초생활보장 수급자 현황」 각 년도
주: 1) 구성비 = (65세 이상 수급자 / 총수급자) × 100

2) 공적연금

사회보험이란 국가가 사회정책을 수행하기 위하여 보험의 원리와 방식을 도입하여 만든 사회경제 제도로서 보험료의 강제적 징수와 정형화된 보험금의 지급을 그 특징으로 한다. 따라서 사회보험은 사회의 연대성과 강제성이 적용되며, 민간보험과는 다른 주요한 특성을 가지고 있다.

〈표 II-3〉 사회보험과 민간보험의 특징

구분	사회보험	민간보험
제도의 목적	최저생계 또는 의료보장	개인적 필요에 따른 보장
보험가입	강제	임의
부양성	국가 또는 사회부양성	없음
수급권	법적 수급권	계약적 수급권
독점/경쟁	정부 및 공공기관의 독점	자유경쟁
공동부담여부	공동부담의 원칙	본인부담위주
재원부담	능력비례부담	개인의 선택
보험료 부담방식	주로 정율제	주로 소득정율제
보험료수준	위험율 상당 이하 요율	경험율
보험자의 위험선택	불필요	필요
급여수준	균등급여	기여비례
인플레이션 대책	가능	취약
보험사고대상	인보험	인, 物보험
성격	집단보험	개별보험

출처: 두리누리사회보험(http://www.insurancesupport.or.kr)

공적연금 가입자는 소득수준에 따른 기여금을 매월 납부해야 하며 정부 또는 사용자는 그 보험료에 상응하는 부담금을 납부한다. 우리나라에서 시행되고 있는 대표적인 4대 공적연금은 국민연금, 공무원연금, 사립학교교직원연금, 군인연금이 있다. 이들의 연금에서는 노령(퇴직)연금, 유족연금, 장애연금과 같은 각종 급여가 제공되는데 우리나라의 경우 퇴직연금 수급자가 많지 않아 노인들의 주 수입원으로 공적연금이 차지하는 비율은 낮은 편이다.

한편, 공적연금 수급자 현황을 살펴보면 2014년 국민연금, 공무원연금, 사학연금 등 공적연금을 받는 65세 이상의 노인의 수는 총 253만 1천명으로 전체 노인인구 중

39.6%를 차지하였으며 노인의 공적연금 수급률은 계속 증가 추세로 2005년에 비해 2.5배 증가하였다. 연금종류별로는 국민연금(89.8%), 급여종류로는 노령(퇴직)연금(87.0%)을 가장 많이 받는 것으로 나타났다.

〈표 II-4〉 공적연금 수급자 현황(65세 이상)

(단위: 명, %)

연도	합 계	노령연금[1] (퇴직연금)	장애연금 (장해연금)	유족연금	연금수급률[2]
2005	703,508	635,190	3,911	64,407	16.1
2010	1,606,024	1,420,822	9,607	175,595	29.5
2011	1,800,167	1,585,755	10,775	203,637	31.8
2012	2,050,717	1,799,708	12,341	238,668	34.8
2013	2,305,340	2,016,118	13,720	275,502	37.6
2014	2,531,035	2,201,547	14,956	314,532	39.6
국민연금	2,273,816	1,981,184	13,634	278,998	35.6
공무원연금	222,325	189,044	1,284	31,997	3.5
사학연금	34,894	31,319	38	3,537	0.5

자료: 국민연금공단 「국민연금통계연보」, 공무원연금공단 「공무원연금통계」, 사립학교교직원연금공단 「사학연금통계연보」 각 년도

주: 군인연금 제외

1) 연금수급자 중 일시 수급정지자를 제외한 실수령자 기준임

2) 연금수급률 = (각 연금 수급자 / 65세 이상 추계인구) × 100

한편 지금까지 4대 공적연금이 상호 연계되어 있지 않아서 최소가입기간을 충족하지 못한 가입자들이 노후소득보장으로서 연금을 수급할 수 없는 경우들이 발생한다. 그러므로 보건복지가족부(현 보건복지부)는 2009년 2월 6일 「국민연금과 직역연금의 연계에 관한 법률」을 제정 · 공포하여 2009년 8월 7일부터 국민연금과 직역연금을 연계하였다. 이에 따라 국민연금과 직역연금의 가입기간을 합친 기간이 20년 이상인 연금가입자는 60세부터 연금을 받을 수 있도록 하였다.

(1) 국민연금

① 국민연금제도의 역사

〈표 II-5〉 국민연금제도의 변천

시기	내용
1973. 12. 24	국민복지연금법 공포(석유파동으로 시행 연기)
1986. 12. 31	국민연금법 공포 [법률 제3902호] (구법 폐지)
1987. 09. 18	국민연금관리공단 설립
1988. 01. 01	국민연금제도 실시(상시근로자 10인 이상 사업장)
1992. 01. 01	사업장 적용범위 확대 (상시근로자 5인 이상 사업장)
1993. 01. 01	특례노령연금 지급 개시
1995. 07. 01	농어촌지역 연금 확대 적용
1999. 04. 01	도시지역 연금 확대 적용 (전국민 연금 실현)
2000. 07. 01	농어촌지역 특례노령연금 지급
2001. 11. 01	텔레서비스 시스템 전국 확대 운영
2003. 07. 01	사업장 적용범위 1단계 확대 (근로자 1인 이상 법인 · 전문직종사업장)
2006. 01. 01	사업장 적용범위 확대완료 (근로자 1인 이상 사업장 전체)
2008. 01. 01	완전노령연금(가입기간 20년 이상) 지급 개시
2009. 08. 07	국민연금과 4개 직역연금 가입기간 연계사업 시행
2011. 04. 01	장애인 복지법 상 장애 전(全) 등급 심사 개시
2012. 07. 01	10인 미만 사업장 저소득근로자에 대한 국민연금 보험료 지원사업 시행(두루누리 사업)
2014. 07. 25	기초연금 지급 개시

출처: 국민연금관리공단(http://www.nps.or.kr)

② 국민연금제도의 연혁

㉠ 도입준비 단계(1973년 국민복지연금법 제정)

1960년대 추진된 경제개발계획으로 산업화, 도시화, 핵가족화, 노령화가 빠른 속도로 진행되고, 이로 인해 발생된 사회문제의 해결방안으로 1973년 국민복지연금법이 제정 · 공포되었습니다. 그러나 1973년 발생한 석유파동의 영향에 의한 경제 불황으로 1974년 1월부터 시행 예정이었던 국민연금제도를 무기한 연기하게 된다.

이후 제6차 경제사회발전 5개년 계획이 실행되고 이 기간 동안 경제가 다시 발전하여 국민부담능력이 크게 향상됨으로써 국민연금제도 실시를 위한 제반 여건이 성숙되기에 이르렀다.

㉡ 도입 및 실시단계(1986년 국민연금법 개정 및 1988년 제도시행)

노동시장 확대와 계속적인 출생률 저하 등으로 국민연금 제도에 대한 필요성이 증가되면서 1986년부터 종전의 국민복지연금 제도를 수정 · 보완하여 1988년 1월부터 국민연금 제도를 시행하게 되었다.

이러한 국민연금 제도는 기금운용 등 효율적 관리운영을 위해 1987년 9월에 독립기관으로 국민연금공단을 설립하였으며, 우선적으로 10인 이상 사업장에 근무하는 18세 이상 60세 미만의 근로자 및 사업주를 대상으로 실시하였다.

㉢ 확대단계

1988년 10인 이상 사업장을 중심으로 추진되었던 국민연금제도는 지속적으로 가입범위를 확대하여 1992년에는 5인 이상 사업장 근로자, 1995년 7월에는 농어민, 1999년 4월에는 도시지역 거주자, 그리고 2003년 7월에는 5인 미만 사업장 근로자에게 확대되어 전국민연금제도가 실시되었다. 2008년에는 가입기간 20년 이상의 수급자에 한하여 완전노령연금 지급이 개시되어 기초연금으로서 연금 대상자가 확대되었다. 2012년도에는 두리누리사회보험이 개시되었는데 이는 사회보험 가입확대사업인 두루누리 사회보험 지원사업으로써 10명 미만 소규모 사업장에 "고용보험"과 "국민연금"의 보험료 일부를 지원하는 사업이다(두루누리 사회보험: http://www.insurance-support.or.kr)

③ 국민연금의 가입형태

국민연금의 가입형태는 크게 사업장과 가입자로 구분되며 가입자는 사업장가입자, 지역가입자, 임의가입자, 임의계속가입자로 구분된다.

• 사업장 가입자(법 제8조)

국민연금에 가입된 사업장의 18세 이상 60세 미만의 사용자 및 근로자로서 국민연금에 가입된 자를 말합니다. 1인 이상의 근로자를 사용하는 사업장 또는 수한외국기관으로서 1인 이상의 대한민국 국민인 근로자를 사용하는 사업장에서 근무하는 18세 이상 60세 미만의 사용자와 근로자는 당연히 사업장가입자가 됩니다. 따라서, 지역가입자가 사업장에 취업하면 자동적으로 사업장가입자가 되고, 지역가입자 자격은 상실됩니다.

• 지역가입자(법 제9조)

국내에 거주하는 18세 이상 60세 미만의 국민으로서 사업장가입자가 아닌 사람은 당연히 지역가입자가 됩니다. 다만, 다른 공적연금에서 퇴직연금(일시금), 장애연금을 받는 퇴직연금 등 수급권자, 국민기초생활보장법에 의한 수급자, 소득활동에 종사하지 않는 사업장가입자 등의 배우자 및 보험료를 납부한 사실이 없고 소득활동에 종사하지 않는 27세 미만인 자는 지역가입자가 될 수 없습니다.

• 임의가입자(법 제10조)

사업장가입자와 지역가입자가 될 수 없는 사람도 60세 이전에 본인의 희망에 의해 가입신청을 하면 임의가입자가 될 수 있습니다. 즉, 다른 공적연금에서 퇴직연금(일시금), 장애연금을 받는 퇴직연금 등 수급권자, 국민기초생활보장법에 의한 수급자, 소득활동에 종사하지 않는 사업장가입자 등의 배우자 및 보험료를 납부한 사실이 없고 소득활동에 종사하지 않는 27세 미만인 자는 가입을 희망하는 경우 임의가입자가 될 수 있습니다.

• 임의계속가입자(법 제13조)

1개월 이상 가입기간이 있는 가입자 또는 가입자였던 자로서 60세에 달한 자가 가입기간이 부족하여 연금을 받지 못하거나 가입기간을 연장하여 더 많은 연금을 받고자 원할 경우는 65세에 달할 때까지 신청에 의하여 임의계속가입자가 될 수 있습니다.

④ 급여의 종류(법 제49조)

국민연금은 나이가 들거나 장애 또는 사망으로 인해 소득이 감소할 경우 일정한 급여를 지급하여 소득을 보장하는 사회보험으로서 지급받게 되는 급여의 종류는 노령연금(분할연금), 장애연금, 유족연금, 반환일시금, 사망일시금이 있다.

연금 급여 (매월 지급)		일시금 급여	
노령연금	노후 소득보장을 위한 급여 국민연금의 기초가 되는 급여	반환 일시금	연금을 받지 못하거나 더 이상 가입할 수 없는 경우 청산적 성격으로 지급하는 급여
장애연금	장애로 인한 소득감소에 대비한 급여	사망 일시금	유족연금 또는 반환일시금을 받지 못할 경우 장제보조적 · 보상적 성격으로 지급하는 급여
유족연금	가입자의 사망으로 인한 유족의 생계보호를 위한 급여		

• 노령연금

노령연금은 국민연금의 기초가 되는 급여로 국민연금 가입자가 나이가 들어 소득활동에 종사하지 못할 경우 생활안정과 복지증진을 위하여 지급되는 급여로써 가입기간(연금보험료 납부기간)이 10년 이상이면 60세("소득이 있는 업무"에 종사하지 않는 경우 55세) 이후부터 평생동안 매월 지급받을 수 있다. 노령연금은 가입기간, 연령, 소득활동 유무에 따라 노령연금, 조기노령연금이 있으며, 이혼한 배우자에게 지급될 수 있는 분할연금이 있다.

• 장애연금

장애연금은 가입자의 가입중에 발생한 질병 또는 부상이 완치(진행중인 때는 초진일로부터 1년 6개월 경과시)되었으나 신체적 또는 정신적 장애가 남았을 때 이에 따른 소득 감소부분을 보전함으로써 자신과 가족의 안정된 생활을 보장하기 위한 급여로서 장애정도(1급~4급)에 따라 일정한 급여를 지급한다.

• 유족연금

유족연금은 국민연금에 가입하고 있는 사람 또는 연금을 받던 사람이 사망하면 그에 의하여 생계를 유지하던 유족에게 가입기간에 따라 기본연금액의 일정률(40~60%)에 기본연금액에 부양가족연금액을 합한 금액을 지급하여 남아 있는 가족들이 안정된 삶을 살아갈 수 있도록 하기 위한 연금이다.

• 반환일시금

반환일시금은 60세 도달이나 사망, 국외이주 등으로 국민연금에 더 이상 가입할 수 없게 되었으나 연금수급요건을 채우지 못한 경우, 그동안 납부한 보험료에 이자를 더해 일시금으로 지급하는 급여이다. 현재 국민연금 자격을 상실한 자라고 하더라도 60세 도달 전에 소득이 있는 업무에 종사하게 되면 재가입하게 되므로 반환일시금을 즉시 지급받을 수 없다. 또한 국외이주의 목적이 아닌 취업, 학업 등 기타사유로 외국에 체류하는 경우에는 기간과 상관없이 반환일시금을 지급 받을 수 없다.

• 사망일시금

사망일시금은 가입자 또는 가입자였던 사람이 사망하였으나 국민연금법 제73조에 의한 유족이 없어 유족연금 또는 반환일시금을 지급받을 수 없는 경우 더 넓은 범위의 유족에게 지급하는 장제보조적 · 보상적 성격의 급여이다.

⑤ 국민연금 가입자 및 연금 수령 현황

〈표 II-6〉 년도별 국민연금 가입자 현황 (단위: 명)

구분	2009년말	2010년말	2011년말	2012년말	2013년말	2014년말	2015년 8월말
계	18,623,845	19,228,875	19,885,911	20,329,060	20,744,780	21,125,135	21,482,443
사업장가입자	9,866,681	10,414,780	10,976,501	11,464,198	11,935,759	12,309,856	12,595,147
지역가입자	8,679,861	8,674,492	8,675,430	8,568,396	8,514,434	8,444,710	8,444,904
임의가입자	36,368	90,222	171,134	207,890	177,569	202,536	233,513
임의계속가입자	40,935	49,381	62,846	88,576	117,018	168,033	208,879

출처: 국민연금공단(http://www.nps.or.kr)

2014년 고령층(55~79세) 인구 중 연금 수령자는 519만 8천명(45.7%)으로 남자는 50.1%, 여자는 41.8%가 연금을 수령한 것으로 나타났다. 월평균 연금 수령액은 42만원이었으며, 남자는 60만원, 여자는 23만원을 수령한 것으로 나타났다.

〈표 II-7〉 고령층(55~79세) 연금 수령 여부 (단위: 천명, %)

		2013. 5				2014. 5					
		55~79세 인구	구성비	남자	여자	55~79세 인구	구성비	남자	구성비	여자	구성비
〈 전 체 〉		10,917	100.0	5,098	5,819	11,378	100.0	5,329	100.0	6,049	100.0
연금수령자		5,115	46.9	2,646	2,469	5,198	45.7	2,670	50.1	2,528	41.8
평균연금수령액1	소 계	5,115	100.0	2,646	2,469	5,198	100.0	2,670	100.0	2,528	100.0
	10만원 미만	1,860	36.4	580	1,280	1,105	21.2	385	14.4	720	28.5
	10~25만원 미만	1,398	27.3	657	741	2,042	39.3	759	28.4	1,283	50.7
	25~50만원 미만	926	18.1	634	292	1,021	19.7	688	25.8	334	13.2
	50~100만원 미만	419	8.2	369	50	467	9.0	393	14.7	74	2.9
	100~150만원 미만	155	3.0	106	50	168	3.2	116	4.3	52	2.1
	150만원 이상	357	7.0	300	56	396	7.6	330	12.3	66	2.6
평균 수령액(만원)		39		5	21	42		60		23	

자료: 통계청, 「경제활동인구조사 청년층 및 고령층 부가조사(2014년 5월)」

주: 1) 공적연금(국민연금, 사학연금, 군인연금 등), 기초노령연금, 개인연금 등 노후생활의 안정을 위해 정부 또는 개인에 의해 조성되어 수령한 금액.

(2) 공무원연금

공무원연금제도(Government Employees Pension System: GEPS)는 우리나라 공적연금제도의 효시로서 1960년 1월 1일 법률 제533호로 공무원연금법이 제정 · 공포됨으로써 실시되었다. 공무원연금제도는 공무원이 퇴직, 사망, 공무로 인한 부상 · 질병 · 폐질 등으로 경제적 위험에 처할 때 사전에 설정된 기준에 따라 적절한 급여를 제공함으로써 공무원 및 그 유족에게 경제적 안정을 보장함에 그 목적을 두고 있다. 공무원연금은 군인연금, 사립학교교직원연금, 별정우체국직원연금과 함께 특수직역연금에 속한다.

① 공무원연금 급여의 종류

공무원연금 급여는 크게 단기급여와 장기급여로 구분된다. 단기급여는 공무상요양비와 재해부조금, 사망조위금 등 3종이 있고, 장기급여로는 퇴직급여 4종, 유족급여 6종, 장해급여 2종 순직유족급여 2종 및 퇴직수당 등 15종이 있으며 구체적으로는 다음과 같다.

〈표 II-8〉 공무원연금 급여의 종류

장기급여	퇴직급여	퇴직연금 퇴직연금공제일시금 퇴직연금일시금, 퇴직일시금
	유족급여	유족연금 , 유족연금일시금 유족연금부가금, 유족연금특별부가금, 유족일시금, 유족보상금
	장해급여	장해연금, 장해보상금
	순직유족급여	순직유족연금, 순직유족보삼금
	퇴직수당	
단기급여	요양급여	공무상요양비
	부조급여	재해부조금, 사망조위금

출처: 공무원연금공단(http://www.geps.or.kr)

② 운영 및 재정체계

공무원연금업무를 관리하고 운영하는 현 중앙행정부처는 인사혁신처이며 그 산하에 공무원연금급여재심위원회와 공무원연금운영위원회, 순직보상심사위원회를 두고 있다. 공무원연금의 비용부담은 기여제 방식으로 공무원과 국가 또는 지방자치단체가 공동으로 부담하고 있다. 즉, 공무원이 매월 기준소득월액의 7.0%를 기여금으로 납부하고 국가 또는 지방자치단체가 보수예산의 7.0%를 부담금으로 납부하고 있다.

③ 급여대상자

공무원연금법의 적용대상자는 다음과 같다.

- 국가공무원법 및 지방공무원법에 의한 공무원(정규공무원)
- 기타 국가 또는 지방자치단체에 근무하는 직원(정규공무원 외의 공무원)

※ 제외 대상: 군인과 선거에 의하여 취임하는 공무원(대통령, 국회의원 등)

그리고 당사자 외에도 사고로 인하여 당사자가 사망한 경우 등에는 그 유족도 포함되는데 유족의 범위는 다음과 같다.

유 족	범 위
배우자	공무원 재직 당시에 혼인관계(사실상 혼인관계 포함)에 있던 자 • 1996.1.1. 이전에 퇴직한 연금수급자는 1995.12.31. 현재 혼인관계가 성립된 배우자
자녀, 손자녀	공무원 재직 당시에 출생 또는 입양한 자녀 • 손자녀로서 19세 미만이거나, 19세 이상인 자로서 장애등급 제1급 내지 제7급인 자 • 다만 손자녀는 父가 없거나 그의 父가 장애등급 제1급 내지 제7급인 자
부모, 조부모	퇴직일 이후 입양된 경우의 부모 · 조부모는 제외

출처: 공무원연금공단(http://www.geps.or.kr)

④ 2015년의 공무원연금법 개정안의 주요 내용

공무원들이 매달 내는 보험료인 '기여율'을 2020년까지 7%'에서 '9%'로 높이고, 은퇴 후 받는 연금액을 결정하는 지급률을 2035년까지 '1.9%'에서 1.7%까지 내린다는 내용을 담은 공무원연금법 개정안을 통과시켰다. 이번 공무원연금 개혁은 지난 2009년 12월 이후 6년 만에 다시 단행된 개혁으로 1982년 공무원연금법 제정 이후로는 4번째 대규모 개정 작업이다. 개정안의 주요 내용은 다음과 같다.

- 공무원들이 매달 내는 보험료가 늘어난다. 보험료를 현행 기준소득월액의 7%에서 2016년 8%, 2017년 8.25%, 2018년 8.5%, 2019년 8.75%, 2020년 9%로 단계적으로 인상한다.
- 기준소득월액은 매월 공무원연금 기여금(부담액)과 수령액을 계산하는 기준이 되는 소득금액으로, 각 공무원의 총소득과 거의 일치한다.
- 국가 및 지방자치단체의 연금부담금도 현행 보수 예산의 7%에서 2016년 8%, 2017년 8.25%, 2018년 8.5%, 2019년 8.75%, 2020년 9%로 단계적으로 인상한다.
- 반면 은퇴 후 받는 연금액의 경우 현행 재직기간 1년당 평균기준소득월액의 1.9%에서 2035년 1.7%로 단계적으로 인하한다.
- 연금 지급개시 연령도 연장된다. 퇴직연금의 지급 개시 연령을 2010년 1월 1일 이후 임용자부터 65세로 적용하고 있으나, 1996년 1월 1일 이후에 임용된 전체 공무원에 대해서도 2022년부터 2033년까지 단계적으로 65세가 되도록 한다.
- 유족 연금액도 조정된다. 2010년 이후 임용자에게만 적용된 유족연금 지급률(퇴직연금액의 60%)을 2009년 이전 임용자와 이 법 시행 당시 수급자(2015년 12월 31일 현재 유족연금을 받고 있는 사람들을 제외)에게도 적용한다.
- 법 시행 후 5년간 연금액은 동결된다. 2016년부터 2020년까지는 퇴직자에게 적용하는 연금액 조정률인 소비자물가상승률을 반영하지 않는다는 얘기다.
- 기준 소득월액의 상한이 하향 조정된다. 기여금과 연금액 산정의 기초인 기준소득월액의 상한을 현행 전체 공무원 기준소득월액 평균액의 1.8배에서 1.6배로 조정한다.
- 연금액 지급정지 대상이 확대된다. 선거직 공무원으로 재임용된 경우나 정부

전액 출자 출연기관에 재취업한 경우 연금 전액이 지급되지 않는다.

- 기여금 납부기간은 연장된다. 기여금 납부기간을 현행 33년에서 36년으로 단계적으로 연장하되, 현행 제도 유지 시 연금 급여수준을 넘지 않도록 했다.
- 분할연금 제도가 도입된다. 공무원과의 혼인기간이 5년 이상인 자가 이혼하고 65세가 되면 혼인기간에 해당하는 연금액을 균등하게 지급받을 수 있도록 해 공무원 배우자의 노후소득보장을 강화한다.
- 공무를 집행하지 않을 때 질병이 발생해도 장해연금을 받을 수 있게 된다. 공무를 집행할 때 발생한 질병 · 장해 등에만 지급하는 장해연금을 공무를 집행하지 않을 때 발생한 질병 · 장해에도 지급한다. 다만 그 금액은 공무상 장해연금의 50% 수준으로 한다.
- 연금 수급요건이 조정된다. 퇴직연금 및 유족연금 등을 받을 수 있는 최소 재직기간을 현행 20년 이상에서 10년 이상으로 완화한다.

(3) 사립학교교직원연금

1973년 사립학교교원연금법이 제정되어 1975년부터 시행되었다. 시행 초기에는 초등학교부터 대학교에 이르는 모든 사립학교 교원만이 가입대상자였으나 1978년부터 사무직원도 적용대상에 포함되었다. 급여의 종류와 수준 등은 공무원연금법에 준용되기 때문에 공무원연금과 거의 비슷하다. 연금은 교육부장관의 위탁을 받아 사립학교 교직원연금관리공단에서 운영한다.

사립학교교직원연금은 사립학교교직원만을 대상으로 하는 공적인 연금제도로 대상자는 가입이 의무화되었다.

사립학교교직원의 퇴직, 사망 및 일하는 중에 질병에 걸리거나 부상을 당한 경우 이로 인해 장애를 입은 경우에 연금으로 지급함으로 교직원과 그 가족 또는 유족의 생활에 도움을 주기 위한 제도이다. 일반적으로 급여의 종류, 부담률 등이 공무원연금제도와 동일합니다. 사학연금은 사립학교교직원 연금공단에서 기금의 조성 및 관리, 제도운영을 하고 있다.

사립학교교직원연금의 적용대상은 초등학교부터 대학교에 이르는 모든 사립학교와 사립특수학교, 그리고 이를 설치 및 운영하는 학교경영기관에서 근무하는 정규교직원이다. 아울러 사립학교 중 유치원, 각종 학교, 기술학교, 공민학교 등의 정규교직원과 법률에 의해 대학원을 설치 · 운영하는 연구기관의 교수요원 및 연구요원은 소속기관이 교육부의 지정을 받으면 임의적용대상이 된다.

급여형태는교직원이 재직 중에 직무로 질병 · 부상을 당하거나 화재 · 홍수 등으로 주택에 재해를 입었을 때 배우자나 직계존속이 사망했을 때에는 단기급여를 지급하며 교직원이 퇴직 · 폐질 및 사망으로 급여의 사유가 퇴직 후에 발생한 때에는 장기급여를 지급한다.

(4) 군연연금

1960년 공적연금인 공무원연금이 처음 시행되었을 때 장기복무 군인들이 연금적용대상자로 가입되었으나 군복무의 특수성을 감안하여 공무원 연금에서 분리하여 1963년 군인연금법을 제정하여 시행하게 되었다.

군인연금제도가 시행된 1960년은 이미 정부수립 후 15년가량이 경과한 시기로서 1960년 이전 전역 간부에 대하여 기여금 납부면제와 6.25 전쟁 등 전투참가자의 복무기간의 가산(전투기간의 3배 계산) 등의 이유로 군인연금 재정은 운영 초기부터 매우 취약한 구조를 가질 수밖에 없었다. 이러한 연유로 정부는 2000년 군인연금재정의 적자분을 국가에서 부담하도록 하는 조항을 군인연금법(제39조의2)에 규정하였다. 이 연금제도의 운영주체는 국방부장관이며 현재 국방부 인사복지실 보건복지관실 군인연금과에서 실무업무를 담당하고 있다.

(5) 기타연금

① 퇴직연금

퇴직금은 직원이 퇴직하는 경우에 대비하여 사용자가 일정액을 매월 적립하여 근로자가 퇴직할 때에 일시금으로 지급하는 방식을 말한다. 그러나 기업이 누적 퇴직금을 직접 관리함으로써 사내에 적립된 퇴직금을 기업자금으로 전용하거나 기업이 도산하는 경우에 근로자는 퇴직금을 받을 수 없는 사례들이 빈번하게 나타났다.

또한 근로자들은 퇴직금을 일시금으로 받아 사업투자, 과소비 등으로 인해 노년기의 소득원으로 활용하지 못한 문제도 있었다. 이에 정부는 근로기준법을 개정하여 2006년부터 퇴직금을 금융기관들에 기금으로 적립하도록 강제하고 퇴직하는 경우 일시금 또는 연금으로 지급하는 방식으로 전환하였다. 이러한 퇴직연금제도는 퇴직금제도와 비교시 연금으로 수령하거나 일시금으로 수령할 수 있으며, 퇴직금을 금융사에 적립함으로써 안전성을 높인 차이가 있다.

② 역모기지론

주택을 소유하고 있지만 특별한 소득원이 없는 고령자에게 주택을 담보로 노후생활에 필요한 자금을 연금 형태로 대출해주는 상품이다.

주택을 담보로 한 장기대출의 한 형태로, 시간이 흐를수록 대출 잔액이 늘어나고 주택을 처분한 후 원리금을 일괄 상환하는 방식이다. 부동산을 담보로 장기주택자금을 대출받는 모기지론과 자금의 흐름이 반대이기 때문에 이러한 이름이 붙여졌다.

금융기관은 종신 시점까지 상환청구권을 행사할 수 없으며, 대출자는 중도상환의무를 부담하지 않고 연금을 수령할 수 있다.

역모기지론은 노년층의 자산 구성을 다양화하고 자금의 유동성이 증가하여 소비를 활성화시킬 뿐만 아니라 주거안정을 도모할 수 있다는 장점이 있다. 반면에 대출계약자가 예상수명보다 오래 살게 되어 총대출 금액이 주택가격을 초과하거나 미래의 주택가치가 하락할 위험도 있다.

고령화사회로 진입하고 조기퇴직이 늘어나면서 노년층의 수요는 존재하지만 주택에 대한 소유개념과 상속 의식이 강한 우리나라에서는 아직 활성화되지 않고 있다.

3) 기타 간접지원제도

(1) 경로우대제도

현행 노인복지법 제26조에 의하여 65세 이상의 노인들에 대하여 지하철, 도시철도, 고궁, 능원, 국 · 공립박물관, 국 · 공립공원 등을 무료로 이용할 수 있으며 철도의 경우 통근열차는 운임의 50%, 새마을호, 무궁화호는 운임의 30% 할인을 적용받으며, KTX의 경우 운임의 30%(토, 일, 공휴일 제외) 할인을 적용받는다. 국내 항공기는 운임의 10%, 국내 여객선은 운임의 20%를 할인하며 목욕, 이발 등과 같은 기타 경로우대 업종은 자율적으로 경로우대를 실시하도록 되어 있다(보건복지부, 2014).

(2) 세제감면제도

기타 세금감면제도는 노인을 보호하는 부양자가 제공받을 수 있는 혜택들이 대부분이다. 60세(여 55세) 이상 노부모를 동거 부양하거나 동거하지 않더라도 의료보험증에 부양자로 기입된 것 같이 노부모를 부양한다는 것이 입증된 자녀가 받을 수 있는 혜택으로 상속세 공제, 양도소득세 면제, 소득세 공제, 주택자금 할증지원, 주택분양 우선권, 노인봉양수당 지급 등이 있다.

(3) 경로승차권제도

중앙정부의 비용으로 65세 이상 모든 노인에게 월 12매의 버스 승차권에 해당하는 시내요금을 현금으로 지급하는 제도이다. 이 제도는 경로우대제도와 성격이 비슷하지만 시행주체가 보건복지부라는 점과 현금의 지급이라는 점에서 차이가 있다.

3. 노인소득보장정책의 개선방안

1) 국민연금

첫째, 국가차원의 소득파악 노력을 배가해 나가야 한다.

둘째, 국민연금 차원에서는 사업장가입자를 확대하는데 역량을 보다 집중시킬 필요가 있다. 현재 자영업자들의 소득파악이 어렵고 보험료를 스스로 부담하는 지역가입자 비중이 크다. 지역가입자에는 현재 자영자도 있지만 비정규직 근로자들이 더 많은 비중을 차지한다. 따라서 이들을 사업장가입자로 적극 편입하는 방향으로 인력과 자원을 집중시켜 나가야 할 것이다.

이를 위해 10인 미만 사업장에 종사하는 저임금 근로자를 고용한 사업주와 근로자에게 국민연금과 고용보험료의 50%를 지원하는 두루누리 사회보험료 지원사업이 2012년부터 시행되고 있다. 지금까지 연평균 80만 명 정도가 동 사업의 수혜를 받고 있지만 600만 명으로 추산되는 전체 비정규직 근로자 규모에 비하면 적은 규모이다. 따라서 두루누리 사업의 수혜범위를 점진적으로 확대하는 방향으로 사업을 개선해 나갈 필요가 있다.

셋째, 비록 노동시장이 좋아지더라도 여전히 출산, 군복무, 실업, (무보수) 돌봄 등 여러 가지 사유로 인해 연금가입이 어려운 계층이 있기 마련이므로 이들에 대한 국민연금의 적용을 확대시킬 필요가 있다. 선진국에서는 직접적인 소득활동을 하지 않지만 사회적으로 유용한 행위라고 판단되는 경우 그러한 행위를 하는 기간에 대해 가입기간으로 인정하는 크레딧 제도를 매우 광범위 하게 운영하고 있다. 우리나라도 현재 출산, 군복무 및 실업에 한해 국민연금에서 크레딧을 부여하고 있으나 제공사유가 제한적이다. 향후 양육 · 돌봄 크레딧 등 사회적으로 타당하고 확인이 가능한 사유에 대한 크레딧 제도를 추가로 도입할 필요가 있다. 이러한 크레딧 제도는 실직자나 여성 등 적용의 사각지대에 있는 국민들의 연금수급권 확보를 보다 용이하게 할 수 있을 것이다.

2) 기초연금

기초연금제도는 보편성과 권리성이라는 규범적 가치를 바탕으로 공적연금제도의 결함을 보완함으로써 노후소득보장기능을 완성할 것으로 기대되었다. 그런데 최근 인구사회구조의 변화로 공적연금의 작동 기반에 결함이 나타나고 있다. 실업자와 불완전고용 계층이 연금수급자격을 갖추지 못해 노후소득보장의 사각지대에 놓일 것으로 예상되기 때문이다(석재은 외, 2004: 39). 즉, 우리나라에서 기초연금은 당초 사각지대 해소 목적으로 도입되었지만, 기초연금은 다층체계를 지향하는 공적연금의 공백을 보완하는 역할을 위해 기존 연금체계를 재구성해야 하는 부담과 최소한의 보장 범위를 어느 정도까지 포괄할 것인가에 관한 역할의 기대라는 이중의 부담을 가지고 있다.

따라서 우리나라 전체 공적연금체계에서 기초연금이 차지하는 위치를 재검토할 필요가 있다(이은주, 2015).

Chapter_ 6

노인의료보장정책

노인은 다른 연령집단에 비하여 발병률이 높을 뿐 아니라 노인성 질병 자체가 만성적이고 합병적인 경우가 많아 장기적인 치료와 요양을 요한다. 특히 노인성 질병의 경우 가족의 힘만으로는 의료비 부담을 감당하기 어려울 뿐만 아니라 노년층은 대부분 빈곤의 위험에 노출되어 있기 때문에 의료비를 지출할 능력이 부족하다. 또한 노인성 질병은 대부분 만성적이고 퇴행성의 특성을 가지고 있어 환자와 그 부양가족의 빈곤을 야기하는 중요한 원인일 뿐만 아니라 노인학대 및 방임과 같은 인권문제와도 연결된다. 우리나라의 노인을 위한 의료보장 프로그램은 노인소득보장과 더불어 현대 복지국가의 노인복지의 중심적인 정책 중 하나로서 의료급여제도, 국민건강보험제도와 노인장기요양보험제도, 그리고 노인건강진단제도와 치매예방사업 등이 있다. 여기에서는 국민건강보험제도와 노인장기요양보험제도를 다루고자 한다.

1. 노인성 질병의 현황

1) 노인 사망원인

2013년 65세 이상 고령자의 사망원인 1위는 암으로 인구 10만 명당 836.6명이 사망하였고, 다음은 뇌혈관질환(353.0명), 심장질환(335.6명), 폐렴(166.6명) 등의 순으로 나타났다. 성별로 보면 남자와 여자 모두 암, 뇌혈관질환, 심장질환 등의 순으로 높게 나타났다. 한편 2013년 65세 이상 고령자의 암 종류별 사망률을 보면, 폐암이 인구 10만 명당 217.7명으로 가장 높았고, 다음은 간암(103.5명), 위암(99.5명) 등의 순으로 나타났다.

〈표 II-9〉 사망원인 및 사망률(65세 이상)

(단위: 인구 10만 명당)

연도	1위	2위	3위	4위	5위
2000	암 (929.7)	뇌혈관질환 (785.3)	심장질환 (358.9)	당뇨병 (218.4)	만성하기도질환 (209.1)
2010	암 (882.4)	뇌혈관질환 (409.4)	심장질환 (344.0)	당뇨병 (153.1)	폐렴 (127.6)
2011	암 (847.8)	뇌혈관질환 (381.1)	심장질환 (361.2)	당뇨병 (155.4)	폐렴 (143.2)
2012	암 (852.9)	뇌혈관질환 (372.9)	심장질환 (367.1)	폐렴 (166.4)	당뇨병 (163.0)
2013	암 (836.6)	뇌혈관질환 (353.0)	심장질환 (335.6)	폐렴 (166.6)	당뇨병 (148.5)
남 자	암 (1,249.4)	뇌혈관질환 (370.0)	심장질환 (338.7)	폐렴 (193.5)	만성하기도질환 (162.4)
여 자	암 (545.5)	뇌혈관질환 (341.1)	심장질환 (333.5)	폐렴 (147.7)	당뇨병 (141.6)

자료: 통계청, 「사망원인통계」 각 년도

주: '만성하기도질환'은 기관지염, 천식, 폐기종 등 만성적으로 호흡에 장애를 주는 폐질환의 총칭임

2) 건강보험 상 진료비

2013년 건강보험 상 65세 이상 고령자 진료비는 17조 5,283억원으로 전체 진료비 50조 7,426억원의 34.5%를 차지하였다. 2013년 고령자 1인당 진료비는 305만원으로 전년에 비해 4.1% 증가하였으며, 매년 증가하는 추세이다. 고령자 1인당 진료비는 전체 1인당 진료비 102만원 보다 3배 많은 것으로 나타났다.

〈표 Ⅱ-10〉 건강보험 진료비[1] 현황 (단위: 억원, %, 천원, %p)

		2005	2006	2007	2008	2009	2010	2011	2012	2013	증감률
전 체		247,968	285,580	322,590	350,366	394,296	436,570	460,760	482,349	507,426	5.2
	1인당 진료비	523	602	675	728	811	893	935	971	1,015	4.5
65세 이상		60,556	73,931	90,813	104,904	120,391	137,847	148,384	160,382	175,283	9.3
	(구성비)	(24.4)	(25.9)	(28.2)	(29.9)	(30.5)	(31.6)	(32.2)	(33.3)	(34.5)	(1.2)
	고령자 1인당 진료비[2]	1,545	1,815	2,070	2,281	2,495	2,769	2,862	2,933	3,054	4.1

자료: 건강보험심사평가원, 「2005~2007년 건강보험통계지표」, 「2008~2013년 진료비통계지표」

주: 1) 진료비는 심사실적 기준의 건강보험 요양급여 비용임

2) 고령자 1인당 진료비 = 65세 이상 진료비 / 65세 이상 건강보험가입자 수

3) 만성질환 상태

노인 자신이 인지한 만성질환 상태를 살펴보면, 만성질환이 1개 있다고 응답한 노인이 18.2%, 2개 22.8%, 3개 이상 49.4% 등으로 전체 노인의 90.4%가 만성질환을 갖고 있으며, 만성질환을 2개 이상 지니고 있는 복합이환자가 72.2%로 나타났다. 성별 만성질환 유병률을 보면, 남녀 모두 고혈압이 가장 높은 유병률을 보였으나. 여자노인은 60.2%로 남자노인의 51.9% 보다 8.3%p 더 높다. 두 번째로 많은 질환인 관절염의 유병률도 여자노인이 44.5%로 남자노인의 17.9% 보다 두 배 이상 높다.

4) 일상생활수행능력(ADL)

일상생활수행능력은 기본적으로 생활에 필요한 동작을 나타내는 지표로 활용되고 있는데 보편적으로 옷 입기, 세수 · 양치질 · 머리감기, 목욕 또는 샤워하기, 차려 놓은 음식 먹기, 누었다 일어나 방 밖으로 나가기, 화장실 출입과 대소변 후 닦고 옷 입기, 대소변 조절하기의 7개 지표로 구성되어 있는데, 7개 지표 중에서 완전자립률이 가장 높은 것은 차려 놓은 음식 먹기(99.1%)이고, 그 다음으로는 누웠다 일어나

방 밖으로 나가기(98.7%), 화장실 출입과 대소변 후 닦고 옷 입기(98.2%), 대소변 조절하기(97.8%), 옷 입기(97.4%), 세수 · 양치질 · 머리감기(96.6%), 목욕 또는 샤워하기(94.2%)의 순으로 나타났다.

노인의 특성별로 일상생활수행능력의 완전자립률을 살펴보면, 남자노인(95.0%)이 여자노인(91.7%)보다, 유배우 노인(94.7%)이 무배우 노인(90.5%)보다, 취업노인(98.9%)이 미취업 노인(90.8%)보다 높다(한국보건사회연구원, 2014).

5) 수단적 일상생활수행능력(IADL)

수단적 일상생활수행능력은 사회생활에 필요한 동작을 나타내는 것으로 기본적 일상생활수행능력보다는 보다 고차원적인 기능상태를 나타낸다. 이 지표에는 몸단장하기, 집안일하기, 식사준비하기, 빨래하기, 제시간에 정해진 양의 약 챙겨먹기, 금전관리, 근거리 외출하기, 물건 구매 결정 · 돈 지불 · 거스름돈 받기, 전화 걸고 받기, 교통수단이용하기의 10개 지표가 개발되어 있다. 10개의 지표 중에서 모두 완전자립률을 보이고 있는 노인은 전체의 82.2%로 나머지의 17.8%는 한 개 이상 도움을 필요로 하는 상태에 있다. 또한, 전체노인 중에서 81.8%의 노인은 일상생활수행능력(ADL)이나 수단적 일상생활수행능력(IADL)에 아무런 제한이 없는 신체기능상의 건강한 노인인 것으로 나타났고, 수단적 일상생활수행능력(IADL)에만 제한이 있는 노인은 전체의 11.3%이고, 일상생활수행능력(ADL)과 수단적 일상생활수행능력(IADL) 모두 제한을 보인 노인은 6.9%이다. 이는 사회경제적 수준이 취약한 계층일수록 기능제한비율이 상대적으로 높게 나타나고 있다.

2. 국민건강보험

국민건강보험은 국민의 질병, 부상에 대한 예방, 진단, 치료, 재활과 출산, 사망 및 건강증진에 대하여 보험급여를 실시함으로써 국민보건을 향상시키고 사회보장을 증진함을 목적으로 하는 사회보험제도이다. 보험가입을 기피할 수 있도록 제도화될 경우 질병위험이 큰 사람만 보험에 가입하여 국민 상호간 위험분담 및 의료비 공동해결이라는 건강보험제도의 목적을 실현할 수 없기 때문에 일정한 법적요건이 충족되면 본인의 의사와 관계없이 건강보험가입이 강제되며 보험료 납부의무가 부여된다. 또한 국민건강보험은 사회보험방식으로 운영되는데 사회적 연대를 기초로 의료비 문제를 해결하는 것을 목적으로 소득수준 등 보험료 부담능력에 따라서 보험료를 부과한다. 또한 민간보험은 보험료 수준과 계약내용에 따라 개인별로 다르게 보장되지만, 사회보험인 국민건강보험은 보험료 부담수준과 관계없이 관계법령에 의하여 균등하게 보험급여가 이루어진다.

국민건강보험제도의 역사를 살펴보면 1963년에 의료보험법 제정, 1976년부터 기존의 의료보험법을 개정하여 실시하였다. 1989년부터 도시지역의료보험을 실시함으로써 전 국민대상의 의료보험을 실현하게 되었고 1997년 국민의료보험법 제정, 1998년부터 시행하였다. 이후 2000년 7월부터 공무원 및 사립학교 교직원 의료보험, 지역의료보험 및 직장의료보험이 단일체계로 통합되어 현재에 이르고 있다.

1) 적용대상

건강보험은 직장가입자와 지역가입자로 적용대상을 구분하는데, 직장가입자는 사업장의 근로자 및 사용자와 공무원 및 교직원, 그리고 그 피부양자로 구성되고 지역가입자는 직장가입자를 제외한 자를 대상으로 한다. 건강보험 대상자 중 피부양자는 직장가입자에 의하여 주로 생계를 유지하는 자로서 보수 또는 소득이 없는 자를 의미하며, 직장가입자의 배우자, 직계존속(배우자의 직계존속 포함), 직계비속(배우자의 직계비속 포함) 및 그 배우자, 형제 · 자매를 포함한다.

2) 보험급여

보험급여는 현물급여와 현금급여로 구분된다.

〈표 II-11〉 보험급여의 종류

구분		수급권자	비고
현물급여	요양급여	가입자 및 피부양자	
	건강검진	가입자 및 피부양자	
현금급여	요양비	가입자 및 피부양자	
	장애인보장구	가입자 및 피부양자 중 장애인복지법에 의해 등록한 장애인	
	본인부담액 상한제	가입자 및 피부양자	
	임신 · 출산 진료비	가입자 및 피부양자 중 임산부	

3) 급여의 종류

국민건강보험 급여로써 실제로 보험가입자가 받는 것은 의료서비스 및 관련서비스이다. 의료서비스에 대한 비용은 본인이 지불하는 대신 제3자 보험자인 국민건강보험공단이 진료기관에 지불한다. 여기에는 세 가지 종류의 급여가 있다.

① 요양급여: 진료, 검사, 약제, 치료재료, 처치, 수술, 기타 치료, 예방, 재활, 입원, 간호, 이송

② 임의급여: 장제비, 상병수당, 기타급여

③ 가입자 및 피부양자에 대한 건강검진

4) 전달체계

전국적으로 단일체계인 국민건강보험공단과 별도 요양급여비용을 심사하고 요양급여비용을 평가하기 위하여 건강보험심사평가원을 설립하여 운영하고 있다.

5) 재 정

국민건강보험의 재정은 지역가입자의 경우 피보험자(가입자)의 보험료, 직장가입자의 경우 사용자의 부담금과 피보험자(가입자)의 보험료, 국가의 보조금으로 충당하여 운영하고 있다.

지역가입자의 경우 월 보험료는 개인단위로 산정하고 표준보수월액에 보험료율을 곱하여 산출, 지역가입자의 월 보험료는 세대단위로 산정하고 부과 표준소득에 따라 대통령이 정하는 등급 구분에 따라 공단 재정운영위원회의 의결을 거쳐 공단의 정관이 정하는 금액으로 산출한다.

직장가입자의 경우 월 보험료는 표준보수월액(직장가입자가 일정 기간 동안 지급받는 보수)을 기준으로 하여 등급별로 산정한다.

3. 의료급여

의료급여제도는 공공부조로써 국민기초생활보장대상자 및 의료 빈곤자를 대상으로 의료급여를 제공한다. 1961년 생활보호법이 제정되면서부터 생활보호대상자를 대상으로 국공립의료기관에서 무료 의료구호사업으로 시행된 이후 1979년부터 시행된 '의료보호법'이 국민기초생활보장법의 시행에 따라 폐지되었고 '의료급여법'이 제정되었다.

2007년부터는 1종 수급권자의 외래진료 시 본임부담제 및 선택의료급여기관제를 실시하고 있다. 이에 1종 수급권자는 이전에는 모든 의료비를 국가가 지원했으나, 무분별한 의료쇼핑을 막기 위해 의료급여 1종이라 해도 본인부담금이 존재한다.

1) 의료급여의 개요

(1) 적용대상

국민기초생활보장법에 의한 수급자를 중심으로 의료빈곤자에게 급여가 적용된다. 수급권자는 1종 수급권자와 2종 수급권자로 구분하고 있다.

1종 수급권자	• 국민기초생활보장 수급자 – 근로무능력가구, 107개 희귀난치성질환자가 속한 가구, 시설수급자 • 타법 적용자 – 이재민, 의상자 및 의사자의 유족, 입양아동(18세 미만) – 국가유공자, 중요무형문화재보유자 – 북한이탈주민, 5.18민주화운동 관련자, 노숙인 • 행려환자
2종 수급권자	• 국민기초생활보장 대상자 중 1종 수급대상이 아닌 가구

(2) 급여의 종류

① 진찰 · 검사

② 약제 · 치료재료의 지급

③ 처치 · 수술과 그 밖의 치료

④ 예방 · 재활

⑤ 입원

⑥ 간호

⑦ 이송과 그 밖의 의료목적의 달성을 위한 조치

(3) 전달체계

의료급여 수급권자가 의료급여를 받고자 하는 경우에는 규정에 따라 제1차 의료급여기관에 의료급여를 신청해야 하나, 응급환자 · 분만 · 희귀난치성질환 · 장애인 보장구를 지급받고자 하는 경우 · 전염병 확산 등 긴급한 사유가 발생한 경우에는 제

2차 의료급여기관 또는 제3차 의료급여기관에 의료급여를 신청할 수 있다(보건복지부, 2015).

(4) 재 정

급여비용은 대통령령이 정하는 바에 따라 그 전부 또는 일부를 의료급여법 제25조의 규정에 의한 의료급여기금에서 부담하되, 의료급여기금에서 일부를 부담하는 경우 그 나머지의 비용은 본인이 부담하도록 하고 있다.

2) 의료급여의 현황

2014년도 전체 수급권자는 1,440,762명이며 전년대비 1.24% 감소하였다. 1종 수급권자 의료급여비용 '13년 4조 7,821억원 ⇨ '14년 5조 1,255억원(7.18% 증가)이었으며, 2종 수급권자 의료급여비용 '13년 5,220억원 ⇨ 5,147억원(1.40% 감소)으로 나타났나. 2014년도 1종 수급권자 구성비는 72.0%이며, 의료급여비용의 구성비는 90.9%였다.

2014년 의료급여 65세 이상 노인 인구는 458천명으로 전체 의료급여 수급권자의 31.79%를 차지하였다.

또한, 2014년 의료급여 65세 이상 노인진료비는 2조 4,959억원으로 전년대비 7.78% 증가한 것으로 나타났다.

한편, 2014년 의료급여비용은 전년 대비 6.34% 증가하였는데 80세 이상 연령대의 의료급여비용 증가율이 11.94%로 가장 높게 나타났다. 80세 이상 '13년 7,641억원 ⇨ '14년 8,553억원(11.94% 증가)이었고, 60~69세 '13년 8,708억원 ⇨ '14년 9,445억원(8.46% 증가), 50~59세 '13년 1조 2,021억원 ⇨ '14년 1조 2,998억원(8.13% 증가)으로 나타났다. 의료급여비용의 구성비는 50~59세가 23.0%로 가장 높고 70세 이상 연령대의 구성비가 35.9%를 차지한 것으로 나타났다.

4. 노인건강진단제도

노인복지법 제4조에는 국가와 지방자치단체는 노인의 보건 및 복지증진의 책임이 있으며 이를 위한 시책을 강구하여 추진해야 한다고 명시하고 있다. 또한 동법 제27조에는 국가 또는 지방자치단체는 65세 이상의 자에 대하여 건강진단과 보건교육을 실시하고 그 건강진단을 받은 자에 대하여 필요한 지도를 하여야 한다고 하고 있으며 동법 제27조의 2에서도 홀로 사는 노인에 대하여 방문요양서비스 등의 서비스와 안전확인 등의 보호조치를 취해야 한다고 규정하고 있다. 이러한 노인복지법에 근거하여 노인의 건강 증진과 관리를 위한 노인건강지원사업인 노인건강진단, 노인실명예방사업 등이 실시되고 있으며 치매관리법에 의해서 치매상담센터와 치매조기검진사업이 설치 · 운영되고 있다.

1) 노인건강진단

국가 또는 지방자치단체는 대통령령이 정하는 바에 의하여 65세 이상의 자에 대하여 건강진단과 보건교육을 실시하도록 하며 건강진단 결과 필요하다고 인정한 때에는 그 건강진단을 받은 자에 대하여 필요한 지도를 해야 한다. 건강진단은 보건복지부장관, 시 · 도지사 또는 시장 · 군수 · 구청장이 2년에 1회 이상 국 · 공립병원, 보건소 또는 보건복지부령이 정하는 건강진단기관에서 대상자의 건강상태에 따라 1차 및 2차로 구분하여 실시하며, 1983년부터 실시되었는데, 2005년부터 지방이양사업으로 전환되었다. 건강진단은 1,2차 진단으로 실시되는데 1차 진단 결과 유소견자를 대상으로 2차 건강진단을 실시한다. 1차 건강진단은 13개 항목, 2차 건강진단은 29개 항목으로 구성된다(보건복지부, 2015).

2) 치매관리사업

국가 또는 지방자치단체는 치매예방 및 치매퇴치를 위하여 치매연구 및 관리사업을 실시하여야 한다.

(1) 치매연구 및 관리사업

보건복지부장관은 종합병원, 사회복지법인, 그 밖의 보건의료 및 복지관련단체로 하여금 치매연구 및 관리사업을 실시하도록 할 수 있으며, 예산의 범위 내에서 사업 수행에 필요한 비용을 지원할 수 있다.

노인복지법 규정에 의한 치매연구 및 관리사업의 업무내용은 다음과 같다.

① 치매환자의 등록 · 관리

② 치매환자의 관리에 관한 표준지침의 연구

③ 노인복지시설의 종사자, 치매환자 및 그 보호자 등에 대한 치매관련 전문교육의 실시

④ 치매관련 의료 및 복지서비스에 관한 연구

⑤ 재택치매관리사업

⑥ 기타 보건복지부장관이 치매연구 및 관리사업에 관하여 필요하다고 인정하는 업무

(2) 치매상담센터

시 · 군 · 구의 관할보건소에 치매예방 및 치매환자관리를 위한 치매상담센터를 설치하고, 업무, 인력기준 그 밖의 필요한 사항은 보건복지부령으로 정하도록 하고 있다. 시장 · 군수 · 구청장은 보건소에 배치되어 있는 의사 · 한의사 · 간호사 또는 정신보건전문요원 중에서 업무를 전담할 치매상담전문요원 1인 이상을 지정하여야 한다

3) 노인실명예방사업

노인복지법 제27조(건강진단 등), 시행령 제20조, 시행규칙 제8조, 제9조에 의거하

여 2003년부터 실시된 노인 안검진 및 개안수술사업은 정밀 안검진의 실시로 안질환을 조기발견 및 조기치료함으로써 노인들의 시력향상 및 실명예방과 노인개안수술비 지원을 통한 노인 및 가족의 의료비 부담을 경감하고자 시행된 사업이다. 이 사업은 60세 이상 국민기초생활보장 수급권자 및 저소득층 노인을 대상으로 한국실명재단이 주체가 되어 실시하고 있다.

5. 노인장기요양보험

우리나라 노인장기요양보험제도는 건강보험제도와는 별개의 제도로 도입 · 운영되고 있는 한편으로, 제도운영의 효율성을 도모하기 위하여 보험자 및 관리운영기관을 국민건강보험공단으로 일원화하고 있다. 또한 국고지원이 가미된 사회보험방식을 채택하고 있고 수급대상자에는 65세 미만의 장애인이 제외되어 노인을 중심으로 운영되고 있다.

1) 노인장기요양보험 제도의 현황

(1) 장기요양인정 및 이용 절차

① 등급판정 기준

등급판정은 "건강이 매우 안좋다", "큰 병에 걸렸다." 등과 같은 주관적인 개념이 아닌 "심신의 기능상태에 따라 일상생활에서 도움(장기요양)이 얼마나 필요한가?"를 지표화한 장기요양인정점수를 기준으로 한다. 장기요양인정 점수를 기준으로 다음과 같은 5개 등급으로 등급판정을 한다.

〈표 II-12〉 장기요양인정 점수를 기준으로 한 등급 판정

장기요양 등급	심신의 기능상태
1등급	심신의 기능상태 장애로 일상생활에서 전적으로 다른 사람의 도움이 필요한 자로서 장기요양인정 점수가 95점 이상인 자
2등급	심신의 기능상태 장애로 일상생활에서 상당 부분 다른 사람의 도움이 필요한 자로서 장기요양인정 점수가 75점 이상 95점 미만인 자
3등급	심신의 기능상태 장애로 일상생활에서 부분적으로 다른 사람의 도움이 필요한 자로서 장기요양인정 점수가 60점 이상 75점 미만인 자
4등급	심신의 기능상태 장애로 일상생활에서 일정 부분 다른 사람의 도움이 필요한 자로서 장기요양인정 점수가 51점 이상 60점 미만인 자
5등급	치매환자로서(노인장기요양보험법 시행령 제2조에 따른 노인성 질병으로 한정) 장기요양인정 점수가 45점 이상 51점 미만인 자

② 등급판정 절차

㉠ 방문조사

인정신청을 하게 되면 간호사, 사회복지사, 물리치료사 등으로 구성된 공단 소속장기요양 직원이 직접 방문하여 「장기요양인정조사표」에 따라 아래의 항목을 조사한다.

〈표 II-13〉 장기요양인정 조사표에 따른 방문조사

영역	항목
신체기능(12항목)	옷 벗고 입기 / 식사하기 일어나 앉기 /화장실 사용하기 / 세수하기 목욕하기 / 옮겨 앉기 / 대변 조절하기 / 양치질하기 / 체위변경하기 방밖으로 나오기 / 소변 조절하기
인지기능(7항목)	단기 기억장애 / 날짜 불인지 / 장소 불인지 / 나이 · 생년월일 불인지 / 지시 불인지 상황 판단력 감퇴 / 의사소통 · 전달 장애
행동변화(14항목)	망상 / 환각, 환청 / 슬픈 상태, 울기도함 / 불규칙 수면, 주야 혼돈 / 도움에 저항 / 서성거림, 안절부절 못함 / 길을 잃음 / 폭언, 위협행동 / 밖으로 나가려함 / 의미없거나 부적절한 행동 / 물건 망가트리기 / 돈 · 물건 감추기 / 부적절한 옷입기 대 · 소변불결행위/
간호처치(9항목)	기관지 절개관 간호 / 흡인 / 산소요법 / 경관 영양 / 욕창간호 / 암성통증간호 도뇨관리 / 장루간호 / 투석간호

	운동장애(4항목)	관절제한(6항목)
재활(10항목)	우측상지 좌측상지 우측하지 좌측하지	어깨관절 고관절 팔꿈치관절 무릎관절 손목 및 수지관절 발목관절

㉡ 등급판정위원회의 심의 · 판정

• 등급판정위원회는 방문조사 결과, 의사소견서, 특기사항을 기초로 신청인의 기능상태 및 장기요양이 필요한 정도 등을 등급판정 기준에 따라 다음과 같이 심의 및 판정한다.

– 요양필요상태에 해당하는지 여부를 심의한다.

– 요양필요상태인 경우 등급판정 기준에 따라 등급을 판정

– 필요에 따라서는 등급판정위원회의 의견을 첨부할 수 있다

③ 우리나라, 일본, 독일의 평가판정체계 전반적 비교

〈표 II-14〉 독일, 일본 및 우리나라 평가판정체계 비교

	독일	일본	우리나라
평가초점	기능상태	기능상태와 수발부담	기능상태와 수발부담
평가조사에 사용된 영역 및 항목수	총 4개 영역 36항목(크게 ADL과 IADL로 구분됨) – 개인위생(18개) – 영양섭취(3개) – 이동영역(9개) – 가사지원(6개)	총 5개 영역 55항목 + 특별의료 12항목 – 신체기능(13개) – 생활기능(12개) – 인지기능(9개) – 정신 및 행동장애(15개) – 사회생활 적응(6개)	총 5개 영역 52항목 – ADL(12개) – 인지(7개) – 문제행동(14개) – 간호처치(9개) – 마비구축(10개)
등급기준	– 각 항목마다 필요한 수발시간을 정해 이 시간의 합을 기준으로 3등급으로 구분 – 일본과 달리 수발시간이 통계기법이 아닌 직접적인 기능상태의 평가에 의해 도출됨	– 수발부담을 종속변수로 하여 기능상태에 의한 수형분석을 통해 구해진 '인정요양시간'에 의해 5개 등급으로 구분	– 일본과 동일한 기준 단, 인정요양시간의 합이 4개 서비스군 시간의 합임(일본은 8개 군)

평가판정 주체	- MDK직원, 수발전문인력, 의사 (필요시 동시에 방문) - 아동, 장애인의 경우 별도 인력 - 판정은 MDK 의사와 수발인력	- 1차 평가는 시정촌 사례관리자 - 판정은 개호인정심사회	- 건보공단의 수발관리사 1차 평가 - 판정은 지역의 수발평가판정위원회
장점	- 항목 수의 간결성 - 평가의 전문성	- 객관적 체계에 의한 요양욕구 판정	- 객관적 체계에 의한 요양욕구 판정
단점	- 주관적 판단에 의한 이의신청률과('97년 6.9%) 재심사신청률(동년 31.4%)이 높음 - 의사와 평가비용	- 많은 항목수에 따른 긴 평가시간 - '인정요양시간'의 개념에 대한 모호성	- 많은 항목수에 따른 긴 평가시간 - '인정수발시간'의 개념에 대한 모호성

출처: 김찬우(2015), 2014년 노인장기요양보험제도 등급판정체계 개편에 대한 쟁점 고찰, p 7.

장기요양의 재원조달을 사회보험방식으로 실시하고 있는 독일, 일본 과 우리나라 1차 등급판정도구를 여러 측면에서 비교하면 다른 두 국가와 비교해서 가장 큰 특징은 첫째, 한 영역의 만점을 100점으로 보고 항목별 응답에 따른 점수를 부과하고 있다는 점과 둘째영역에다 가중치를 부과하고 있다는 점이다. 둘째, 등급구분 기준과 관련 된 부분이다. 한국과 일본의 '인정시간'은 기능상태를 서비스 군별 서비스 제공시간에 대입시켜 구축된 개념으로 독일의 실제 수발필요시간과는 다른 개념이다. 독일의 방식은 각 직간접 수발 및 가사지원 시간을 결정해놓고 이를 합한 방식으로 필요수발시간을 결정하는 방식으로 한국이나 일본처럼 통계적 기법에 의해 도출된'인정시간'의 개념 없이도 사용가능하다(이윤경 외, 2012). 즉, 독일의 경우는 전문 기능평가자가 상태를 사정할 때 필요한 시간을 바로 정해주고, 우리나라와 일본의 경우는 조사자의 평가를 통계적 기법에 의해 인정시간으로 환산시켜주는 방식이다. 일본과 우리나라의 등급판정기준인 인정시간은 기능상태와 수발부담의 조합으로 이루어짐으로 등급별 기능상태의 차이를 파악하기 어려운 점이 존재한다.

〈표 II-15〉 각 국가별 수발서비스 대상자 선정 기준

우리나라(요양인정점수)			일본		독일	
등급	~2014. 6	2014. 7	등급*	인정요양시간	등급*	필요수발시간
1	95점 이상	95점 이상	5	110분 이상	3	1일 최소 5시간: 240분(기초수발)+60분 (가사지원)
2	75점 이상 95점 미만	75점 이상 95점 미만	4	90–110분	2	1일 최소 3시간 필요: 120분(기초수발)+60분 (가사지원)
3	51점 이상 75분 미만	65점 이상 75점 미만	3	70–90분	1	1일 최소 90분 필요: 45분(기초수발)+45분 (가사지원)
4	미존재	51점 이상 60점 미만	2	50–70분		
등급 외 A	45점 이상 51점 미만	치매특별등급** (치매소견서) 45점 이상 51점 미만	1	32–50분	–	
			요지원 1, 2	25–32분		

* 실제 일본은 5등급이 최중증인 강태고 독일은 3등급이 최중증 상태이나 우리나라는 1등급이 최중증

** 2014. 7부터 요양인정점수 45~53점 미만의 경우 치매소견서가 첨부된 자에 한해 치매특별등급 적용

출처: 김찬우(2015), 2014년 노인장기요양보험제도 등급판정체계 개편에 대한 쟁점 고찰. p 9.

(2) 노인장기요양보험제도 급여의 종류 및 내용

장기요양급여는 크게 재가급여, 시설급여, 특별현금급여로 나누어진다(노인장기요양보험법 제23조~제26조).

재가급여	방문요양	장기요양요원이 수급자의 가정 등을 방문하여 신체활동 및 가사활동 등을 지원하는 장기요양급여
	방문목욕	장기요양요원이 목욕설비를 갖춘 차량을 이용하여, 수급자의 가정을 방문하여 목욕을 제공하는 급여
	방문간호	장기요양요원인 간호사 등이 의사, 한의사 또는 치과의사(구강위생에 한함)의 지시서에 따라 수급자의 가정 등을 방문하여 간호, 진료의 보조, 요양에 관한 상담 또는 구강위생 등을 제공하는 장기요양급여
	주 · 야간 보호	수급자를 하루 중 일정한 시간 동안 장기요양기관에 보호하여 신체활동 지원 및 심신기능의 유지향상을 위한 교육 · 훈련 등을 제공하는 급여
시설급여	노인의료복지시설(노인전문병원 제외)에 장기간 동안 입소하여 신체활동지원, 심신기능의 유지 · 향상을 위한 교육 · 훈련 등을 제공하는 요양급여입니다	

특별현금급여	• 가족요양비, 특례요양비, 요양병원간병비가 있다. • 가족요양비: 장기요양기관이 현저히 부족한 지역(도서 · 벽지)에 거주하는 자, 천재지변 등으로 장기요양기관이 실시하는 장기요양급여 이용이 어렵다고 인정된 자, 신체 · 정신 · 성격 등의 사유로 가족 등이 장기요양을 받아야 하는 자에게 지급 • 특례요양비: 수급자가 장기요양기관으로 지정되지 않은 장기요양시설 등의 기관과 재가 또는 시설급여에 상당한 장기요양급여를 받은 경우 장기요양급여비용의 일부를 지급 • 요양병원간병비: 수급자가 [노인복지법] 상의 노인전문병원 또는 [의료법] 상의 요양병원에 입원한 때에 장기요양에 사용되는 비용의 일부를 지급 ※ 특례요양비와 요양병원 간병비는 현재 시행을 유보

(3) 서비스 제공체계

① 요양기관

장기요양기관이란 장기요양기관으로 지정을 받은 기관 또는 지정의제된 재가장기요양기관으로서 장기요양급여를 제공하는 기관을 말한다(「노인장기요양보험법」 제2조제4호).

재가급여를 제공할 수 있는 장기요양기관	•「노인복지법」 제38조에 따른 재가노인복지시설로서 「노인장기요양보험법」 제31조에 따라 지정받은 장기요양기관 •「노인장기요양보험법」 제32조에 따라 설치한 재가장기요양기관
시설급여를 제공할 수 있는 장기요양기관	•「노인복지법」 제34조제1항제1호에 따른 노인요양시설로서 「노인장기요양보험법」 제31조에 따라 지정받은 장기요양기관 •「노인복지법」 제34조제1항제2호에 따른 노인요양공동생활가정으로서 「노인장기요양보험법」 제31조에 따라 지정받은 장기요양기관

② 전문인력

노인장기요양보험안에는 요양서비스를 직접 수행하는 인력으로 요양보호사가 규정되어 있다. 법안에 의하면 요양보호사는 요양기관에 소속되어 노인으로 신체활동 또는 가사활동 지원 등의 업무를 수행하는 자이다. 이에 정부에서는 질 높은 서비스 인력 인프라 구축을 위해 노인복지법상 요양보호사 자격기준을 신설하고 요양보호사의 직무, 자격인정(등급구분, 등급별 교육과정 등), 요양보호사 교육기관의 지정조건, 지정절차 등을 마련하여 시행 중에 있다.

③ 재원조달체계

노인장기요양보험에 소요되는 재원은 장기요양보험료와 국가 및 지방자치단체 부담 그리고 장기요양급여 이용자가 부담하는 본인일부부담금으로 운영된다. 노인장기요양보험료의 장기요양보험료와 건강보험료를 통합하여 공단이 징수하며, 통합 징수한 장기요양보험료와 건강보험료는 각각의 독립회계로 관리한다.

2) 노인장기요양보험 운영 현황

(1) 장기요양보험 누적 신청자 수

2014년 상반기(6월 말) 기준, 장기요양보험 누적 신청자 수 709,308명이며, 노인 인구의 11.2%를 차지하고 있다. 장기요양보험 인정자 수는 2014년 상반기(6월 말) 기준, 장기요양보험 인정자 수 393,927명이었다(국민건강보험공단).

노인장기요양보험제도 시행 시('08.7)의 우려와는 달리 요양시설 및 재가시설이 원활하게 설치되어 2013년 12월 현재 요양시설은 4,648개소, 재가시설은 19,732개소로서 제도 시행 시('08.7) 대비 요양시설은 233.2%, 재가시설은 211.2% 증가하였다.

노인장기요양보험 전문 인력 현황을 살펴보면 2014년 상반기(6월 말) 기준, 요양보호사 257,897명, 간호사(간호조무사 포함) 10,488명, 사회복지사 9,859명이었으며 요양보호사는 2010년에 국가시험이 도입되었다. 응시인원 및 합격률은 아래와 같다. 요양보호사 국가시험은 시험제도가 도입된 이후 합격률은 70~90% 이상의 합격률을 보이고 있다.

한편, 장기요양등급판정 현황은 다음과 같다.

구 분	매우 그렇다	그렇다	보통이다	그렇지 않다	매우 그렇지 않다
부양부담 감소	47.8%	44.9%	3.1%	3.8%	0.1%
사회활동기회 증가	44.1%	47.9%	1.7%	4.7%	0.6%

(2) 서비스만족도 평가

국민건강보험공단 은 노인장기요양보험 시행 5주년을 맞아 지난 2013년 5월 13일부터 31일까지 외부전문기관인 유니온리서치에 의뢰하여 실시한 노인장기요양보험 서비스 만족도 · 인식도 조사와 대국민 의견수렴 결과를 발표하였다.

서비스 만족도 조사에서 노인장기요양보험 수급자의 보호자 938명에게 질문한 결과 서비스 이용 후 보호자의 92.7%가 부양부담이 줄었고, 92.0%는 자녀양육, 가족생활, 취미생활, 친구와의 만남 등 사회적 활동에 도움이 된 것으로 나타났다.

(3) 장기요양기관 평가 결과

- 한편, 요양보호사는 노인장기요양시설의 장기요양서비스를 공급하는 핵심서비스 인력이나, 낮은 사회적 인식과 열악한 근무 조건 등 처우가 열악한 상황이므로 요양보호사 자긍심 고취 및 이직방지를 위한 경력개발을 위하여 실무경력 5년 이상 요양보호사에 대한 재가기관 관리책임자 양성과정을 마련하였고 재가기관 요양보호사에 대한 직무교육을 실시하였다.
- 장기요양기관의 급여수준 향상 유도 및 어르신들의 삶의 질 향상에 기여하기 위한 장기요양급여 평가를 2009년부터 2년마다 시설급여와 재가급여를 구분하여 실시하고 있으며, 2013년에 시설 3,664개소에 대하여 평가를 완료하였다. 평가결과 규모별 상위 10%범위 내 최우수기관(A등급) 332개소, 10초과~20% 범위 내 우수기관(B등급) 316개소 및 직전 정기평가결과에 비하여 현저히 향상된 기관 3개소에 대하여 총 81억 원을 인센티브로 지급하였으며 최우수기관(A등급)에는 인증마크도 수여하였다. 국민의 알권리 충족을 위하여 노인장기요양보험 홈페이지에 평가결과(A~E등급, 영역별 수준 등) 및 평가거부기관 명부를 공개하였다(보건복지부, 2013).

① 노인장기요양시설의 질 관리 실태

- 노인장기요양보험제도에서는 장기요양시설들에 대한 보험급여 및 서비스 질

관리를 위해서 2009년부터 보험자(국민건강보험공단)가 시설평가를 시행하고 있다. 즉, 2009년부터 2년마다 노인요양시설, 그리고 2010년부터 2년마다 재가장기요양기관에 대해 평가를 실시하고 있다. 노인요양시설의 평가결과를 시설규모별로 보면, 시설규모가 커질수록 평균평가점수도 높아지는 것으로 나타나, 소규모시설들이 상대적으로 질적 수준이 낮다는 것을 시사하는 것이라고 볼 수 있다. 즉, 2013년 시설평가에서 9인 이하의 노인요양공동생활가정이 63.2점인 반면에 30인 이상의 노인요양시설은 80.8점으로 나타나, 노인요양공동생활가정의 질적 수준이 낮은 것으로 나타났다.

② 운영주체별 평가 결과

- 또한, 시설의 운영주체별로 보면, 대체적으로 비영리시설이 영리시설보다도 평균평가점수가 높은 것으로 나타났다. 2013년 시설평가결과를 보면, 지자체 운영시설은 84.9점, 법인시설은 77.3점, 개인시설이 66.0점으로 나타나, 영리성 개인시설의 질적 수준이 상대적으로 낮다는 것을 알 수 있다.

③ 평가영역별 결과

- 평가영역별 결과를 보면, 기관운영 · 환경안전 등, 급여제공과정, 급여제공결과로 구분하여 볼 수 있는데, 환경안전 등 투입적 요소부문의 점수가 과정이나 결과적 요소부문보다 평균점수가 더 높게 나타났다.

④ 시도별 노인요양시설의 평가점수

- 시도별 노인요양시설의 평가점수를 보면, 지역간 격차가 상당히 발생하고 있는 것으로 나타났다. 상대적으로 평균점수가 높은 지역은 울산(78.0점), 제주(75.6점), 인천(75.3점), 대전(74.8점), 전북(74.2점)등이고, 낮은 지역은 충북(67.0점), 대구와 전남(67.6점), 경북(67.7점), 서울(67.9점)로 나타났다.

3) 노인장기요양보장정책의 과제

재정안정화를 위한 다각적 노력이 필요하다. 외국의 장기요양보험재정을 살펴보면, 독일은 1999년부터 재정적자가 발생하여 2008년 개혁을 통해 보험료를 인상하였으며, 재가서비스 활성화와 가족 등 비공식 장기요양서비스 제공자 지원 등의 방안을 시행하고 있다. 일본도 재정안정화를 위해 예방과 재가서비스 급여를 활성화하고 있다.

우리나라는 2017년까지 수급 대상자 범위를 노인인구의 7%수준으로 확대할 예정이며 서비스 인력인 요양보호사의 임금수준도 사회복지기관 생활지도원 수준으로 인상할 방침이다. 더욱이 노인인구 급증에 따른 장기요양욕구가 증대될 전망이며 그 밖에 국제결혼 등으로 외국에서 유입되는 인구 층이 많아지므로 이에 대한 대비를 철저히 해나가야 할 필요가 있다. 따라서 우리나라도 우선적으로는 장기요양의 진입을 최대한 지연시킬 수 있도록 예방을 강화하고, 시설에 비해 비용을 절감할 수 있는 재가급여를 활성화할 필요가 있다. 또한 다양한 방식을 통해 가족 등 비공식부문의 장기요양서비스 제공을 지원하여 공적체계와 상호보완적 역할을 해 나갈 수 있도록 해야 한다(손창숙, 2013).

(1) 급여의 종류 확대 필요

우리나라에서 현재 시행 중인 장기요양보험 급여로 재가급여(6종), 시설급여(2종), 특별현금급여(3종)가 있는데 재가급여에서 방문재활서비스제도의 도입이 필요하다.

노인여가복지시설의 시설 기준을 살펴보면, 노인복지관에는 기능회복 또는 기능감퇴를 방지하기 위한 훈련 등에 지장이 없는 면적과 필요한 시설을 갖춘 물리치료실을 설치하도록 되어 있다. 재가노인 복지시설에는 작업 및 일상생활동작 훈련실을 두어 기능회복 및 감퇴를 예방하기 위한 훈련 등에 지장이 없는 면적과 필요한 설비 및 장비를 갖추게 하고 있다.

시행규칙에 의한 노인의료복지시설의 시설기준 및 직원배치기준에 의하면, 입소자 10명 이상의 노인요양시설에는 기능회복 또는 기능감퇴를 방지하기 위한 훈련 등에 지장이 없는 면적과 필요한 시설 및 장비를 갖춘 물리(작업)치료실을 설치하여야 한다.

입소자 30명 이상의 노인요양시설에서는 물리(작업)치료사 1명을 두고 100명 초과 시마다 1명을 추가하도록 하고, 노인요양공동생활가정에서는 간호(조무)사, 물리치료사, 작업치료사 중에서 1명만 있으면 된다.

노인요양보험제도 내의 재가급여에 방문재활서비스제도의 조속한 도입이 필요하므로 이를 위한 제도적 근거를 마련하고 각 재활전문가 단체가 유기적으로 참여하는 팀접근을 통해 다양한 재활프로그램을 개발하고 시범사업을 실시해야 한다(김희정 외 2인, 2010).

(2) 요양병원 이용자의 급여 확대

노인장기요양보험법 제26조 제1항에서 규정하고 있는 요양병원간병비는 요양병원을 이용할 경우에 특별현금급여로서 현금으로 간병비를 지급받게 된다. 이는 병원비, 치료비 등의 기타 비용은 요양병원 이용자가 부담해야 한다는 것을 의미하는 것으로 노인장기요양법 제31조에서 규정하고 있는 지정된 장기요양기관을 이용하였을 경우 받을 수 있는 시설급여에 비하여 현저히 낮은 급여다. 따라서 요양병원을 이용하는 이용자에게도 시설급여 수급자와 동등하게 또는 이에 준하는 급여를 지급해야 할 것이다.

(3) 가족관계에 있는 요양보호사 규정 신설

현 노인장기요양보험제도에서는 가족에 의한 보호에 대한 지원은 서비스가 없는 오지에 한해 제한적으로 가족요양비를 지급하고 있으며 가족에 의한 자발적인 보호에 대해서는 지원이 이루어지고 있지 못하다. 따라서 노인보호에 대한 사회적 비용 절감과 보호노인의 삶의 질 향상을 위해서는 가족에 의해 보호가 이루어지는 경우 이에 대한 지원이 이루어질 수 있도록 하는 제도가 필요하다. 한편, 부정수급자의 적발을 위해서는 2009년도부터 시행되고 있는 신고포상금 등을 더욱 활성화시킬 필요가 있다.

(4) 재가장기요양기관의 설치 시 허가제로의 전환

재가장기요양기관의 설치에 있어서는 단순히 신고만으로 그치는 신고제가 아닌 일정 요건을 갖출 경우 허가를 해주는 허가제로 바꾸어 부실한 기관의 난립을 방지해야 한다. 더 나아가 장기요양기관을 비영리법인 등으로 국한함으로써 요양서비스의 상업화를 최소화 하고, 국가와 지자체가 운영하는 공공요양기관을 대폭 확충하는 것도 노인장기요양보험 제도가 좀 더 공적인 사회보험제도로 정착될 것이다.

(5) 이용자 선택권의 확대

이용자들이 장기요양기관의 질을 제대로 파악하여 선택하기란 너무 어렵다. 이용자들은 눈에 보이는 시설경관 이외의 실제 서비스 질과 직결된 기관의 다양한 정보를 접할 수 있도록 장기요양기관 정보 공개의 범위와 내용을 규정 · 확대할 필요가 있다. 현행 장기요양기관평가는 서류 중심의 형식적이고 질적 지표로 이용하기에는 충분하지 못하다. 정부에서 질적인 측면을 평가할 수 있는 항목별 방법을 개발하고, 구체적인 기관 운영 관련 정보를 공개하도록 법률을 강화할 필요가 있다(백효영, 2012).

Chapter_ 7

노인주거보장정책

현대사회의 산업화 · 도시화 현상은 핵가족화 등 가족구조의 변화와 함께 가족구성원간 역할 변화까지 초래하고 있다. 노인 독거 · 부부가구의 급증에 수반하여 가족간 정서적 지지와 도구적 도움의 교환이 약화되어 왔으며, 과거와 달리 노인들 스스로 독립적인 삶을 영위하도록 요구하고 있는 상황이다. 이에 따라 노인을 둘러싸고 있는 주위환경은 노인의 일상생활에 많은 영향을 미침으로써 노인의 삶의 질을 결정짓는 중요한 요소 중 하나로 작용하고 있다.

1. 노인주거의 이해

1) 노인주택보장의 원리

노인주택보장의 원리로 계속거주의 보장, 주거공간의 최저기준 확보, 거주기회 평등의 보장, 정상화의 실현 등 네 가지가 있다(사회보장연구소 편, 1990).

(1) 계속거주의 보장

노년기에는 소득의 증대를 기대할 수 없기 때문에 퇴직금 등 재산소득과 전체 노인 중 일부가 수령하는 연금, 자녀가 보내 주는 생활비 등이 중심이 되는 생활을 하게 된다. 무주택자는 집세의 상승, 주택 소유자는 관리운영비, 재산세 등의 경제적 부담으로 인해 장기간 거주해 온 주택을 축소시켜야 생활유지가 가능하기 때문에 거주 장소를 이주해야 하는 상황도 대비해야 한다. 노인은 장기간 거주하여 익숙해진 주택에 계속 사는 것이 가장 바람직하지만 경제적 부담 때문에 주택을 축소시켜야 하는 경우에는 자녀, 이웃, 지인과 지속적인 교류가 가능하고 익숙한 생활이 지속될 수 있는 지역사회 내 주택으로 이주하여 안심하고 지속적으로 노후생활을 영위할 수 있는 권리를 보장해야 한다.

(2) 주거공간의 최저기준 확보

우리나라 최저생활보장은 소득과 의료보장, 사회복지서비스의 보장에 치중하여 왔고, 전체적인 주택부족현상으로 인하여 노인에 대한 주택보장은 경시되어 왔었다. 그러나 최근에는 주택보급률이 100%를 초과하였기 때문에 인간의 자립과 존엄성을 지키기 위한 인권보장의 일환으로서 주거공간의 최저수준보장은 최저생활보장의 내용에 포함되어야 할 것이다.

(3) 거주기회 평등의 보장

노인과 장애인은 생활상의 위험이 대단히 높다고 할 수 있다. 노인의 거주권리를 보장하기 위해 누구라도 어느 곳이든 원하는 지역에 거주할 수 있도록 해야 한다. 이 같은 거주기회 평등보장이 노후의 안정된 생활로 이어지게 되는 것이다.

(4) 정상화의 실현

노년기가 되면 병약하게 되고 장애가 오는 경우가 많다. 정상화 이념에 입각하여 그들이 생활하는 환경을 개선하여 노년기에 나타나는 생활상의 장애를 제거해야 자립된 생활이 가능하게 될 것이다. 따라서 지역사회에서 자립할 수 있는 생활공간을 만들어 가지 않으면 노인은 익숙해진 지역사회에서 생활할 수 없게 된다. 그와 같은 이유로 주거지 안팎에서 비록 장애노인이라 할지라도 자립적으로 일상생활이 가능할 수 있는 주택 및 지역사회 환경 개선이 요구된다.

2) 노인의 주택의 의미와 가치

주택은 인생의 모든 단계에서 중요한 의미와 가치를 가지지만 노년기에는 더욱 그 가치가 높다고 할 수 있다(장인협 · 최성재, 2008).

첫째, 주택은 노인의 생물학적 생존을 위한 기본적인 수단이 된다. 인간은 생물학적 생존으로 생리적인 욕구와 안전의 욕구를 먼저 충족시킬 수 있어야 하는데 주택은 바로 안전의 욕구를 먼저 충족시켜 주는 수단이 된다. 노년기는 신체적 및 심리적 기능이 약해져 안전에 대한 욕구가 더욱 강하게 나타날 수 있기 때문에 이를 충족시킬 수 있는 주택의 필요성은 커진다고 할 수 있다.

둘째, 주택은 노년기 생활의 주요 장소이다. 노년기 특히 퇴직 후에는 생활의 수된 근거지가 가정이 되고 사회적 관계와 관심이 가족을 중심으로 축소되기 때문에 주택은 바로 생활의 거의 전부를 담는 그릇이 되는 것이다. 따라서 인생의 다른 어떤 시기에서보다도 주택은 가장 큰 의미를 지닌다.

셋째, 주택은 노인에게 가계상의 가장 큰 지출의 대상이 되며 따라서 경제적 보장의 효과를 높여 준다. 주택의 구입이나 임대는 적은 비용으로 간단히 할 수 있는 것이 아니라 개인 및 가족의 생활에서 가장 많은 비용지출의 대상이고 가장 어려운 일 중의 하나이다. 그러므로 주택은 하나의 생활필수품으로서의 가치를 지니기 때문에 주택을 소유하거나 임대할 수 있다는 것은 경제적 보장을 높여 주는 것이 된다.

넷째, 주택은 사회적 지위와 사회적 정체감의 상징이 된다. 노년기에는 직업역할이 상실되어 직업역할을 통하여 사회적 지위와 사회적 정체감을 유지할 수 없기 때문에 적합한 주택의 소유나 유지를 통하여 사회적 지위와 사회적 정체감을 나타내고 유지할 수 있다. 이러한 의미에서 주택은 노년기에 있어서 사회적 및 심리사회적 의미가 크다고 할 수 있다.

다섯째, 주택은 개인적인 경험과 추억을 저장하며 사회적 관계망을 구축하고 유지하는 도구가 된다. 한 주택에서 오랫동안 거주함으로써 개인생활의 아름다운 경험과 추억을 저장할 수 있고, 친밀한 사회적 지지망을 구축할 수 있어 노인에게 있어 적응적 환경을 유지할 수 있다는 면에서 주택의 가치는 크다.

여섯째, 자신의 주택에서 생활할 수 있다는 것은 자신의 신체적 독립성과 때로는 경제적 독립성을 확인하고 나타내는 것이 된다. 특히 노년기에 자녀나 타인의 도움을 받지 않고 스스로 살아갈 수 있다는 능력은 노인 자신에게 자부감을 갖게 해주고 타인에게도 자신의 능력을 나타냄으로써 만족감을 얻을 수 있다.

일곱째, 주택은 노화에 따른 생활기능 저하를 보완하고 수용할 수 있는 물리적 환경을 제공해 줄 수 있다. 노화로 기능이 저하됨에도 불구하고 일상생활에서 가능하면 타인의 도움 없이 독립적으로 생활할 수 있기 위해서는 주택의 구조와 시설이 편리하게 되어 있어야 한다. 또한 노인에게 적합하게 설계된 주택은 노인 자신뿐만 아니라 노인의 가족에게도 편리성을 제공해 준다.

2. 우리나라 노인주거의 실태와 주택복지정책

1) 노인주거의 실태

(1) 고령가구

2014년 전체 1,845만 8천 가구 가운데 65세 이상 고령자가 가구주인 고령가구는 370만 3천 가구로 전체 가구의 20.1% 차지하였으며 매년 증가하는 추세이다. 가구주의 연령이 65세 이상이면서 혼자 살고 있는 가구는 2014년 현재 전체 가구의 7.1%를 차지하였으나, 2035년에는 15.4%로 2배 이상 증가할 것이다.

〈표 II-16〉 고령가구[1] 추이

(단위: 천가구, %)

연도	총가구	고령가구	구성비[2]	고령가구 유형					
				부부 가구		부부+자녀 가구	구성비[2]	1인 가구[3]	구성비[2]
2000	14,507	1,734	11.9	573	3.9	184	1.3	544	3.7
2005	15,971	2,432	15.2	822	5.1	249	1.6	777	4.9
2010	17,359	3,087	17.8	1,038	6.0	297	1.7	1,056	6.1
2014	18,458	3,703	20.1	1,234	6.7	340	1.8	1,317	7.1
2020	19,878	4,772	24.0	1,569	7.9	437	2.2	1,745	8.8
2025	20,937	6,172	29.5	2,028	9.7	587	2.8	2,248	10.7
2030	21,717	7,690	35.4	2,533	11.7	719	3.3	2,820	13.0
2035	22,261	9,025	40.5	2,919	13.1	791	3.6	3,430	15.4

자료: 통계청, 「장래가구추계」 2012

주: 1) 가구주의 연령이 65세 이상인 가구

2) 총 가구 중 고령가구 유형별 구성비

3) 가구주의 연령이 65세 이상이면서 혼자 사는 가구

(2) 가구주 연령대별 주택점유형태

가구주 연령대별로 보면, 34세 이하 가구의 자가점유율은 17.0%인 반면, 가구주 연령이 증가함에 따라 자가점유율도 증가하여 65세 이상 가구의 자가점유율은 70.2%로 나타났다. 가구주 연령이 34세 이하, 55세 이상 가구의 경우 보증부 월세 거주 비율이 높고, 35~55세 가구주의 경우 전세 거주 비율이 높았다(국토해양부, 2012).

(3) 가구주 연령대별 주택 유형 분포

가구주 연령대별 주택 유형 분포를 보면, 55세 이후 연령대에서 아파트 거주비율이 낮고 일반 단독주택 거주 비율이 높게 나타났다. 34세 이하 연령대에서 다가구 단독주택 거주 및 다세대 거주 비율이 상대적으로 높으며, 주택이외 거처에 거주하는 비율이 높게 나타나고 있다.

(4) 자가 가구의 향후 2년내 이사 이유

향후 이사 이유는 자가 가구의 경우 더 넓은 집, 시설 설비가 더 좋은 집, 자녀 양육과 교육환경으로 인한 이사 이유가 주된 이유였으나 저소득층 자가 가구의 경우 소득 감소 및 생활 형편 어려움에 따른 이사 이유가 가장 많은 것으로 나타났다. 54세 이상 자가 가구의 경우 더 넓은 집보다는 오히려 주택규모를 더 줄이기 위한 이사 이유가 많으며 다른 연령대에 비하여 교통 편리 요인이 강하였으며, 65세 이상 자가 가구의 경우 소득 감소 및 생활 형편 어려움으로 인한 이사 이유가 가장 많게 나타났다.

(5) 임차 가구의 향후 2년내 이사 이유

임차 가구의 경우, 시설 설비가 더 좋은 집, 직장 변동, 더 넓은 집으로 가기 위해 이사를 계획하고 있으나, 집세가 너무 비싸서 이사하겠다는 응답도 11.1%로 나타났다. 특히 45세~64세 연령대의 가구는 '집세가 너무 비싸서' 이사하겠다는 응답이 가장 높았으며 34세 이하 가구의 경우 '더 넓은 집으로 가기 위한 이사' 이유가 매우 크게 나타났다.

(6) 공공임대주택 거주 의향

공공임대주택 거주 의향을 보면, 전체 가구의 33.7%가 거주 의사를 보였다. 즉, 수도권 거주자, 저소득층, 44세 이하 가구주의 공공임대주택 거주 의향 비율이 매우 높게 나타나고 있었으며 선호하는 공공임대주택 유형에 있어서는 영구임대주택이 1순위로 나타났으며, 국민임대주택이 2순위로 나타나고 있다.

(7) 가구유형별 현황

수급자의 가구유형은 대부분 노인, 장애인, 모자 · 부자가구 등 취약계층 가구가 63.1%이며, 보다 안정된 가구인 일반가구는 30.9%였다.

〈표 II-17〉 수급자의 가구유형별 현황 (단위: 가구, %)

구분	계	노인가구	소년소녀 가장가구	모자가구	부자가구	장애인 가구	일반가구	기타
가구수	814,184	236,584	5,882	74,925	18,362	178,397	251,333	48,737
구성비	100	29.1	0.7	9.2	2.3	21.9	30.9	6.0

출처: 보건복지부(2015), 2014년 국민기초생활보장 수급자 현황.

(8) 노인의 주거안전사고 현황

안전사고란 안전관련 교육의 미비 또는 부주의 따위로 일어나는 것으로 찰과상, 타박상, 날카로운 물체에 베인 상처 등에서부터 교통사고, 화상, 감전, 익사, 추락 등 안전과 관련된 상해로 인하여 신체적, 정신적, 경제적 고통이나 불편감을 초래하여 치료를 요하는 모든 사고를 말한다. 노인주거 안전사고는 노인주거복지시설과 양로시설에 거주하는 65세 이상 노인을 대상으로 노인주거복지시설 내에서 미끄러짐, 떨어짐(낙상), 부딪힘, 걸림, 기타 찔림, 베임, 끼임, 화상 등 시설환경적 측면에서 시설물과 직접 관련된 부상으로 인해 신체적, 정신적, 경제적 고통이나 불편을 초래하여 치료를 필요로 하는 모든「의도하지 않은 사고」를 말한다.

이러한 노인의 안전사고(집안 내 화재, 가스누출, 누수 등) 경험률을 살펴보면 보건복지부의『2014년 노인실태조사』에 의하면 노인의 3.0%가 지난 1년간 안전사고를 경험한 것으로 나타났다. 전체 노인의 25.1%가 지난 1년간 낙상을 경험하였고, 낙상경험자의 지난 1년간 낙상 횟수는 2.3회이며 이 중 63.4%는 낙상으로 인해 병원치료를 받았다. 낙상 이유와 관련해서는 다리에 힘이 풀려서(갑자기 주저앉아서)가 29.5%로 가장 높고, 바닥이 미끄러워서 26.8%, 다리를 접질려서(발을 헛디뎌서) 13.8%, 갑자기 어지러워서 12.2% 등의 순이다. 또한 노인의 78.8%가 평소 낙상에 대한 두려움이 있다고 응답하였고, 많이 두려워한다고 응답한 경우도 40.6%나 되어 낙상이 노년기의 주요 관심사임을 볼 수 있다.

이러한 안전사고 경험률에 있어서는 성별, 결혼상태별, 기능상태별, 가구형태별,

교육수준별 약간의 차이가 있는 것으로 나타났다. 남자노인(2.2%)보다는 여자노인(3.6%)에게서, 배우자가 있는 노인(2.5%)보다는 배우자가 없는 노인(3.9%)에게서, 기능제한 없는 노인(2.7%)보다 기능제한 있는 노인(4.4%)에게서 조금 더 높게 나타났다. 가구형태별로는 노인독거가구, 기타가구의 안전사고 경험률이 4.5%로 노인부부가구 2.2%, 자녀동거가구 2.9%보다 높은 편으로 나타났다. 또한 교육수준이 낮을수록 안전사고 경험률은 높게 나타났다(무학(글자모름) 4.2%, 전문대학 이상 1.9%).

2) 노인주거보장정책의 현황

(1) 주거복지법

우리나라는 그동안 주택공급 위주로 주택정책을 펼쳐온 결과, 주택 보급률은 이미 100%를 초과하였기 때문에 정부의 주택정택은 주택의 양적 공급에서 질적 공급으로, 그리고 주거복지실현으로 방향을 전환하였다. 그러나 이제껏 우리나라의 주택법은 주택의 양적공급을 기반으로 하여 작성되어 있기 때문에, 현재 시대가 요구하는 주거의 질적공급이나 주거복지정책을 펼쳐나가기 위하여 주거기본법이 제정되었다.

과거 우리정부의 주택정책은 취약계층의 주거문제를 해결하기 위하여 주로 임대주택을 공급하였으나 이러한 임대주택공급정책은 거주자의 상황에 관계없이 특정지역에 거주해야 한다든가, 저소득층끼리만 모여 살게 되면서 부정적인 면이 발생한다든가, 주거취약계층 중에서도 일부 층만 수혜 되거나 또 국가 공공재원에 부담이 된다든가, 개발 가능한 택지부족 등 여러 가지 문제가 야기되었다. 또 일정지역에 임대주택을 대량 공급하는 것은 지역사회의 사회적 통합을 어렵게 하고, 지역 공동체가 와해되는 등 사회 불안을 야기하는 요소가 되어 왔다. 이를 해소하기 위하여, 우리보다 앞서서 주거문제를 고민하였던 외국 국가들은 주거취약계층을 위한 임대주거의 공급과 주거비 보조 방식을 혼합해 시도하고 있다. 우리나라도 주거취약계층에게 임대주택을 공급하는 것만으로 주거문제가 해결될 수 없는 구조적 문제에 맞닥뜨리게 되었고, 2000년대 들어서면서 최저주거기준을 법제화하고, 주거복지 전담조직을 신설하는 등 주거복지를 위한 사회적 분위기와 제도들을 마련하기 시작하였다. 이로써 우리나라의 주택정책의 방향은 공급위주의 주택정책, 1가구 1주택 중심의 자가 소유 권장정책에서 주거취약계층 및 국민전체의 주거복지와 그들이 지역사회에 잘 어울려 공동체를 형성하고 사회적인 통합을 이뤄가는 쪽으로 변화하고 있다.

민간기관에서는 2000년대 중반부터, 공적부문에서는 서울시가 처음으로, 2012년 사회복지기금을 활용한 자체사업으로 주거복지센터 지원 사업을 실시하였다. 이것은 지자체가 주거복지활동을 지원한 첫 사례로 의미가 크다고 할 수 있다.

2015년 제정된 주거기본법 제22조에 의하면, 국가 및 지방자치단체는 주거복지 관련 정보 제공 및 상담, 제20조 및 관계 법령에 따른 주거관련 조사지원, 그 밖에 대통령령으로 정하는 사항의 업무를 수행하기 위하여 주거복지센터를 둘 수 있다. 주거기본법 제24조 3항에서 대통령령으로 정하는 주거복지업무란, 주택조사 등 주거급여업무, 영구임대주택단지 등 공공임대주택의 운영 · 관리, 취약계층 주거실태조사, 저소득층 주거문제 상담 및 주거복지 정책대상자 발굴, 지역사회 주거복지 네트워크 구축, 그 밖에 주거복지 관련 전문성이 요구되는 업무이다. 주거복지센터의 설치와 운영은 국토교통부 장관이 토지주택공사에 위탁하고, 지방자치단체의 장은 해당 자치구의 조례에 의하여 정한 기관이나 단체에 위탁할 수 있다(이지숙, 2015).

① 주거복지법 관련 조례

전주시는 2011년, 익산시와 성남시는 2012년, 대구시와 시흥시는 2013년, 세종특별자치시는 2014년부터 주거복지에 관련 조례를 시행하고 있고, 다른 지역에서는 주로 2015년부터 주거복지 관련조례를 시행하고 있다.

지자체별로 주거복지 관련조례를 정하여 주거복지센터를 지원하고 있는 곳은 서울시, 인천시, 광주광역시, 대구시, 성남시, 시흥시, 세종시, 익산시, 전주시, 경기도, 고창군이 있고, 주거복지센터를 지원 혹은 운영하고 있는 곳은 전북, 대구, 부산, 원주, 울산, 인천, 익산 등이 있다. 익산시는 직접 주거복지센터, '주택문화 창의센터'를 운영하고 있다.

광역시와 지자체별 조례에서 정의한 주거복지사업 내용을 살펴보면, 서울시와 광주시와 대구시 및 경기도는 그 외 다른 지자체에서 규정해 놓은 주거복지 사업내용보다 훨씬 다양한 사업내용이 명문화되어 있고, 그 내용이 보다 구체적이다. 그리고 주거약자 혹은 저소득층 또는 장애인, 고령자를 대상으로 수혜자를 명시한 주거복지 사업을 제시하였다. 또 주거복지 관련 단체나 기관을 지원하는 사업 및 연구 · 조사 사업, 긴급구조가구에 대한 공공임대주택 우선공급 및 집수리 지원사업이 명문화되어있다. 개조자금 지원은 최저주거기준 미달주택, 장애인이나 고령자 거주를 위한 주택개조일 때 지원한다. 서울시와 경기도의 조례에는 임차보증금, 임대료 보조 및 대출 등 금융지원에 대한 사업내용이 있고, 서울시 조례에는 사회복지기금을 지원하는 내용이 있다.

인천시와 전주시, 성남시, 세종시는 주거복지사업내용으로 주거복지 상담과 정보제공, 전문가 양성 및 주민교육과 홍보, 네트워크 수성 및 주거복지 지원서비스를 제공하는 것을 명문화하였다. 익산시는 시가 직접 운영하고 있는 주거복지센터의 업무로 단독주택의 유지관리, 소규모 공동주택의 주거환경개선, 그 외 설치목적달성을 위한 사업을 하도록 정하였다.

② 주거복지센터의 현황

주거복지센터는 본격적으로 2000년대부터 민간단체 주도로 시작되다가, 2012년에 서울시가 주거복지센터 지원사업에 참여하면서 공공부문이 처음 참여하게 되었다. 이후 주거복지센터는 민간단체와 공기업 그리고 지자체나 공공재단에서 참여하여 지원, 운영하고 있다.

㉠ 한국토지주택(LH)공사와 주택관리공단

LH 공사는 정부 3.011에 맞추어, 다양한 주거수요에 부합하는 맞춤형 종합 주거복지서비스를 제공하고, 수요자에게 맞춘 행복주택 평면을 개발하는 등 LH 3.0을 추진하고 있다. 광역시와 도에 소재하는 12곳의 지역본부에서 주거복지업무를 담당하고 있고, LH 공사가 전액 출자하여 주택관리업무를 전담하는 주택관리공단을 설립하였다.

주택관리공단 내 주거복지실은 관리비 상한선 및 관리비 수준의 적정성 유지에 관한 업무, 지사 및 관리소 지도 · 점검및 평가, 입주자 실태조사 및 부정입주 방지, 민원관리, 민원접수 및 응대, 주거복지 프로그램 개발 및 단지행사 지원, 주거 관리비의 적정성, 지사 및 관리소 지도 · 점검 및 평가, 입주자 관리 및 민원관리, 주거복지 프로그램 개발 및 지원관련 업무 등을 한다.

주거복지사업에는 물리적 환경을 대상으로 하는 주거서비스와 관리홈닥터, 엄마손 밥상, 커뮤니티 운영, 1사 1단지, 꿈나무 축구단, 주거복지 거버넌스, 문화예술 공연 등이 있다. 물리적 환경을 대상으로 하는 주거서비스에 물리적 환경 및 시설개선사업, 거주세대의 특성상 전용부분에 대한 홈서비스 제공과 단지의 푸른 마을 만들기가 있다.

ⓛ SH 공사와 주거복지센터의 입무

SH 공사는 1989년 서울특별시에 의해 설립된 지방공기업으로, 서민주거안정을 위한 주거복지 전문공기업으로의 전환과 사람중심 도시재생 표준모델 개발을 통한 도시 활력 충전을 추진 전략으로 삼고 있다.

SH 공사의 주거복지처는 주거복지에 관한 업무가 각각 주거복지팀, 공동체 활성화팀, 주택관리팀, 임대공급팀, 전세지원 팀으로 세분화되어 있다.

SH 공사가 하고 있는 주거지원사업은 콜센터나 해피콜의 주택상담, 보증금 대출이나 임대료를 지원하는 주택금융지원이 있고, 그 외 긴급복지지원법에 의거하여 생계곤란, 가정폭력, 재난 등의 위기상황에 처한 사람들을 위한 주택 지원이나 생활곤란자에게 의료, 교육, 일자리상담 등의 지원서비스가 결합된 주택, 임대주택단지 입주민의 주거편의 및 주거여건 개선을 위해 입주자 신청 사유에 부합하는 주거이동을 지원하는 사업을 하고 있다.

SH 공사의 주거복지센터의 주거복지팀에서 하는 업무는 관할 주거복지센터의 예산관리와 인사관리, 주거복지 기획, 사회공헌, 일자리 창출, 공동체 활성화와 관련된 업무, 그 외 작은 도서관, 보육시설이나 부대복지시설 관련 업무를 담당한다. 그 외 임대주택의 임대관련업무나 입주민 입퇴거 관리 및 실태조사 등을 관리운영팀에서 일반 및 장기수선공사, 시설물 관리, 하자보수 등은 시설운영팀에서, 민원상담 및 복지서비스와의 연계와 주거복지관련 행사업무 등은 관리사무소에서 하고 있다.

ⓒ 공적(公的) 기관에서의 주거복지사업

LH 공사에는 주요사업메뉴에 주거복지와 도시재생 항목이 있고, 그 외 청약센터, 고객센터, 알림 · 홍보, 열린 경영, 메뉴가 있다. 주택관리공단의 홈페이지에는 입주정보, 사업 분야와 고객광장, 열린 경영, 공단소개 메뉴가 있다.

SH 공사에는 주거복지와 도시재생, 주택분양, 토지 · 상가, 고객서비스, SH 소개 메뉴가 있다. SH 공사의 지역별 주거복지센터 홈페이지는 모두 동일한 구성인데, 주거복지센터소개, 입주정보마당, 시설관리마당, 고객서비스의 메뉴가 있다.

LH 공사는 행복주택, 임대주택, 도시재생사업을 주거복지사업으로 분류하였고, 공공임대와 공공분양을 공공주택사업으로 분류하였다. SH 공사의 주거복지메뉴에는 임대주택공급, 주택관리, 주택개량, 주거지원을, 주택분양에는 공급계획과 절차, 단지정보, 청약자격 등의 항목이 있으며, 주택관리의 하위메뉴에 주거복지센터가 있다.

주택관리공단에는 입주정보가 있고, 사업 분야에는 주거복지, 주택관리, 유지보수 및 임대운영에 관한 항목이 있다. LH 공사보다 SH 공사가 주거복지관련 업무내용이 구체적이다. 주택관리공단의 홈페이지는 설립취지에 따라 주택관리에 관련된 주거복지업무로 구성되어 있다. SH 공사와 LH 공사, 주택관리공단 각각의 주거복지사업을 요약해 보면 다음과 같다.

〈표 II-18〉 LH 공사/ SH 공사, 주택관리공단의 주거복지관련 홈피구성 메뉴

<table>
<tr><th colspan="2">항목</th><th colspan="2">내용</th><th colspan="2">항목</th><th>내용</th></tr>
<tr><td rowspan="7">LH 공사</td><td>청약 센터</td><td colspan="2">청약공고, 연간공급계획, 당첨자/대금조회, 공사 진행 현황 등</td><td rowspan="4">SH 공사</td><td>주거 복지</td><td>임대주택공급, 주택관리, 주택개량, 주거지원</td></tr>
<tr><td rowspan="6">주요 사업</td><td>주거 복지 사업</td><td>행복주택, 임대주택, 도시재생</td><td>주택 분양</td><td>공급계획, 청약자격, 공급절차, 단지별 정보, 사이버모델하우스, 분양공고 알리미</td></tr>
<tr><td>공공 주택 사업</td><td>공공분양, 공공임대</td><td>토지 상가</td><td>토지공급, 상가공장 공급, 토지 매물 알리미 등</td></tr>
<tr><td>도시 환경 조성 사업</td><td>신도시 개발, 택지 개발, 도시개발, 집단에너지, 사업, U-city, 문화재 조사, 부동산 금융사업</td><td>도시 재생</td><td>도시재생의 의미, 사업 종류 및 절차, SH 역할 및 조직, 도시재생 사업지 현황 등</td></tr>
<tr><td rowspan="3">국가 정책 사업 등</td><td rowspan="3">세종시, 혁신도시, 산업/물류단지, 경제자유구역, 해외사업, 남북한경제협력, 국토주택 정보화</td><td rowspan="3">주택 관리 공단</td><td>입주 정보</td><td>입주신청에서 퇴거까지, 예비 입주자 모집, 임내 상가 모집 공고, 관리비 고지 내역 조회 등</td></tr>
<tr><td>고객 광장</td><td>입찰정보, 부정입주 서비스 센터 등</td></tr>
<tr><td>사업 분야</td><td>주거복지, 임대운영, 주택관리, 시설관리, 유지보수/점검사업 등</td></tr>
</table>

(2) 노인주거보장정책

우리나라 노인주거복지정책은 재가노인지원정책과 노인전용주거시설의 공급으로 요약된다. 재가노인주거복지정책은 주택개조정책과 재가노인복지서비스정책으로 구분할 수 있으며 노인전용주거시설의 공급은 노인복지법에 의한 노인주거시설의 공급과 국토해양부의 고령자 전용 국민임대주택의 공급으로 요약된다. 즉 노인주거복지정책은 주택개량과 노인주택 공급 등 주택관련 정책, 그리고 노인부양으로 인한 가족의 부담을 경감해주기 위한 재가노인복지 서비스로 구분할 수 있다(신용주, 2012).

2015년부터 새롭게 개편된 기초생활보장제도에 의하면 주거급여는 주택을 임대할 경우 거주지역(1–4급자) 및 가구원 수에 따라 기준임대료 지원 상한선을 정하여 임차료를 지원하며 자가가구의 경우 주택의 노후도를 고려하여 집수리에 소요되는 비용을 지원한다.

① 노인전용 주거시설 공급

노인전용 주거시설 공급은 노인복지법에 의한 노인전용 복지시설의 공급과 국토해양부의 고령자 전용 국민임대주택의 공급이다.

㉠ 노인복지법에 의한 노인전용 복지시설의 공급

노인복지법 제31조에서 규정한 노인복지시설의 종류는 기능에 따라 노인주거복지시설, 노인의료복지시설, 노인여가복지시설, 재가노인복지시설, 노인보호전문기관, 노인일자리지원기관 등 여섯 가지로 구분하고 있다.

한편 법 제32조와 노인복지법 시행규칙은 노인주거복지시설을 설치목적과 입소자격, 규모, 비용부담 및 운영지원에 따라 양로시설, 노인공동생활가정, 노인복지주택으로 구분하고 있다. 노인복지주택의 입소대상자는 단독취사 등 독립된 주거생활을 하는데 지장이 없는 60세 이상의 자로 규정하고 있다(노인복지법 시행규칙 제14조).

노인복지주택의 공급을 확대하기 위하여 노인복지주택은 '국토의계획및이용에관한법률 시행령'에 따라 모든 도시 및 비도시지역에 가능하며 특히 지가가 저렴한 녹지지역에도 건축이 가능하다. 또한 주차장 등 설치기준(주택건설규정제7조 제8항) 등이 완화되며 조세 기타 공과금도 감면 받을 수 있다.

또한 동법 제32조 제3항은 '실비노인복지주택 및 유료노인복지주택의 설치 · 관리 및 공급 등에 관하여 이 법에서 규정된 사항을 제외하고는 주택법의 관련규정을 준용한다'고 규정하고 있다.

또한 동법 제33조에서는 국가 또는 지방자치단체는 노인주거복지시설을 설치할 수 있고, 국가 또는 지방자치단체 외의 자가 노인주거복지시설을 설치하고자 하는 경우에는 시장 · 군수 · 구청장에게 신고하여야 한다고 규정하고 있다. 이러한 노인복지주택에 거주할 수 있는 사람은 60세 이상으로 입소자격을 제한하고 있다(노인복지법 제33조의2).

㉡ 국토해양부의 주거정책

국토해양부는 국민임대주택공급의 일환으로 노인편의시설 구비 및 무장애설계로 건설되는 고령자용 국민임대주택 시범사업을 2005년부터 실시하고 있다. 2010년 현재 사업승인 된 총 호수는 9,557호이며 2010년부터 본격적으로 입주가 시작되었다.

국민임대주택건설 등에 관한 특별조치법에 규정된 국민임대주택은 저소득층 주거안정을 위해 공급되어지는 공공임대주택이다. 국민임대주택은 지방자치단체나 한국토지주택공사에서 우선적으로 건설하고 있다. 비교적 저렴한 임대료로 경제적 약자인 노인의 주거비 부담을 덜어줄 수 있다. 국민임대주택은 30년 이상 임대하는 장기임대주택이므로 장기거주를 선호하는 노인에게 적합한 주거형태가 될 수 있다.

2012년 8월 23일 '장애인, 고령자 등 주거약자지원법' 시행령이 공포됨에 따라 30년 이상 임대목적의 공공건설임대주택의 경우 수도권은 5%, 지방의 경우는 3% 이상을 장애인, 고령자용 등으로 의무적으로 공급하여야 한다(신용주, 2012).

이외에 노인주거를 지원하는 정책은 분양주택 공급, 임대주택 공급, 전세 및 구입자금 지원 등의 금융지원, 주택 및 주거단지 내 편의시설 설치 지원 등이 있다.

㉢ 분양주택 및 임대주택공급

분양주택 공급은 일차적으로 노부모를 부양하는 가구에 대한 가점 등 인센티브를 부여하는 구조로 되어 있다. 국민주택 노부모부양가구 특별공급(주택공급규칙 제19조 13항)에 따라 노부모부양 우선공급 자격은 3년 이상 노부모를 부양하고 있는 무주택 세대주에게 우선공급 자격이 주어진다. 주택공급규칙 제18조 제5항에 따라 거동이 불편한 노인 · 장애인을 배려하기 위하여 1층 주택을 우선 배정하도록 하고 있다.

또한 30년 이상 장기임대주택 신규 공급시 수도권은 5%, 기타 지역은 3% 이상 주거약자용 주택을 의무적으로 건설하도록 하고 있다. 국민임대주택은 노부모부양가구에게 우선공급과 고령자우선공급제도를 실시하고 있다. 영구임대주택 입주자 선정 시에도 65세 이상 직계존속을 부양하는 자로서 수급자 선정기준 소득 인정액 이하인 경우 입주자격을 부여한다.

㉣ 전세자금에만 우대조건

구입 및 전세자금지원과 주택연금 등 금융지원 근로자서민전세자금을 지원 받을 때 신혼부부, 다자녀가구 등에 대해서는 연소득 기준 완화, 금리우대, 대출 기준완화 등의 혜택을 부여하고 있는데, 특히 고령자 및 노부모부양 시에는 전세자금에만 우대조건(우대금리 0.2%적용하여 3.1%)을 적용한다. 국민주택기금으로 지원되는 구입자금지원에 노인가구나 노인부양가구를 대상으로 하는 상품이나 우대조건은 없으며 일반가구와 동등한 자격으로만 지원된다.

㉤ 편의시설 설치

보금자리주택건설 등에 관한 특별법 제2조, 동법 시행령 제2조상 보금자리주택은 국가 또는 지방자치단체, 한국토지주택공사, 지방공사가 국가 또는 지방자치단체의 재정이나 국민주택기금을 지원받아 건설 또는 매입하여 공급하는 주택으로 동법에 의하여 임대를 목적으로 매입하여 공급하는 주택 및 분양을 목적으로 공급하는 국민주택규모 이하의 주택을 말한다. 보금자리주택의 임대주택유형은 장기공공임대주택과 공공임대주택으로 구분된다.

보금자리주택을 신규공급하거나 개조 시 고령자를 위한 편의시설을 반드시 설치하여야 한다. 편의시설은 보금자리주택 건설 등에 관한 특례법(2012), 보금자리주택 설계기준(2011) 및 「장애인고령자 등 주거약자 지원에 관한 법률」 제9조(2012)에 의거하여 현관, 공용욕실, 주방, 거실 시설에 대하여 최초 신청자에 한하여 무료로 설치하고 있다. 보금자리주택 업무처리지침에는 보금자리주택 설계기준으로 고령자주택 주거용 공용공간계획과 단위세대계획이 명기되어 있다.

② 재가노인 주택관련 정책

재가복지사업은 1987년 한국노인복지회의 가정봉사원 사업을 통해 처음 소개된 후 1989년 노인복지법에 명기되었으며 이후 노인복지의 정책방향이 시설복지사업 중심에서 재가복지사업의 확충으로 전환되었다. 재가노인 지원정책은 주택개량지원 정책 및 주택개조기준의 마련을 포함한다. 주거현물급여는 국민기초생활제도하의 수급자중 자가가구 등의 주거환경을 개선하고, 수급자가 참여하는 '집수리도우미사업'을 활성화하기 위한 프로그램이다. 이 프로그램은 3년에 1회 이상 현물주거급여를 지급하는 것을 원칙으로 하고 점검 · 수선 등의 서비스는 자활후원기관, 자활공동체 등에 위탁하여 자활지원사업의 한 유형으로 유도하고 있다. 그러나 2011년 제공된 주거현물급여의 내용을 보면 가구규모별로 월 7천원~3만 4천원에 불과하여 주거수준의 개선효과는 크지 않다.

보건복지부는 2006년부터 홀로 사는 노인들의장판, 도배 등 주거환경개선을 위해 시군구 단위의 '노인주거개선사업단'을 구성하여 서비스를 제공하고 있다. 현새 52개 시군구에 54개 사업단이 구성되어 있다. 수선내용은 형광등 교체, 창문보온 등 비교적 간단한 조치로 주거개선이 가능한 부문, 수도 · 보일러수리, 도배, 장판 수리 등 비교적 전문적 기술을 요하는 부분까지로 되어 있으나, 지원범위는 간단한 집수리로 주거환경개선이 가능한 분야를 중심으로 하고 있다. 이외에도 수급가구, 독거노인가구, 장애인가구, 소년소녀가정을 대상으로 한 지방자치단체의 독자적인 개량사업이 있다.

이상에서 살펴본 바와 같이 주거현물급여 및 보건복지부와 지방자치단체의 주택개선사업은 주택개보수를 통해 고령자의 주거환경개선을 도모하고 있으나 실적이 미미하여 실질적인 도움이 되지 못한다.

3. 해외의 노인주거보장정책

<table>
<tr><td>영국</td><td>- 제1차 세계대전(1915년)과 제2차 대전(1939년) 시기에 임대료 통제 제도가 도입되었음.
- 2차 대전 후 지방정부 보조금이 투입된 임대주택을 공급함. 이에 따라 1970년대 초 주택수급 균형이 달성됨. 이후 인플레이션에 직면하면서 소득과 연계된 주택수당이 새로이 도입됨. 초기에는 사회임대주택에 도입되었고, 이후 민간임대주택으로 확대됨.
- 지방정부는 70년대까지 공공주택을 공급하면서 임대주택의 주요 공급자가 됨. 1980년대에는 주택조합이 주요 공급자가 됨.
- 영국의 공공주택인 사회주택은 공급자의 신규투자를 유도하고, 자격요건을 갖춘 가구들이 임대료를 지불할 수 있도록 공급측 보조금을 정책적으로 포함시킴.
- 사회주택의 임대료는 보조금을 지급하여 수익과 비용이 일치하도록 책정함. 반면 민간임대주택의 임대료는 시장에 의해 결정됨.
- 사회주택의 공급은 지난 30년간 1/3로 감소함. 사회주택은 저소득층, 실업자에 대한 지원에 중점을 두고 있으며, 이에 따라 여성, 노인 가구 비중이 높음.
- 중앙정부는 신규 공급 보조금과 기존주택의 환경개선 자금을 지원함. 지방정부는 소유임대주택을 주택조합에 매각하거나 외주관리기구에 위임함.
- 이상의 과정을 거쳐 영국에서 주택조합은 사회임대주택의 주요 공급자가 되었음. 민간임대주택은 젊은 세대와 이동이 많은 가구를 수용함. 민간부문의 임대인도 소득과 연계된 주택수당(local housing allowance)을 받는 가구에 주택을 제공함으로써 사회적 임대인의 역할을 수행함.</td></tr>
<tr><td>프랑스</td><td>- 1차 세계대전 개전 후 1916년 임대료 규제가 도입됨. 이후 신규투자가 감소하고 주택수요는 급증함.
- 1948년 임대료 인상이 허용되고, 저소득가구를 위한 주택수당이 도입됨. 1950년대 이후 사회주택만이 아니라 민간건설에도 재정자금이 제공됨.
- 1950년대 중반에서 70년대 말 사이에 사회주택 공급이 급증하였음. 1960년대 중반에서 80년대 중반 사이에 민간임대주택 공급이 감소함.
- 지난 25년간 정부의 투자인센티브 제공으로 인하여 민간임대주택이 완만한 속도로 증가함. 사회주택도 최근 증가세를 보임.
- 현재 민간임대주택 재고는 540만호로 사회주택 450만호보다 많음. 민간임대주택 중 95% 이상이 개인소유이고 임대인의 대부분이 1-2채의 주택을 소유함.
- 사회주택은 주로 저소득 근로자와 퇴직자가 거주함. 최초 주택시장 진입자, 이동성을 중시하거나 도심에 거주하려는 가구가 거주함.
- HLM주택의 임대료는 규제에 의해 책정된 상한 범위 내에서 결정됨. 대도시 사회주택임대료는 민간임대주택보다 상당히 낮은 수준임.
- RIR은 꾸준히 상승함. 이는 주택품질의 개선과 임차인 소득증가에 기인함.
- 1977년부터 신규건설보다 주택수당이 강조됨. 이에 따라 2000년 주택부문 보조금의 절반을 주택수당이 차지함.
- 지난 10년간 소득세 공제 및 부가가치세 세율 인하 등 기존주택 개보수를 위한 세제 지원의 비중이 높아짐.
- 주택수당은 2010년 말 현재 610만 가구에게 지급됨. 이 중 임차가구가 500만(전체 임차가구의 43%)이고, 주택소유 가구가 60만, 호스텔에 거주 가구가 50만임.
- 주택수당에는 가족주택수당, 사회주택수당, 개인주택보조가 있으며 가구소득, 거주지역, 가구규모를 고려하여 수당 금액이 결정됨.
- 주택보조는 전적으로 중앙정부가 재원을 조달하고 집행하며 지방정부의 역할은 없음.</td></tr>
</table>

미국	– 대공황 이후 주택정책이 본격화함. 1937년에 제정된 주택법에 따라 공공임대주택이 공급되었음. 공공임대주택 건설재원은 의회와 주택도시개발부(HUD)에서 조달하고, 개발과 운영은 지방정부의 공공주택청에서 담당함. – 1949년 주택법에서는 공공주택사업이 확장되면서 도시재생에 대한 인센티브가 제공됨. 임대인에 대한 이자보조, 주택구입자에 대한 이자보조가 도입됨. – 1971년 공공주택생산이 감소함. 주택생산에 대한 보조금 지원이 중단되고 수요측 보조금(주택바우처)제도가 도입됨. 민간개발업자와 임대인에 의존하는 정책으로 전환됨. – 1981년 조세삭감정책의 일환으로 임대주택에 대해 구입대금을 15년 이내 완전 상각하는 가속상각제도에 기초한 세금공제 혜택을 부여함. 1986년 세제개혁에서 감가상각 기간을 27.5년으로 연장하고, 보조금을 삭감함. – 1986년 이후 임대주택세액공제 프로그램이 새로운 공급측 보조금으로 대두됨. 이에 따라 주택바우처와 임대주택세액공제 제도가 공공주택 정책의 중심이 됨. – 미국에서 정부 보조금을 받는 주택에 거주하거나 바우처 혜택을 받는 가구수는 5–6% 수준으로 호주, 캐나다, 독일과 비슷함. 그러나 일본의 8%보다 낮고, 영국, 스웨덴 21%에 비해서는 상당히 낮은 수준임. – 공공임대주택의 임대료는 조정된 가구소득의 30%로 책정함. 대부분의 운영비용을 중앙 및 지방정부가 지원함. 모든 카운티에서 공공주택청이 공정시장임대료를 설정하고, 임차인 조정소득의 30%와의 차액을 임대인에게 지불함.
캐나다	– 1960년대까지 정부 개입이 최고 수준에 달했으나 70년대부터 지방분권화가 이루어짐. 이 시기에는 주택건설과 운영을 위한 재정 지원이 시행됨. 임대료 보조는 민간주택 혹은 사회주택에 대한 지원 수단으로 도입됨. 1990년대 중반 연방프로그램의 행정관리를 주정부에게 이관함 – 1940년대 말에서 50년대에는 자가주택 공급이 정책의 주목적이었음. 모기지 보증을 통해 주택건설업자를 지원함. – 1960년대 중반부터 임대주택부문에 주목함. 국가 주택법(NHA)을 개정하여 공공주택의 필요 자금의 90%를 정부에서 지원함. 주정부가 소유하고, 연방정부와 주정부가 운영비용을 부담함. – 1970–80년대 새로운 유형의 지불가능(저렴) 임대주택을 공급함. 기존 공공주택은 사회주택이라고 부름. – 이러한 '비영리 및 비자기자본 협동주택 프로그램'(no–profit and non–equity co–operative housing)은 구입을 위한 임대주택과 매우 유사함. 월 임대료 평균비용을 지불하고 나머지는 보조를 받음. 거주자가 자율적으로 운영함. 이 프로그램에 참여하고 있는 가구의 75%가 소득분포 하위 40%에 속함. – 사회주택의 임대료 책정. 임대료보조 주택이나 공공주택 임차인이 지불하는 임대료는 수입에 기초하여 지불함(RGI: Rent Geared to Income). – 현재 RGI는 조정된 소득의 30%로 책정되어 있음. 이는 지불가능 주택의 기준과 동일함. 상당수의 비영리주택과 협동주택에 RGI가 적용됨. – 2000년대에 도입된 '지불가능 주택 프로그램'(AHP)은 신규 사회주택의 임대료가 평균 시장임대료의 80%를 초과할 수 없다는 규정만을 두고 있음. – 따라서 토론토, 밴쿠버, 캘거리 등 대도시에서는 사회주택 대기자들이 소득의 30% 이상(온타리오는 57%)을 임대료로 지불해야 함. 그럼에도 불구하고 시장임대료보다 저렴해서 사회주택 입주를 희망함.

독일	– 주택보조금은 연방정부와 주정부가 절반씩 부담함. 행정은 지자체가 담당하고, 법적 권한은 연방정부에서 가짐. – 실업수당은 기초수당과 주택수당으로 구성됨. 기초수당은 연방정부에서 조달함. 주택시장은 75.5%를 지자체가 조달하고 나머지는 연방정부에 의해 조달됨. – 20세기 초 주택시장은 임대아파트 위주로 구성됨. 산업사회발전에 따라 주택부족 현상이 발생함. – 1923년 초인플레이션 발생. 민간투자자의 신규주택개발 부진으로 공공이 주택공급의 책임을 맡게 됨. 이자세가 사회주택의 재원조달을 위해 부과됨. – 1939년 이후 임대차보호법 도입되어 모든 임대주택의 임대료는 1936년 임대료 수준에서 동결됨. 신규주택에 대해서는 이후 비용회수 임대료가 도입됨. – 전쟁 기간 중에 3개 서부지역에 220만호(전체의 20.3%)가 파괴됨. 인구 증가 등으로 전후에 300만 호의 주택이 추가로 필요하게 됨. – 1955년 연방임대차법이 제정됨. 관리임대료의 실질적인 인상을 규정함. 주택수당은 관리임대료 수준의 인상에 대해 보상함. – 사회주택의 가격체계는 1950년 도입된 기준임대료로부터 1956년 비용임대료로 전환됨. – 1960년부터 규제철폐규정으로 주택부문의 통제요소들을 점진적으로 철폐함. – 1970년까지 임대주택시장은 완전한 자유화가 이루어짐. 개인적 궁핍의 경우 해지에 대항할 수 있는 권리를 임차인에게 부여한 사회적 조항이 존재함. 1971년 자유해지권은 완전히 폐기되고, 정당한 이익이 있는 경우에만 임대차 계약 해지가 가능해짐. – 이 해에 부담 가능한 임대료로서 기준이 되는 기준임대료가 도입됨. 기준임대료는 규범적, 실증적 요소를 포함함.
일본	– 2008년 임대주택은 1,777만 세대로 전체 주택의 35.8%임. 이 중 민영주택은 26.9%, 사택이 2.8%, 공공주택은 6.1% 수준임. 민영주택 시장 규모는 일정한 반면 공공주택과 사택의 비중은 지속적으로 감소함. – 공공임대주택은 300만호 수준에서 줄어들고 있음. 공공주택 중 70%가 저소득층을 위한 공영주택이고, 나머지 30%는 공단(UR) 및 공사주택임. – 일본은 70년대 초에 주택의 양적 부족을 해결하고 현재는 장기적인 주택관리 문제에 직면해 있음. 이로 인해 주택정책의 기조가 2000년대 들어 주택공급에서 질적 관리로 전환됨. – 질적 관리의 주요 내용은 주택의 장기관리, 주거비부담 경감, 고령자주택제공, 단신, 재해자, 저소득층 등 주택약자 보호, 주택안전망 구축, 환경, 재해 대비 등임. – 2006년부터 '주택건설계획법'을 '주택기본법'으로 대체하고 '주생활기본계획'을 수립함. – 민간임대주택시장에서는 공공주택보다 열악한 민간임대주택의 개선이 필요함. 또한 가족세대를 위한 저렴한 임대주택의 공급, 주택약자의 원활한 입주 지원, 공공과 민간의 협력에 의한 임대지원 등을 위한 제도화가 추진됨.

출처: 국토해양부(2012), 해외 주거복지정책 사례연구.

4. 노인주거보장정책의 개선방안

급속하게 다가온 고령사회에 대비함으로써 장차 장기적으로 노인보호비용을 줄이고 노인의 삶의 질을 높일 수 있는 요소가 될 수 있기 때문에 노인의 주거보장정책을 재정비해야 할 것이다(김경래, 2015; 천현숙, 오민준, 2013; 이은희; 2013).

첫째, 우리나라 노인주거지원정책은 노인이 가구주인 가구를 위한 정책과 노인을 부양하는 가구를 대상으로 하는 정책으로 구분할 수 있다. 부모와 동거부양을 위한 부양시 1가구 2주택이더라도 양도세가 감면된다. 주택전세자금과 주택개량자금 지원은 노인과 동거하는 경우와 노인이 가구주인 경우 모두 적용된다. 주택구입자금에는 노인부양가구나 가구주가 노인인 경우에 대한 우대사항이 없다. 분양주택이나 임대주택 공급시 가점 적용은 노인부양가구에만 적용되는 사항이다. 노인이 포함된 가구, 노인가구주 가구, 독거노인 가구 등 노인가구 유형별로 주거실태가 다른 특성을 감안하여 노인주거정책을 노인가구 유형별로 세분화할 필요가 있다.

둘째, 주거환경 개선을 위한 정책적 지원이 요구된다. 노인의 절반 이상이 단독주택에 살고 있고, 빈곤상태에 놓여 있는 노인이 상당수인 상황에서 노인 스스로 많은 비용을 들여 불편한 공간을 수리하는 것도 쉽지 않은 일일 것이다. 따라서 주거환경이 열악하고 집수리 능력이 없는 노인을 대상으로 노후주택 개보수지원사업을 적극적으로 추진하거나, 주거 내 안전시설 설치 지원을 실시해야 할 것이다. 이를 통해 가정 내 안전사고와 낙상률을 감소시키는 것은 물론 신체기능 저하에 직면한 노인들이 생활하기에 편리한 주거공간으로 탈바꿈되어야 할 것이다.

셋째, 노인들의 이동편의를 지원하기 위한 교통환경 개선대책의 속도를 높일 필요가 있다. 노인의 70% 이상이 외출시 불편을 겪고 있으며, 주로 겪는 불편은 계단이나 경사 오르내리기, 버스(전철)타고 오르내리기 등이다. 이미 정부는 2차에 걸친 저출산고령사회기본계획을 통해 지하철 승강설비확충, 저상버스 보급 확대, 보행우선구역 시범사업 등 고령친화적 대중교통 및 보행환경 개선을 추진하고 있다. 하지만 이들의 이동편의를 지원하기 위한 교통환경 개선은 가능한 한 조속히 추진되어야 한다. 아울러 장애물 없는 생활환경 조성에도 관심을 가져야 한다.

넷째, 지역간 생활환경 격차를 해소할 수 있는 차별화 된 대책마련이 필요하다.

전반적인 물리적환경은 농어촌 지역이 열악한 것으로 나타났다. 즉 생활하기 불편한 공간이 있는 주택에 거주하고 있는 비율과 외출 시 불편함을 느끼는 비율이 도시노인에 비해 농어촌 노인이 높은 수준이다. 한편, 농어촌 노인은 대중교통, 의료시설, 각종 생활시설 부족으로, 도시노인은 사회복지시설 및 녹지공간부족으로 불편을 겪고 있는 등 지역환경 중 불편사항이 달리 나타나고 있다. 따라서 지역격차를 해소할 수 있도록 지자체 단위의 적극적인 노력이 요구된다(김경래, 2015).

다섯째, 정부부처간의 협조체계 구축이 필요하다. 우리나라의 노인주거복지정책은 초기적인 단계이다. 노인주거복지정책은 주무부서인 보건복지부에서 주관하고 있으나 국토해양부는 고령자를 위한 주택개조기준의 제정과 고령자 국민임대주택을 건설하고 기획재정부는 재정부문의 정책을 담당하는 등 여러 부처가 담당하고 있다. 또한 노인관련 간접적인 정책으로는 농림수산부의 도시은퇴자 유입을 통한 농촌활성화 정책, 지식경제부의 '고령자종합체험관'을 설치하여 고령자 관련 산업체를 육성하는 정책이 있다. 이처럼 노인복지관련 업무가 여러 부처에 분산됨으로써 행정편의 위주의 정책이 이루어지는 반면 부처 간의 유기적인 협조체계가 형성되지 못하고 있다. 또한 실무적인 업무는 지방정부가 담당하고 실질적인 운영은 사회복지법인이 담당하는 등 여러 주체가 개입하고 있다. 즉 정책의 수립, 집행, 감독과 운영에 관련 기관간의 상호연계가 확대되고 상호협조체계가 구축되어야 한다.

여섯째, 여성 1인가구에 대한 주거보장이다.

2012년에 제정된『장애인 고령자 등 주거약지 지원에 관한 법률』에 따르면 65세 이상인 자는 '주거약자'로 분류된다. 동법 제10조에 따르면, 국가, 지방자치단체, 한국토지주택공사 등이 국가 또는 지방자치단체의 재정이나 국민주택기금의 지원을 받아 임대주택법 제2조 제2호 가목에 해당하는 임대주택을 건설하려고 하는 경우, 3% 이상의 범위에서 대통령령으로 정하는 비율 이상을 주거약자용 주택으로 건설할 의무가 있다. 이러한 주거약자용 주택의 임차인 선정 등은 ⅰ) 공공건설임대주택의 경우는 주택공급에 관한 규칙에 따르고 ⅱ) 공공매입임대주택의 경우는 국민기초생활보장법상 수급자나 한부모 가족이 1순위자이고, 세대의 월평균 소득이 전년도 도시근로자 가구당 월평균 소득의 50% 이하인 사람 또는 장애인이나 국가유공자 등 주거약자에 해당하면서 해당세대의 월평균 소득이 전년도 도시근로자 가구당 월평균 소득 이하인 사람이 2순위가 된다. 그런데 「주택공급에 관한 규칙」에 따를 경우 부양가족 수에 따라 청약가점제가 적용되기 때문에 부양가족이 없는 독거노인의 경우에는 임차인으로 선정되기 어렵다는 문제가 있다. 동 제도는 고령자용 임대주택을 의무적으로 일정 비율 이상 건설하도록 함으로써 열악한 주거환경에 처해 있는 독거노인의 주거 안정 및 지원을 도모할 목적을 가지고 있음에도 불구하고 임차인 선정 방식에서는 홀로 살아가는 빈곤한 노인들에 대한 고려가 미흡하다고 할 수 있다(장민선, 2015).

Chapter_ 8

노인고용보장정책

우리나라는 본격적인 고령화사회로 접어들면서 노년층의 고용문제가 새로운 노인문제로 부각되고 있다. 현재의 대다수 고령자는 일할 능력도 있고 의지도 있지만 적극적으로 사회에 참여하여 일할 자리가 부족하다는 것이다. 노인들이 경제활동 욕구가 왕성하지만 이에 대한 정부 대책은 아직 미흡한 것이 사실이다. 이에 본 장에서는 노인 취업의 실태와 노인고용의 정부 정책 그리고 이에 대한 정책의 개선방안 등에 대해서 고찰하고자 한다.

1. 노인취업의 실태

1) 경제활동참가율 및 고용률

2013년 55세 이상 고용률은 47.2%로 전년(46.1%)보다 1.1%p 상승하였다. 성별로 보면, 남자 고령자는 61.2%로 여자 고령자 35.6% 보다 25.6%p 높았으며, 2013년 65세 이상 고용률은 30.9% 수준으로, 전년(30.1%)보다 0.8%p 상승하였다.

〈표 II-19〉 경제활동참가율 및 고용률(55세 이상) (단위:%)

연도	55세 이상		남 자		여 자		65세 이상	
	경제활동 참가율	고용률	경제활동 참가율	고용률	경제활동 참가율	고용률	경제활동 참가율	고용률
2000	45.5	44.5	58.5	56.8	35.5	35.0	29.6	29.4
2005	44.7	43.8	59.0	57.5	33.1	32.8	30.0	29.8
2006	45.0	44.2	59.3	57.9	33.4	33.1	30.5	30.3
2007	46.0	45.2	60.7	59.5	34.0	33.7	31.3	31.1
2008	45.5	44.8	59.9	58.6	33.8	33.6	30.6	30.3
2009	45.3	44.4	60.0	58.5	33.3	32.9	30.1	29.7
2010	45.5	44.3	60.3	58.4	33.4	32.7	29.4	28.7
2011	46.2	45.1	61.0	59.3	34.0	33.4	29.5	28.9
2012	47.3	46.1	61.8	60.1	35.2	34.6	30.7	30.1
2013	48.1	47.2	62.7	61.2	36.1	35.6	31.4	30.9

자료: 통계청, 「경제활동인구연보」 각 년도

2) 연령대별 고용률

2013년 고용률을 연령대별로 보면 '60~64세'가 57.2%로 '20대' 56.8% 보다 0.4%p 높게 나타났다.

〈표 II-20〉 연령대별 고용률 (단위:%)

연도	전체	20대	30대	40대	50대	60~64세	65세 이상
2000	58.5	60.1	72.5	76.4	66.5	53.0	29.4
2005	59.7	61.2	72.3	77.1	68.1	53.4	29.8
2006	59.7	60.2	73.2	77.7	68.5	54.5	30.3
2007	59.8	60.0	72.9	78.3	69.7	55.0	31.1
2008	59.5	59.1	72.9	78.4	70.6	54.1	30.3
2009	58.6	58.2	71.3	77.7	70.3	53.8	29.7
2010	58.7	58.2	72.0	77.8	70.9	53.7	28.7
2011	59.1	58.5	72.2	78.4	71.6	55.1	28.9
2012	59.4	58.1	72.7	78.3	72.2	56.1	30.1
2013	59.5	56.8	73.2	78.4	73.1	57.2	30.9

자료: 통계청, 「경제활동인구연보」 각 년도

3) 취업의사 및 취업을 원하는 이유

2014년 고령층(55~79세) 중 장래에 일하기를 원하는 비율은 62.0%로 전년(59.9%) 대비 2.1%p 증가하였다. 근로 희망 사유로는 '생활비에 보탬(54.0%)'이 가장 많았고, 다음은 '일하는 즐거움(38.8%)'이었다. 성별로 보면, 남자(76.0%)가 여자(49.6%)보다 장래에 일하기를 더 원했으며, 사유는 남녀 모두 '생활비에 보탬'이 가장 많게 나타났다.

〈표 II-21〉 취업의사 및 취업을 원하는 이유(55~79세)

(단위:%)

연도		장래 근로 원함	소 계	일하는 즐거움	생활비 보 탬	사회가 필요로 함	건 강 유 지	무료 해서	기타
2010		60.1	100.0	33.5	56.8	2.4	2.2	4.9	0.3
2011		58.5	100.0	35.5	54.9	2.4	2.2	4.8	0.3
2012		59.0	100.0	36.5	54.4	2.0	2.1	4.8	0.2
2013		59.9	100.0	36.9	54.8	1.9	1.7	4.5	0.2
2014		62.0	100.0	38.8	54.0	1.6	1.5	3.9	0.1
	남 자	76.0	100.0	43.0	50.6	2.3	1.4	2.7	0.0
	여 자	49.6	100.0	33.2	58.7	0.8	1.7	5.5	0.2

자료: 통계청, 「경제활동인구조사 청년층 및 고령층 부가조사」 각 년도 5월 기준

4) 일자리 선택기준

2014년 고령층(55~79세) 인구의 장래 근로 희망자의 일자리 선택 기준은 '일의 양과 시간대(28.0%)'가 가장 높았고, '임금수준(23.1%)', '계속 근로 가능성(18.6%)'순이었다. 성별로는, 남자는 '임금수준(25.4%)'과 '계속 근로가능성(21.3%)'을, 여자는 '일의 양과 시간대(37.8%)'와 '임금수준(20.0%)'이 일자리 선택 기준이었다. '일의 양과 시간대'를 제외하면, 고졸은 '임금수준(25.2%)', 대졸이상은 '일의 내용(19.7%)'으로 차이를 보이고 있다.

〈표 II-22〉 일자리 선택기준[1] (55~79세) (단위:%)

		소 계	임금수준	일의양과 시간대	일의 내용	출퇴근 거리등 편리성	계속근로 가능성	과거 취업경험 연관성	그 외[2]
2010		100.0	32.8	20.0	9.2	3.7	22.7	9.2	2.4
2011		100.0	27.2	21.4	11.6	4.5	22.3	10.5	2.4
2012		100.0	29.3	21.8	10.5	4.8	21.8	9.8	1.9
2013		100.0	24.8	26.0	12.6	5.3	18.8	11.0	1.6
2014		100.0	23.1	28.0	13.0	5.4	18.6	10.5	1.4
	남 자	100.0	25.4	20.8	14.0	4.1	21.3	12.7	1.8
	여 자	100.0	20.0	37.8	11.7	7.1	15.0	7.6	0.9
	중졸이하	100.0	23.5	31.5	10.7	6.0	17.9	9.8	0.6
	고 졸	100.0	25.2	25.8	13.8	5.4	19.9	8.8	1.1
	대졸 이상	100.0	16.9	20.1	19.7	3.1	18.6	16.9	4.7

자료: 통계청 ,「경제활동인구조사 청년층 및 고령층 부가조사」 각 년도 5월 기준
주: 1) 장래근로 희망자 2) '사업장 규모', '사회적 지위유지 가능성', '기타' 포함

5) 임금근로자의 월급여 수준

임금근로자의 전체 평균 월급여를 100.0으로 했을 때, 2013년 현재 55세 이상 임금근로자의 월급여는 93.1 수준으로 나타났다. 성별로 보면, 남자는 104.8, 여자는 61.2로 나타났으며 연령별로 보면, 55~59세는 105.5, 60세 이상은 80.7로 임금격차는 지속적으로 확대되는 추세이다.

〈표 II-23〉 취업자의 성별 월급여 수준(55세 이상) (단위: 임금근로자 평균 월급여=100)

		1993	1994	1995	2000	2005	2010	2011	2012	2013
55세 이상		103.5	101.5	99.6	95.2	88.3	91.0	88.4	90.0	93.1
	남 자	116.2	112.7	111.4	103.6	96.2	99.8	98.7	101.7	104.8
	여 자	58.3	59.3	58.7	63.8	58.3	60.7	59.2	59.2	61.2
	55~59세	105.3	104.2	103.8	100.9	98.4	102.9	101.2	102.3	105.5
	60세 이상	101.6	98.7	95.4	89.4	78.2	79.1	75.6	77.7	80.7

자료: 고용노동부, 「고용형태별근로실태조사(구 임금구조기본통계조사)」 각 년도
주: 근로자수 5인 이상 사업체 대상임. 임금은 월급여 기준임

2. 노인고용보장정책의 현황

현재 고령자 고용 및 재취업 정책은 크게 두 가지로 구분되는데 하나는 노동부에 의해 고용정책의 일환으로 '고령자고용촉진법'에 근거하여 실시되고 있고, 또 하나는 보건복지부의 노인복지법에 근거하여 실시되고 있다.

1) 노동부의 노인취업정책

노동부의 노인취업정책은 고용자고용촉진법에 근거하는데 1992년도에 제정되었다가 2008년도에 '고용상 연령차별 금지 및 고령자고용촉진에 관한 법률'로 개정되었다. 이 법은 지난 2013년 4월 30일에 정년 60세를 의무화하는 '고용상연령차별금지 및 고령자 고용촉진에 관한 법률'로 개정되어 통과되었다. 이 법에 따르면 2016년 1월 1일부터 300인 이상 대기업과 공공부문을 시작으로 2017년까지 모든 사업장에서 의무적으로 60세 이상을 정년으로 설정하도록 하고, 60세 이전에 퇴직시키면 부당해고로 간주된다. 정년과 공적연금 수급간의 괴리를 줄임으로써, 60세까지는 근로소득을 통해서 생활하고 그 이후에는 연금수급자로서 생활하도록 하여 소득공백을 줄이면서 근로를 연장시키기 위한 것이다. 이 법의 대상은 55세 이상의 고령자 그리고 50−55세의 준고령자이며, 이들의 고용을 촉진하기 위해 기준고용률 이행지도, 정년연장지도, 고령자우선고용, 직종선정 및 우선채용, 취업정보 및 취업알선서비스 제공, 고령자 고용안정을 위한 장려금지원 등의 사업이 추진되고 있다.

(1) 기준고용률제도

- 정부는 고령자고용촉진을 위해 300인 이상 대기업 대상으로 업종별로 일정비율 이상의 고령자를 고용하도록 하는 기준고용율 제도를 시행하고 있다. '기준고용률'이란 사업장에서 상시 고용하는 고령자의 비율로 제조업의 경우 전체 상시근로자의 2%, 운수업, 부동산 및 임대업 6%, 기타업종 3%를 기준고용률로 정하고 있다.

연도	전체 사업체수	고용자 고용률	지도대상 사업체수	조사시점
2011	2,584	8.16	1,063	'10.12.31
2010	2,469	7.41	1,080	'09.12.31
2009	2,318	7.19	1,057	'08.12.31
2008	1,956	5.79	952	'07.12.31

출처: 고용노동부(http://www.moel.go.kr)

(2) 임금피크제

임금피크제는 정년연장 또는 정년 후 재고용하면서 일정 나이, 근속기간을 기준으로 임금을 감액하는 제도이다.

① 임금피크제의 유형

- 정년연장형: 기존의 정년을 연장하면서 임금을 줄이는 방식
- 재고용형: 정년퇴직 후 재고용하면서 임금을 줄이는 방식
- 근로시간단축형: 기존의 정년을 연장하거나 정년은 그대로 두고 정년퇴직자를 재고용하면서, 임금을 줄이고 근로시간을 단축하는 방식

② 임금피크제 지원금

고령자의 조기퇴직 현상이 지속됨에 따라 고령자의 고용안정과 기업주의 임금부담완화를 동시에 달성하는 고령자 고용친화적 임금체계인 임금피크제의 활성화가 필요해졌다.

이에 따라 정부는 2006년부터 노사합의로 56세(2006년~2007년은 55세) 이상까지 고용을 보장하되 피크임금보다 10% 이상 임금을 삭감하는 내용의 임금피크제를 실시하는 기업의 소속 근로자에게 54세부터 최대 6년간 연 600만원(분기별 150만원) 한도로 임금피크제보전수당을 지원하였다.

2008년에는 당초 2008년 12월까지의 한시제도였던 임금피크제보전수당 지원제도를 임금피크제의 활성화를 위해 상시제도로 변경(2008년 9월 고용보험법 시행령개정)하

고 임금감액 제외사유 중 하나인 '근로시간 단축'을 삭제(2008년 9월 동법시행규칙 개정)하여 근로시간 단축에 따른 임금감액도 보전수당을 지원할 수 있도록 하였다.

2009년에는 '경제위기 극복을 위한 일자리대책'의 일환으로 임금피크제 확산을 통한 일자리 유지 및 임금피크제 보전수당 지원확대를 결정하고, '0+세대 일자리대책'을 마련하여 임금피크제 도입 촉진 및 기업의 임금체계 합리화를 위한 고령자고용안정컨설팅 강화를 주요정책으로 채택하였다.

특히, 「고용보험법 시행령」 일부 개정(2010년 12월 31일, 시행일 2011년 1월 1일)하여 종전 '임금피크제 보전수당' 명칭은 '임금피크제 지원금'으로 변경하고, 임금피크제 지원금은 임금피크 유형별 특색에 맞게 지원요건을 명확히 하고, 정년보장형지원은 폐지하였다.

또한 「고용보험법 시행령」을 일부 개정(2012년 1월 13일)하여 우선지원대상기업(중소기업)의 임금감액률 요건을 완화(20% ⇨ 10%)함으로써 중소기업의 임금피크제도입 촉진 및 지원을 강화하였다.

한편 근로시간단축형의 지원요건을 개선하여 주당 소정근로시간이 15~30시간으로 단축되고 임금이 30% 이상 감소하는 경우 지원(종전, 소정근로시간 및 임금 50% 이상 감소)할 수 있도록 하였다(2013년 고용보험법 시행령 개정).

2014년에는 299개소, 2,712명에게 12,494백만원을 임금피크제지원금으로 지급하여 지원금액이 전년대비 20% 증가하여 고령자의 고용연장 및 소득보전에 기여하였다(고용노동부, 2015).

임금피크제지원금 지원 사업 등에 힘입어 임금피크제를 도입한 사업장은 계속 증가추세를 보이고 있다.

고용노동부 사업체노동력조사 부가조사에 따르면 2012년에는 100인 이상 사업장의 임금피크제 도입 비율이 16.3%로 나타났고, 2013년에는 17.0%가 임금피크제를 도입하고 있는 것으로 나타났으며, 추후도입계획 있음을 포함하면 40.1%에 이르는 등 향후 임금피크제가 확산될 것으로 보인다.

임금피크제를 실시 중인 사업장의 유형을 살펴보면, 정년 연장형(37.4%), 재고용형(31.5%), 정년 보장형(31.1%) 순이다.

(3) 고령자고용연장지원금

정년을 정하지 않은 사업장에서 60세 이상 1년 이상 계속 근로한 고령자를 일정 비율 이상 고용한 사업주(2017년까지 한시지원)에게 지원하는 제도이다. 상시 사용하는 근로자 수가 300명 미만인 사업의 사업주가 다음의 어느 하나에 해당하는 요건을 갖추면 고령자 고용연장 지원금을 지급받을 수 있다(「고용보험법」 제23조 및 「고용보험법 시행령」 제25조제1항).

구분		지급 요건
1	정년 폐지 및 정년 연장	정년을 폐지하거나, 기존에 정한 정년을 60세 이상으로 1년 이상 연장할 것 ※정년 폐지 또는 정년 연장 전 3년 이내에 해당 사업장의 정년을 폐지하고 정년을 새로 설정하거나, 기존에 정한 정년을 단축한 경우 제외
2	정년퇴직자 재고용	정년을 55세 이상으로 정한 사업장의 사업주에게 고용되어 18개월 이상을 계속 근무한 후 정년에 이른 자를 퇴직시키지 않거나 정년퇴직 후 3개월 이내에 고용하고 재고용 전 3개월, 재고용 후 6개월 동안 근로자를 고용조정으로 이직시키지 않을 것 ※1년 미만의 기간을 정하여 재고용하거나 재고용 전 3년 이내에 그 사업장의 정년을 단축한 경우 제외

출처: 고용노동부.

(4) 고령자 우선고용직종

국가, 지방자치단체 및 공공기관의 장은 고령자고용촉진법 제15조, 제16조의 규정에 따라 고용노동부장관이 고시한 우선고용직종에 대해서 50세 이상인 사람을 우선적으로 고용해야 한다. 공공기관의 장 등이 아닌 사업주는 우선고용직종에 대해서는 50세 이상인 사람을 우선적으로 고용하도록 노력해야 한다.

직종명		
경영 및 진단전문가 자재관리 사무원 안내 · 접수사무원 및 전화교환원 고객상담 및 모니터요원 통계관련 사무원 전산자료입력원 및 사무보조원 농림어업관련 시험원 예능 강사 영양사 사회복지사	상점판매원 매장계산원 및 요금정산원 매표원 및 복권 판매원 경비원 청소원 환경미화원 및 재활용품수거원 계기검침원 및 가스점검원 주차관리원 및 안내원 검표원 주방장 및 조리사	도시 및 교통설계전문가 건축마감관련 기능종사원 기계공학기술자 및 연구원 냉난방 관련 설비 조작원 화학공학 기술자 및 연구원 전기공학 기술자 및 연구원 전자공학 기술자 및 연구원 전기 및 전자 설비 조작원 통신공학 기술자 및 연구원 식품공학 기술자 및 연구원
상담전문가 및 청소년지도사 보육교사 사회복지관련종사원 사서 및 기록물관리사 버스운전원 자동차운전원	주방보조원 건축가 및 건축공학기술자 토목공학기술자 조경기술자	환경공학 기술자 및 연구원 보건위생 및 환경 검사원 산업안전 및 위험관리원 상 · 하수도 처리장치 조작원 포장원 및 제조관련 단순 종사원 조경원 농림어업관련 단순 종사원

(5) 정년연장 지도 및 재고용 및 계속고용 장려

고령자고용촉진법에 의하여 근로자의 정년을 정하는 경우 60세 이상이 되도록 지도하고 300인 이상 사업장의 근로자 정년이 현저히 낮은 경우 사업주에게 정년연장 계획서를 제출하도록 지도하며 고령자의 근무연장을 위해 퇴직 전 임금수준의 일정 비율로 임금계약을 체결하도록 지도하고 있다.

(6) 고령자 취업알선

직업을 구하려는 고령자는 관할 고용센터나 고령자인재은행에 구직등록을 하여 적합한 일자리 정보를 얻을 수 있으며, 취업알선을 지원받을 수 있다.

또한 일정한 경력과 전문성을 갖춘 고령자는 중견전문인력 고용지원센터에 구직 등록을 하여 취업알선을 지원받을 수 있다.

(7) 고령자인재은행

고령자의 취업능력을 강화하고 일자리 제공 기회를 넓히기 위해 무료직업소개사업을 하는 비영리법인 또는 공익단체를 고령자인재은행으로 지정(2014년 전국 53개기관)하여 운영 중이다. 고령자인재은행의 취업 알선 · 상담 기능을 강화하기 위하여 각 기관의 운영실적에 따라 사업운영비를 차등지원하고 있으며, 2014년에는 전 기관에서 고령 구직자의 취업의욕 고취 및 직무능력향상을 위해「상담 – 훈련 – 취업지원」을 연계한 '고령자 취업능력향상프로그램'을 실시하였다.

또한, 2011년부터 고용센터와 고령자인재은행간 협력을 강화하고자 고용안정정보망(Work–net intranet) 이용권한을 부여하여 효율적이고 체계적인 고령자 취업지원 서비스를 제공하도록 하고 있다.

고령자인재은행

- "고령자인재은행"이란 관할 지방고용노동청 또는 지청의 장이 고령자 고용을 촉진하기 위하여 지정한 고령자의 직업지도와 취업알선 또는 직업능력개발훈련 등에 필요한 전문인력과 시설을 갖춘 단체 또는 기관 등을 말한다(「고용상 연령차별금지 및 고령자고용촉진에 관한 법률」 제11조제1항).

– 다음의 단체 또는 기관 중에서 고령자의 직업지도와 취업알선 또는 직업능력개발훈련 등에 필요한 전문인력과 시설을 갖춘 단체 또는 기관은 고령자인재은행으로 지정될 수 있다(「고용상 연령차별금지 및 고령자고용촉진에 관한 법률」 제11조제1항,「직업안정법」 제18조,「근로자직업능력 개발법」 제16조 및「근로자직업능력 개발법 시행령」 제12조).

① 무료직업소개사업을 하는 비영리법인이나 공익단체

② 직업능력개발훈련을 위탁받을 수 있는 다음의 기관

√ 직업능력개발훈련시설

√「고등교육법」 제2조에 따른 학교

√「평생교육법」에 따라 인가 · 등록 · 신고 또는 보고된 평생교육시설

√「학원의 설립 · 운영 및 과외교습에 관한 법률」 제2조의2에 따른 평생직업교육학원

√ 그 밖에 직업능력개발훈련을 위탁하여 실시하려는 기관의 장이 그 직업능력개발 훈련을 실시할 능력이 있다고 인정하는 시설 또는 기관

(8) 고령자고용서비스 역량강화

고령자 취업관련 전문인력 양성 및 조사 · 연구를 통해 고령자의 특성에 적합한 양질의 취업지원서비스를 적극적으로 제공하여 고령자 취업촉진에 기여하고 있다.

2013년에는 중장년 일자리 희망센터 소속 컨설턴트 역량강화 집체교육을 1인당 평균 60시간 실시하였고, 고령자 취업지원 서비스에 직접 활용할 수 있는 중장년 일자리 희망센터 및 고령자 인재은행 업무매뉴얼(2014년)을 제작 보급하여 업무표준화 및 서비스를 개선하였다.

또한 2014년부터 '고령자 취업능력향상프로그램'을 전 기관에서 실시하여 취업서비스 접근기회를 확대하였다.

(9) 장년 취업인턴제

장년 취업인턴제는 장년 미취업자에게 기업 인턴연수 기회를 제공함으로써 자신감과 현장 적응력을 높이고 중소기업에는 일할 의욕이 있고 경험이 풍부한 직원을 채용할 수 있는 기회를 제공하고자 2013년 신규 사업으로 편성되었다. 2013년도에는 중견인력재취업 지원사업으로 편성되었으나 제도에 대한 이해력 및 인지도를 높이기 위하여 직관적인 명칭인 장년 취업인턴제로 명칭을 변경하였다. 지원대상은 50세 이상 장년 미취업자를 인턴으로 채용한 중소기업 사업주로 사업주에게 인턴기간 4개월 중 참여자 인건비의 50%를 월 80만원 한도로 지원한다. 장년 근로자의 시간선택제 근로를 확산시키기 위하여 시간선택제로 참여시 인턴기간 동안 임금의 60%를 80만원 한도 내에서 지원한다. 2014년 7,734명에 대해 지원하였다.

2) 보건복지부의 노인취업정책

노인복지법 제23조에 근거하여 보건복지부에서 노인취업관련 사업으로 노인 사회활동지원(구, 노인일자리사업), 노인취업지원센터 지원, 지역시니어클럽, 노인일자리박람회 개최 등이 실시되고 있다.

(1) 노인 사회활동 지원(구, 노인일자리)

노인일자리 사업은 65세 이상 노인을 대상으로 2004년부터 시행되었다. 2011년 노인복지법 개정으로 노인일자리전담기관을 설치 및 운영할 수 있도록 하였으며, 전담기관으로 노인인력개발기관, 노인일자리지원기관, 노인취업알선기관을 규정하였다. 사업명칭을 "2015년부터 노인일자리"에서 "노인 사회활동(노인일자리) 지원"으로 변경하였다.

사업유형은 다음과 같다.

사업개편 前

명칭	노인 일자리	
유형	사회공헌용	• 복지형(13개)
		• 교육형(12개)
		• 공익형(16개)
	재능나눔활동	
	시장진입형	공동작업형
		제조판매형
		인력파견형
	대한노인회취업지원센터	
	시장자립형	시니어인턴
		고친기업
		시니어직능
	노인자원봉사	

→

사업개편 候

노인 사회활동(노인 일자리) 지원	
공익활동형*	• 전국형(전국공동, 1개 프로그램)
	• 지역형(지역센터, 30개 프로그램)
재능나눔**	• 취약 · 학대노인 · 발굴 · 교육 · 상담 등
취업 · 나눔***	• 공동작업형, 제조판매청 • 고령자 친회기업 • 인력파견형 ☞ 취업지원센터(구인구직 포탈 중심) • 시니어인턴십(노인사회활동교육센터연계)
경력유지***	• 시니어직능클럽
자원봉사***	• 사회복지시설 등 봉사

* 기초연금 수급자(지역형 중 일부 프로그램은 '15년 한시적으로 만 65세 기초연금미수급자 참여가능)
** 만 65세 이상 기초연금 미수급자(10만원 미만 감역수급자도 포함)
*** 만 60세 이상 전체 노인
출처: 보건복지부, 2015 노인 사회활동(노인일자리)지원사업 종합안내.

[그림 II-2] '15년도 사업 개편(안)

② 2013년도 노인일자리 사업실적 현황

노인 소득보충 및 사회참여를 위한 노인일자리 사업은 2013년 12월 31일 기준 1,221개 사업수행 기관에서 5,909개의 프로그램을 통해 노인에게 총 261,598개의 일자리를 제공하였다.

〈표 II-24〉 2013년 노인일자리 사업실적 현황 (2013. 12. 31일 기준, 단위: 개)

구분		목표		성과	
		사업량	비율	사업량	목표대비 달성률
합계		240,080	100%	261,598	109.0%
사회공헌용	공익형	212,175	88.4%	150,298	107.2%
	교육형			28,137	
	복지형			49,004	
시장진입형	시장형	13,835	5.8%	17,685	127.8%
	인력파견형	8,088	3.4%	10,397	128.6%
시장자립형		6,000	2.5%	6,077	101.3%

출처: 한국노인인력개발원 노인일자리사업 업무지원사이트(새누리시스템)

③ 2015년도 노인 사회활동(노인일자리) 지원 주요 정책방향

㉠ 공익활동(전국형)

- 노인의 활동역량을 국가적 공통 필요 정책분야에 집중하여 복지 사각지대 해소 등 수혜자의 삶의 질 향상을 지원하는 활동
- 전국단위로 일괄 실시하며, '15년은 독거노인, 부부노인가구, 조손가구, 경증치매 노인 등 취약노인 대상 일상생활지원에 참여노인의 활동역량을 집중

㉡ 공익활동(지역형)

노인의 경륜과 전문성을 활용한 지역사회 환경개선, 학습지도 및 공공기관 업무지원 등 지역사회 활성화 및 현안문제 해결을 위한 활동

ⓒ 취업활동(인력파견형)

수요처의 요구에 의해서 일정 교육을 수료하거나 관련된 업무능력이 있는 자를 해당수요처로 파견하여 근무기간에 대한 일정 보수를 지급받을 수 있는 일자리

ⓔ 창업활동(공동작업형 · 제조판매형)

노인에게 적합한 업종 중 소규모 창업 및 전문 직종 사업단을 공동으로 운영하여 창출되는 일자리로서 일정기간 사업비 또는 참여자 인건비를 일부 보충지원하고 추가 사업소득으로 연중 운영하는 일자리

④ 운영주체별 역할

보건복지부	노인 사회활동(노인일자리) 지원 사업 정책결정 및 종합계획수립
한국노인인력개발원	전국 노인 사회활동(노인일자리) 지원 사업 추진 지원 총괄
광역자치단체	시 · 도 노인 사회활동(노인일자리) 지원 사업 추진계획 수립 및 재정 지원
한국노인인력개발원 지역본부	노인 사회활동(노인일자리) 지원 사업계획 심사 · 평가지원
기초자치단체	시 · 군 · 구 노인 사회활동(노인일자리) 지원 사업 추진계획 수립

(2) 노인취업지원센터 지원

1981년부터 보건복지부령에 의하여 실행되어 오던 노인능력은행을 노인취업활동센터로 확대 개편하여 실시해 오고 있다. 현재는 노인취업지원센터란 명칭으로 대한노인회의 시도연합회 및 시 · 군 · 구 지회가 운영하고 있고 복지부가 일부 비용을 지원한다. 주요 사업내용으로는 취업상담 및 알선, 사후관리, 취업지원 관련 기관과의 연계, 노인 구인처 개발, 취업희망 노인을 위한 교육프로그램 개발 및 시행, 경로당 공동작업장 운영활성화 지원, 자원봉사활동 등 사회참여활동과 연계, 노인취업지원사업에 대한 홍보, 지역사회 내 노인취업 정보네트워크 구축 등이다.

(3) 시니어클럽

노인들의 삶의 질 향상에 그 목적을 두고 노인복지법 제23조에 근거한 노인일자

리 전담기관이다. 2013년 노인복지법 개정으로 노인일자리지원기관이 노인복지시설로 전환, 시니어클럽도 노인복지시설로서 일정한 시설과 인력을 확보하여 운영하게 되었다.

(4) 노인일자리박람회 개최

2004년도에 시작되었으며 노인일자리박람회 개최는 시도 또는 시 · 군 · 구가 주관하고 보건복지부가 지원하는 사업이며 60세 이상이면 누구나 참여할 수 있다.

3. 노인고용보장정책의 개선방안

노인에게 있어 일이란 단순히 소득보장뿐만 아니라 삶의 보람, 건강 유지, 여가시간 등의 문제를 해결해 준다. 노인 취업은 고령화사회에서 적극 검토해야 할 과제라 아니할 수 없다(이지영, 2013; 장인호, 2014; 김복순, 2014).

첫째, 정부에서 지금까지 실시해 온 노인일자리사업을 보면 프로그램은 다양하지만 상대적으로 노인들의 다양성을 고려한 프로그램은 부족한 편이다. 노인일자리사업은 어느 업무보다도 아이디어의 개발이 요구되므로 공무원이나 일자리전담기관 직원들의 노력 하에 따라 개선의 여지가 클 수 있다. 그리고 노인일자리사업이 일정부분 지방에 이양되어 진행되고 있는 상황에서 지방자치단체 차원의 정보시스템 구축의 필요성이 높은 상품이다. 따라서 고령사회에 대비하여 노인인력을 효율적으로 활용하고 노인일자리사업의 활성화를 위해서 지자체차원의 노인관련 정보구축, 취업대상자 및 구인업체에 대한 정보구축이 이루어져야 할 것이다(최성일 외, 2009). 별도의 포털정보시스템을 구축할 뿐 아니라 한국노인인력개발원과 노동부, 지자체 전산망과 연결함으로써 지역별, 노인의 필요에 따라 적절한 서비스를 받을 수 있도록 해야 할 것이다(이지영, 2013).

둘째, 최저임금제도의 최저임금과 기본소득의 점진적인 상향조정, 상당수의 노인이 퇴직 이후 자신의 경력 · 관심과 무관하게 폐지 줍기, 경비 등 단순업무나 열악한 고용환경에 노출되어 있다. 이런 상황에서 노인고용이 확대된다고 하더라도 고용의 질을 향상시키는 것은 용이하지 않다. 따라서 물가 · 세금 · 최저생활비 등을 적절히 고려해 최저임금제도의 최저임금을 점진적으로 상향조정해야 한다. 아울러 노인근로자가 일정소득 이하일 경우 실질적으로 소득보장이 될 수 있는 방안이 마련되어야 한다(박준식 · 김영범, 2012).

셋째, 고용효과 높은 분야와 공공취업서비스의 활성화방안을 통한 노인고용 확대, 급속한 경제구조변화 속에서 노인고용 확대를 위해서는 우선 노동시장에서 다양한 일자리를 지속적으로 발생할 수 있도록 고용효과가 높은 분야를 활성화하고 중소기업에 지원을 확대하여 고용환경을 개선함으로써 노인고용을 증진해야 한다.

아울러 노인고용 창출은 단순히 인구의 구조적인 변화인 고령화로 인한 문제를 임시방편적으로 해결하기 보다는 장기적인 안목에서 극복해야 하므로 노인고령화에 적합한 산업기반이 조성되어야 할 것이다. 따라서 노인고용을 창출하는 사업의 창업시 세금감면, 지원금확대 등의 다양한 인센티브를 주는 방안을 마련해 노인고용확대를 유도해야 할 것이다,

넷째, 노인고용의 확대에 따라 노인고용이 증가하게 되면 사업주와 노인의 갈등과 마찰이 증가할 수밖에 없다. 노인고용과정에서 노인의 학대 방지대책이 마련되어야 한다. 무엇보다 노인고용의 확대를 위한 장기적 입법과제에서 지켜져야 할 노인의 '존엄성'을 확보하기 위해 노인의 인간존엄과 안전이 적절히 보장되고 노동력착취와 육체 · 정신적 학대로부터 자유로워야 하므로 노인고용과정에서 나타나는 학대 · 임금착취 · 노동력착취 등 부당한 처우와 노인의 학대를 미연에 방지해 고용된 노인이 안정적으로 일에 전념할 수 있도록 법제도적 장치가 마련되어야 할 것이다.

다섯째, 생산가능인구에서 65세 이상 연령층이 차지하는 비중이 증가하고, 이들의 경제활동참가율과 고용률이 증가하는 가운데 노인의 고용구조는 임시직 증가율이 상용직 증가율을 상회하면서 임시직 중심의 고용이 늘고 있다. 노동시장 전체적

으로 비정규직 비중이 감소하고 있는 데 반해, 노인의 비정규직 비중은 오히려 증가하고 있으며, 시간제 근로의 증가속도가 빠르게 진행되고 있는 것으로 나타났다. 이와 더불어 자영업의 구조조정에도 불구하고 노인 10명당 약 5명이 자영업에 종사하고 있는 것이 현실이다. 65세 이상 노인의 고용이 증가하고 있지만 이들의 불안정한 고용구조는 여전한 것으로 나타났다.

또한, 우리나라의 65세 이상 연령층은 빈곤율도 높을 뿐 아니라 이들 내부의 소득격차나 소득불평등도가 높기 때문에 향후 노인 빈곤을 완화하기 위한 정책은 혜택을 받는 대상을 선정하는 데 신중을 기하고, 노동시장에서 쌓은 주된 경력이 새 일자리에 활용될 수 있는 노인 대상 양질의 일자리를 만들기 위한 노력이 필요하다 하겠다(김복순, 2014).

Chapter_ 9

노인복지서비스정책

현대사회로 올수록 맞벌이 가족의 증가, 여성의 경제활동 참가, 핵가족화 등의 여러 가지 이유로 개별 가정에서 해결이 곤란하여 이를 보다 효과적이고 효율적으로 해결할 필요가 있을 때 시설을 이용하게 된다. 과거에는 시설에 대한 편견이나 가족의 죄책감 등으로 노인시설에 대한 시선이 곱지 않았으나 갈수록 우리나라 노인복지서비스는 시설복지 중심으로 한 서비스 확충을 도모하고 있다. 본 장에서는 노인복지시설의 현황 및 시섬서비스에 대한 발전 과제 등에 대해서 고찰하고자 한다.

1. 노인복지시설의 종류

노인복지서비스를 장소를 기준으로 구분하면, 재가복지서비스와 시설복지서비스로 대별할 수 있다. 전자는 지금까지 살아온 공간에서 생활하는 재가노인에게 사회서비스를 제공하는 제반 사회서비스를 의미하고, 후자는 만성질환이나 심신장애로 인해 지금까지 살아온 공간에서 생활하기 어려운 노인들에게 양로시설이나 요양시설에 입소시켜서 인간다운 삶을 영위할 수 있도록 지원하는 사회서비스를 말한다.

〈표 II-25〉 시설의 종류(노인복지법 제31조)

<table>
<tr><th>종 류</th><th>시 설</th><th>설 치 목 적</th><th>입 소(이용) 대 상 자</th><th>설 치</th></tr>
<tr><td rowspan="3">노인주거
복지시설</td><td>양로시설</td><td>노인을 입소시켜 급식과 그 밖에 일상생활에 필요한 편의를 제공</td><td rowspan="2">• 다음 각 호의 어느 하나에 해당하는 자로서 일상생활에 지장이 없는 자
가. "국민기초생활보장법" 제2조에 따른 수급권자(이하 "기초수급권자"라 한다)로서 65세 이상의 자
나. 부양의무자로부터 적절한 부양을 받지 못하는 65세 이상의 자
다. 본인 및 본인과 생계를 같이 하고 있는 부양의무자의 월소득을 합산한 금액을 가구원 수로 나누어 얻은 1인당 월평균 소득액이 통계청장이 통계법 제17조제3항에 따라 고시하는 전년도의 도시근로자가구 월평균 소득을 전년도의 평균 가구원수로 나누어 얻은 1인당 월평균 소득액 이하인 자(이하 "실비보호대상자"라 한다)로서 65세 이상의 자
라. 입소자로부터 입소비용의 전부를 수납하여 운영하는 양로시설 또는 노인공동생활가정의 경우는 60세 이상의 자</td><td rowspan="2">시장·
군수·
구청장에
신고</td></tr>
<tr><td>노인공동
생활가정</td><td>노인들에게 가정과 같은 주거여건과 급식, 그 밖에 일상생활에 필요한 편의를 제공</td></tr>
<tr><td>노인
복지주택</td><td>노인에게 주거시설을 분양 또는 임대하여 주거의 편의·생활지도·상담 및 안전관리등 일상생활에 필요한 편의를 제공</td><td>단독취사 등 독립된 주거생활을 하는 데 지장이 없는 60세 이상의 자</td><td>″</td></tr>
<tr><td rowspan="2">노인의료
복지시설</td><td>노인요양
시설</td><td>치매·중풍 등 노인성 질환 등으로 심신에 상당한 장애가 발생하여 도움을 필요로 하는 노인을 입소시켜 급식·요양과 그 밖에 일상생활에 필요한 편의를 제공</td><td rowspan="2">• 노인성질환 등으로 다음 각 호의 어느 하나에 해당하는 자
가. "노인장기요양보험법" 제15조에 따른 장기요양급여수급자
나. 기초수급권자로서 65세 이상의 자
다. 부양의무자로부터 적절한 부양을 받지 못하는 65세 이상의 자
라. 입소자로부터 입소비용의 전부를 수납하여 운영하는 노인요양시설 또는 노인요양공동생활가정의 경우는 60세 이상의 자</td><td rowspan="2">″</td></tr>
<tr><td>노인요양
공동생활
가정</td><td>치매·중풍 등 노인성 질환 등으로 심신에 상당한 장애가 발생하여 도움을 필요로 하는 노인에게 가정과 같은 주거여건과 급식·요양, 그 밖에 일상생활에 필요한 편의를 제공</td></tr>
<tr><td rowspan="3">노인여가
복지시설</td><td>노인
복지관</td><td>노인의 교양·취미생활 및 사회참여활동 등에 대한 각종 정보와 서비스를 제공하고, 건강증진 및 질병예방과 소득보장·재가복지, 그 밖에 노인의 복지증진에 필요한 서비스를 제공</td><td>60세 이상의 자</td><td>시장·
군수·
구청장에
신고</td></tr>
<tr><td>경로당</td><td>지역노인들이 자율적으로 친목도모·취미활동·공동작업장 운영 및 각종 정보교환과 기타 여가활동을 할 수 있도록 하는 장소를 제공</td><td>65세 이상의 자</td><td>″</td></tr>
<tr><td>노인교실</td><td>노인들에 대하여 사회활동 참여욕구를 충족시키기 위하여 건전한 취미생활·노인건강유지·소득보장 기타 일상생활과 관련한 학습프로그램을 제공</td><td>60세 이상의 자</td><td>″</td></tr>
</table>

재가노인 복지시설	방문요양 서비스	가정에서 일상생활을 영위하고 있는 노인으로서 신체적 · 정신적 장애로 어려움을 겪고 있는 노인에게 필요한 각종 편의를 제공하여 지역사회 안에서 건전하고 안정된 노후를 영위하도록 하는 서비스	• 장기요양수급자나 심신이 허약하거나 장애가 있는 65세 이상의 자(이용자로부터 이용비용의 전부를 수납받아 운영하는 시설의 경우에는 60세 이상의 자로 한다)로서 다음 각 호에 해당하는 자 가. 방문요양서비스: 가정에서 보호가 필요한 자 나. 주 · 야간보호서비스: 주간 또는 야간 동안의 보호가 필요한 자 다. 단기보호서비스: 단기간의 보호가 필요한 자 라. 방문 목욕서비스: 가정에서의 목욕이 필요한 자 마. 재가노인지원서비스: 가목부터 라목까지의 서비스 이외의 서비스로서 상담 · 교육 및 각종 서비스가 필요한 자	〃
	주 · 야간 보호 서비스	부득이한 사유로 가족의 보호를 받을 수 없는 심신이 허약한 노인과 장애노인을 주간 또는 야간 동안 보호시설에 입소시켜 필요한 각종 편의를 제공하여 이들의 생활안정과 심신기능의 유지 · 향상을 도모하고, 그 가족의 신체적 · 정신적 부담을 덜어주기 위한 서비스		
	단기보호 서비스	부득이한 사유로 가족의 보호를 받을 수 없어 일시적으로 보호가 필요한 심신이 허약한 노인과 장애노인을 보호시설에 단기간 입소시켜 보호함으로써 노인 및 노인가정의 복지증진을 도모하기 위한 서비스		
	방문목욕 서비스	목욕장비를 갖추고 재가노인을 방문하여 목욕을 제공하는 서비스		
	재가노인 지원서비스	그 밖에 재가노인에게 제공하는 서비스로서 상담 · 교육 및 각종 서비스		
노인보호 전문기관	노인보호 전문기관	시 · 도지사가 노인보호전문기관을 지정 · 운영, 노인학대 신고, 상담, 보호, 예방 및 홍보, 24시간 신고 · 상담용 긴급전화(1577-1389) 운영	노인학대행위자에 대한 상담 및 교육 학대받은 노인의 발견 · 상담 · 보호 등 노인학대 예방 및 방지를 위한 홍보	시 · 도지사 지정
노인일자리 지원기관	노인일자리 지원기관	지역사회 등에서 노인일자리의 개발 · 지원, 창업 · 육성 및 노인에 의한 재화의 생산 · 판매 등을 직접 담당하는 노인일자리전담기관 운영(시니어클럽이 대표적)	60세 이상	시도 및 시군구 신고

출처: 보건복지부(2015), 2015년 노인복지시설 현황.

노인복지시설이란 노인의 질병이나 장애 또는 주택, 경제, 가족관계 등의 생활조건상의 곤란과 가족의 부양능력의 제한으로 인하여 가정에서 계속 생활할 수 없는 경우에 이러한 문제의 해결을 도모하는 대안적 노인주거형태로써, 노인이 주거하면서 건전한 노후생활을 계속해서 보장받을 수 있는 시설을 말한다. 노인복지법 제31조(노인복지시설의 종류) 노인복지시설의 종류는 다음과 같다.

① 노인주거복지시설
② 노인의료복지시설
③ 노인여가복지시설

④ 재가노인복지시설
⑤ 노인보호전문기관
⑥ 제23조의2 제1항 제2호의 노인일자리지원기관

1) 노인주거복지시설

(1) 시설유형

① 양로시설: 노인을 입소시켜 급식과 그 밖에 일상생활에 필요한 편의를 제공함을 목적하는 시설
② 노인공동생활가정: 노인들에게 가정과 같은 주거여건과 급식, 그 밖에 일상생활에 필요한 편의를 제공함을 목적으로 하는 시설
③ 노인복지주택: 노인에게 주거시설을 분양 또는 임대하여 주거의 편의 · 생활지도 · 상담 및 안전관리 등 일상생활에 필요한 편의를 제공함을 목적으로 하는 시설

(2) 시설의 설치

국가 또는 지방자치단체는 노인주거복지시설을 설치할 수 있다. 국가 또는 지방자치단체 외의 자가 노인주거복지시설을 설치하고자 하는 경우에는 특별자치 · 도지사 · 시장 · 군수 · 구청장에게 신고하여야 한다.

(3) 노인복지주택의 입소자격

① 노인복지주택에 입소할 수 있는 자는 60세 이상의 노인으로 한다. 다만, 입소자격자의 배우자는 60세 미만의 자라 하더라도 입소자와 함께 입소할 수 있다.
② 노인복지주택을 설치하거나 설치하려는 자가 노인복지주택을 분양 또는 임대하려는 경우 입소자격자에게 분양 또는 임대하여야 한다.
③ 노인복지주택을 분양받거나 임차한 자는 해당 노인주거시설을 입소자격자가

아닌 자에게 양도(매매 · 증여나 그 밖에 소유권 변동을 수반하는 일체의 행위를 포함) 또는 임대할 수 없다.

④ 노인복지주택을 상속받은 경우 입소자격자가 아닌 자도 노인복지주택을 취득할 수 있다. 다만, 상속에 의하여 노인복지주택을 취득한 자라도 입소자격자가 아닌 자는 노인복지주택에 입소할 수 없으며, 입소자격자가 아닌 자에게 해당 노인복지주택을 양도 또는 임대할 수 없다.

2) 노인의료복지시설

(1) 시설유형

① 노인요양시설: 치매 · 중풍 등 노인성질환 등으로 심신에 상당한 장애가 발생하여 도움을 필요로 하는 노인을 입소시켜 급식 · 요양과 그 밖에 일상생활에 필요한 편의를 제공함을 목적으로 하는 시설

② 노인요양공동생활가정: 치매 · 중풍 등 노인성질환 등으로 심신에 상당한 장애가 발생하여 도움을 필요로 하는 노인에게 가정과 같은 주거여건과 급식 · 요양, 그 밖에 일상생활에 필요한 편의를 제공함을 목적으로 하는 시설

(2) 시설의 설치

국가 또는 지방자치단체는 노인의료복지시설을 설치할 수 있다. 국가 또는 지방자치단체 외의 자가 노인의료복지시설을 설치하고자 하는 경우에는 시장 · 군수 · 구청장에게 신고하여야 한다. 다만, 노인전문병원은 의료법에 의한 의료기관을 개설할 수 있는 자(치과의사 및 조산사를 제외한다)에 한하여 시 · 도지사의 허가를 받아 설치할 수 있다.

(3) 입소절차

장기요양인정을 받지 않은 자는 먼저 국민건강보험공단으로 장기요양인정신청을

하여 장기요양 등급으로 판정을 받은 후 장기요양인정서를 첨부해야 한다.

3) 노인여가복지시설

(1) 목 적

노인들이 교양, 오락, 취미활동, 건강증진 등 각종 편의와 다양한 여가활동을 제공함을 목적으로 한다.

(2) 이용대상

지역사회에 거주하는 노인들이 주 이용대상층이다.

(3) 시설의 설치

국가 또는 지방자치단체는 노인여가복지시설을 설치할 수 있으며, 이외의 자가 설치하고자 하는 경우에는 시장 · 군수 · 구청장에게 신고하여야 한다.

(4) 시설의 유형

① 노인복지관: 노인의 교양 · 취미생활 및 사회참여활동 등에 대한 각종 정보와 서비스를 제공하고, 건강증진 및 질병예방과 소득보장 · 재가복지, 그 밖에 노인의 복지증진에 필요한 서비스를 제공함을 목적으로 하는 시설

② 경로당: 지역노인들이 자율적으로 친목도모 · 취미활동 · 공동작업장 운영 및 각종 정보교환과 기타 여가활동을 할 수 있도록 하는 장소를 제공함을 목적으로 하는 시설

③ 노인교실: 노인들에 대하여 사회활동 참여욕구를 충족시키기 위하여 건전한 취미생활 · 노인건강유지 · 소득보장 기타 일상생활과 관련한 학습프로그램을 제공함을 목적으로 하는 시설

4) 재가노인복지시설

재가노인복지시설은 1980년대 이후 노인의 서비스 제공과 관련된 정책의 방향이 시설보호중심에서 지역사회보호로 전환됨에 따라 등장한 시설이다. 이는 가능하면 노인과 노인을 부양하는 가족이 필요로 하는 서비스를 현재 살고 있는 가정과 지역사회 내에서 해결하여 안정된 노후생활과 가족의 부양부담을 경감시키는 것을 목적으로 운영되고 있다. 재가노인복지시설은 2008년부터 시행되고 있는 노인장기요양보험제도에 따라 노인의료복지시설과 함께 향후 가장 활성화 될 시설이라고 볼 수 있다.

재가노인복지시설의 이용 대상자 가운데 장기요양급여 수급자는 국민건강보험공단의 재가급여 규정에 의한 서비스 비용을 납부하고 등급외자 가운데 기초생활수급권자와 의료급여수급자는 장기요양인정서를 해당 시 · 군 · 구에 이용신청을 제출하여 정부가 운영비를 지원하는 시설을 이용하며 이용비용은 운영비 지원으로 지급한다. 그 외 일반노인은 본인이 전액 부담한다.

(1) 목 적

정신적, 신체적인 이유로 독립적인 일상생활을 수행하기 곤란한 노인과 노인부양가정에 필요한 각종 서비스를 제공함으로써, 노인이 가족 및 친지와 더불어 건강하고 안정된 노후 생활을 영위할 수 있도록 함과 동시에 노인부양으로 인한 가족의 부담을 덜어주는 것을 목적으로 한다.

(2) 이용대상

① 장기요양급여수급자

② 장기요양급여수급자 이외의 자(등급외자) 중 기초수급권자 및 부양의무자로부터 적절한 부양을 받지 못하는 자로서 혼자서 일상생활을 수행하기 어려워 재가서비스의 제공이 필요한 자(노인보호전문기관에서 학대피해노인으로 입소의뢰를 받은 노인을 포함)

③ 2008년 7월 1일 이전에 국가 및 지방자치단체로부터 운영비를 지원받은 시설을 이용하고 있는 등급외자 중 "기초수급권자" 및 "실비이용자"

(3) 이용절차

장기요양인정을 받지 않은 자는 먼저 국민건강보험공단으로 장기요양인정신청을 하여 장기요양수급자로 판정을 받은 후 장기요양인정서를 첨부하여 이용할 수 있다.

(4) 종 류

① 방문요양서비스: 가정에서 일상생활을 영위하고 있는 노인으로서 신체적 · 정신적 장애로 어려움을 겪고 있는 노인에게 필요한 각종 편의를 제공하여 지역사회 안에서 건전하고 안정된 노후를 영위하도록 하는 서비스이다. 서비스 내용은 신체활동지원서비스, 가사활동지원서비스, 개인활동지원서비스, 정서지원서비스가 포함된다. 시설전용면적은 16.5㎡ 이상이며 사무실과 통신설비, 집기 등 사업에 필요한 설비와 비품을 갖추어야 한다. 장기요양서비스를 제공하는 시설은 시설장 1인, 요양보호사 15인, 사무원과 보조원(운전사)을 배치해야 한다.

② 주 · 야간보호서비스: 부득이한 사유로 가족의 보호를 받을 수 없는 심신이 허약한 노인과 장애노인을 주간 또는 야간 동안 보호시설에 입소시켜 필요한 각종 편의를 제공하여 이들의 생활안정과 심신기능의 유지 · 향상을 도모하고, 그 가족의 신체적 · 정신적 부담을 덜어주기 위한 서비스이다.
제공되는 서비스에는 일상생활지원 및 일상동작훈련 등의 심신의 기능회복을 위한 서비스, 급식 및 목욕서비스, 이동서비스 그리고 노인가족에 대한 교육 및 상담 서비스가 포함된다. 이용 정원은 5명 이상이어야 하며, 시설연면적은 90㎡ 이상이어야 한다. 시설로는 거실, 사무실, 작업/일상동작훈련실, 식당/

조리실, 화장실, 세면장, 목욕실, 세탁장/건조장이 포함된다. 주간 · 야간 보호서비스 시설에는 관리책임자(1명), 사회복지사(1명 이상, 단 이용자 10명 미만은 필요 없음), 간호사(조무사)/물리치료사/작업치료사 1명 이상, 요양보호사(이용자 7명당 1명 이상)가 배치되어야 한다.

③ 단기보호서비스: 부득이한 사유로 가족의 보호를 받을 수 없어 일시적으로 보호가 필요한 허약한 노인이나 장애노인을 보호시설에 단기간 입소시켜 보호함으로써 노인 및 노인가정의 복지증진을 도모하기 위한 서비스이다. 단기보호서비스를 제공하는 시설에서는 시실장(1명), 시회복지사(1명 이상, 단 이용자 10명 이상에 한함), 간호사(또는 간호조무사, 이용자 10명 이상일 경우, 이용자 25명 단 1명, 이용자 10명 미안일 경우는 1명), 물리치료사(또는 작업치료사, 이용자 30명 이상일 경우 1명, 이용자 10명 미만일 경우에는 물리치료사나 작업치료사 필요 없음), 요양보호사(이용자 4명당 1명 이상)가 배지뇌어야 한다.

④ 방문목욕서비스: 목욕장비를 갖추고 재가노인을 방문하여 목욕을 제공하는 서비스이다, 시설전용면적은 16.5㎡ 이상이며, 사무실과 통신설비, 집기 등 사업에 필요한 설비와 비품과 이동용 욕조 또는 이동목욕차량을 갖추어야 한다. 인력으로는 관리책임자(1명)와 요양보호사(2명 이상) 및 사무원과 보조원이 배치되어야 한다.

⑤ 재가노인지원서비스: 방문요양, 주 · 야간보호, 단기보호, 방문목욕 이외의 서비스를 제공하는 것으로 일상생활 지원, 노인생활 및 신상에 관한상담, 재가노인 및 보호자의 교육, 무의탁노인 후원을 위한 결연 및 연계지원, 여가활동지원, 주거환경개선 지원, 긴급지원, 시 · 군 · 구의 위탁을 받은 사업, 그 밖에 지역의 재가노인복지사업을 영위하는 서비스이다. 제공되는 서비스 내용은 방문요양서비스 내용과 중복되지 않는 서비스로 일상생활지원서비스, 주거

환경개선지원서비스, 정서지원서비스, 여가활동지원서비스, 상담서비스, 연계지원서비스, 교육지원서비스, 긴급지원서비스 등이다. 재가노인지원서비스를 제공하는 시설은 전용면적 33㎡ 이상이어야 하며 사무실, 상담실, 교육실, 자원봉사실을 갖추고 있어야 한다. 인력기준으로는 시설장과 사회복지사 1명, 사무원 1명을 배치해야 한다.

한편, 2013년 65세 이상 고령자의 94.4%는 평소 정부 및 사회단체로부터 복지서비스를 '받고 싶다'고 응답하였으며, 받고 싶은 복지서비스는 '건강검진(30.2%)'이 가장 많고, 다음은 '간병서비스(25.9%)', '가사서비스(19.2%)', '취업알선(8.4%)' 등의 순으로 나타났다. '간병서비스', '가사서비스', '식사제공', '이야기 상대', '목욕서비스' 등은 연령이 높을수록 많이 선호하는 것으로 나타났다(통계청, 2014).

〈표 II-26〉 받고 싶은 복지서비스(65세 이상) (단위: %)

		계	받고 싶음										
				소계	간병 서비스	목욕 서비스	가사 서비스	식사 제공	이야기 상대	취업 알선	건강 검진	취미여가 프로그램	기타[1]
2009		100.0	81.7	100.0	26.0	1.8	14.2	4.0	2.8	8.1	35.4	6.1	1.5
2011		100.0	94.9	100.0	28.5	2.3	15.9	3.8	1.9	7.8	33.3	5.2	1.4
2013		100.0	94.4	100.0	25.9	2.4	19.2	4.4	2.6	8.4	30.2	5.9	1.0
	남 자	100.0	93.0	100.0	24.7	1.8	12.2	4.3	2.1	12.0	34.3	7.5	1.1
	여 자	100.0	95.4	100.0	26.7	2.8	24.1	4.5	2.9	5.9	27.4	4.7	1.0
	65~69세	100.0	92.9	100.0	22.9	1.1	15.7	2.6	1.9	13.0	32.7	8.7	1.3
	70~79세	100.0	94.5	100.0	25.9	2.2	20.2	4.6	2.1	7.7	31.0	5.2	1.0
	80세 이상	100.0	96.9	100.0	31.4	5.0	22.7	7.2	5.1	2.0	23.4	2.6	0.7

자료: 통계청, 「사회조사」 각 년도

주: 1) '정보화 등 각종 교육' 포함

5) 재가노인복지서비스와 통합사례관리팀

(1) 사례관리(Case Management)의 필요성

첫째, 노인은 다양하고 복잡하며 장기간 지속되는 문제와 욕구를 가지고 있다. 따라서 이러한 노인의 욕구를 충족시키기 위해서는 지역사회의 사적, 공적 지원체계와 노인을 연결시키고, 서비스를 포괄적이고 연속적으로 제공할 수 있는 사례관리가 필요하다.

둘째, 신체적으로나 정신적으로 열악한 상황에 있는 노인들은 지역사회에 여러 가지 서비스가 존재해도 이를 이용할 수 있는 능력이 제한되어 서비스를 이용하기 어렵다. 이러한 이유로 이미 발견된 대상자, 즉 국민기초생활보장 수급권자에게만 서비스가 중복 제공되는 경향이 있다(김미혜, 1999).

셋째, 노인복지분야에서는 노인 클라이언트 집단의 특성과 노인복지 정책과 전달체계상의 문제로 인하여 사례관리의 필요성이 높아지고 있다. 먼저 급격한 인구고령화와 함께 빈곤노인, 중증 질환이나 장애 노인, 독거노인 등의 의존성 노인이 증가하게 됨에 따라, 이들이 지닌 다양하고 복합적인 욕구와 문제를 해결하는데 필요한 포괄적이고 종합적이며 연속적인 서비스를 제공할 수 있는 사례관리의 필요성이 높아지고 있다.

넷째, 노인들의 경우 지역사회에 여러 가지 서비스가 존재한다고 할지라도 서비스 접근성이 제한되는 경우가 많아 필요한 서비스를 이용하기가 어렵다. 따라서 가정방문 등을 통하여 적극적으로 사례를 발굴하고, 지역사회 내에 산재한 서비스를 연결, 조정하는 사례관리가 필요하다.

다섯째, 현행의 노인복지서비스가 기능 중심(예: 의료, 소득, 교육 등) 또는 문제중심(예: 빈곤, 정신장애, 소외 등)으로 분리되어 있기 때문에, 노인이 필요로 하는 복합적인 서비스 욕구를 충족시키는 데 한계가 있으므로 사례관리가 필요하다.

여섯째, 노인들의 경우 보건, 복지, 교육 등의 다양한 서비스를 필요로 하지만 이러한 서비스를 제공하는 전문직이나 서비스 기관의 분열과 비협조로 인하여 노인들에게 통합적 서비스를 제공하지 못하고 있으므로, 서비스의 연계와 조정, 통합을 이룰 수 있는 사례관리가 필요하다.

일곱째, 가족의 부양기능이 제한되고 지역사회의 노인복지서비스가 충분하지 못할 경우 불필요한 시설입소를 조장하게 될 수 있으므로, 이러한 시설입소를 억제하고 장기요양보호에 따르는 사회적 비용을 경감하기 위해서라도 사례관리가 필요하다(보건복지가족부, 2009노인돌봄서비스의 실제)

(2) 노인사례관리의 구성요소

노인 사례관리팀의 1차 집단은 요보호노인에게 직접적으로 서비스를 제공하는 사례관리자(case manager), 의사, 사회복지사, 가정간호사 그리고 요양보호사 등 전문직들이다. 그리고 통합사례관리팀의 2차 집단은 노인복지관련기관, 다른 통합사례관리팀, 관청, 자원봉사자 등이다. 여기서 사례관리팀의 1차 집단의 기능과 역할을 개관하면 다음과 같다.

① 의사

의사는 요보호노인과 1차적으로 접촉하는 전문인이다. 의사는 요보호노인들과 1차적으로 접촉하여 진료상담, 치료 등과 관련된 의료서비스를 제공하고 진단서 및 의사소견서를 발부한다. 의사는 치료과정에서 요보호노인이 일상생활수행능력을 상실하기 이전에 노인성 질환의 만성화를 예방하고 치료할 수 있기 때문에 요보호노인의 수를 줄이는 데에 중요한 역할을 한다(BMFSFJ, 2002: 34). 그러므로 의사는 요보호노인의 상태에 대한 적격심사(screening)를 통해 치료 및 재활방법 그리고 일상생활수행능력의 정도 등과 관련된 진단서를 발부하고 의사소견서를 첨부한다.

② 사례관리자

사례관리자는 요보호노인에게 의료서비스, 요양서비스 그리고 사회서비스를 효과적으로 제공하기 위해 요보호노인을 다차원적으로 사정(assessment)하는 한편 팀원들을 조정하는 역할을 담당한다.

③ 사회복지사

사회복지사는 요보호노인이 원하는 서비스와 욕구를 파악하고 필요한 정보를 제공하는 역할을 한다. 이를 위해 요보호노인의 신체적, 정신적, 정서적, 경제적 그리고 사회적 문제에 대한 전문지식과 개입과정을 실천할 수 있는 전문성을 갖추어야 한다.

④ 요양보호사

요양보호사는 직접적으로 요보호노인에게 요양서비스를 제공하는 인력이다. 요양보호노인의 상황을 정확히 숙지하고 사정판정표(Resident Assessment Instrument Home Care 또는 Geriatric Depression Scale)에 근거하여 요양보호의 결핍 또는 과잉을 판단하는 역할을 한다.

⑤ 가정간호사

가정간호사는 의사, 한의사, 치과의사 등의 방문간호지시에 따라 수급자의 가정을 방문하여 간호, 진료보조, 요양에 관한 상담 또는 구강위생 등의 업무를 수행한다.

(2) 노인사례관리 개입과정

사례발굴, 사정, 계획수립과 일정표 작성, 서비스 실행, 모니터링 그리고 평가와 사후관리의 6단계로 구분하여 설명하고자 한다.

① 사례발굴과 접수

사례발굴(outreach) 및 접수는 대부분 의사의 적격심사 이후에 사례관리팀으로 이송된 요보호노인을 대상으로 그의 특성과 유형에 적합한 정보를 체계적으로 수집하는 단계이다. 사회복지사는 초기상담을 통해 요보호노인의 문제와 욕구에 관한 기초적인 정보를 수집하고 사례관리대상자로서 적합 여부와 서비스의 유형을 결정한다.

초기상담에서는 접수일자, 요보호노인의 성명, 성별, 연령, 연락처, 클라이언트의 병력, 가족관계, 주거환경, 경제적 상태, 사회적 자원 등을 기입하여야 한다.

② 사정(assessment)

사정은 노인의 태도와 행동변화에 영향력을 발휘하기 위해 그가 처한 상황에 대한 객관적 정보를 수집하고, 그의 욕구를 정확히 평가하는 단계이다. 일반적인 조사항목으로는 건강상태, 심리사회적 상태, 인지능력, 경제적 상황, 사회적 환경 등이다. 사정단계에서의 조사항목은 문제인식, 관련집단, 자원의 동원가능성 등을 들 수 있는데, 조사의 목적은 노인은 스스로 직면한 문제를 어떻게 인식하고 있는가, 노인이 처한 상황과 관련된 사람들은 누구인가, 노인을 지원해 줄 수 있는 지지체계와 지역사회자원은 어떤 것들이 있는가를 발견하는 것이다.

③ 실행계획 수립과 일정표 작성

실행계획 수립은 사회서비스를 체계적으로 전달하는 단계로서 표적집단, 실행목표, 일정표 작성, 전문가들 간의 협의와 조정 그리고 전달방법 등을 구체화한다.

실행계획을 수립하고 일정표를 작성하기 위해서는 우선 지역사회에 산재된 자원들의 현황을 분석하여야 한다. 특히 전문가들 상호간의 협의와 조정을 통해 일정표에 따라 의료서비스, 건강회복 및 재활서비스, 간병 및 수발서비스, 사회서비스 등을 제공한다. 그리고 전문가들은 다차원적인 측면에서 사정한 이후에 치료, 건강회복, 간병 및 수발 등 세부적인 관리방법들을 모색한다.

④ 서비스 실행

서비스의 실행은 각종 서비스를 보다 효율적이고 효과적으로 제공하는 것을 목적으로 한다. 사례관리는 일반적으로 장시간에 걸쳐서 제공되기 때문에 실천단계에서 다양한 문제들이 발생한다. 그러므로 사례관리자는 실천과정에서 목표달성도, 서비스의 질과 비용, 욕구의 변화 등을 정기적으로 평가하고 필요한 경우에는 실행계획 및 일정을 변경한다.

⑤ 모니터링

사례관리자는 사회서비스의 실행과정을 지속적으로 모니터링하고 팀원들 간에 회의와 상담을 통해 팀원이 원하거나 또는 참여자가 원하는 사항을 파악한다.

모니터링의 방법으로는 전화, 가정방문, 담당팀원(요양보호사, 가정간호사, 자원봉사자)과의 사례회의 등이다.

⑥ 종결과 사후관리

클라이언트의 문제가 해결되었거나, 더 이상 사회서비스가 필요 없게 되었을 때, 현재의 서비스를 가지고 더 이상 개선하기 어려울 때, 문제해결을 위한 전문성이 부족할 때에 사회서비스의 제공은 종결된다. 종결에 관한 결정은 사례관리팀원과 클라이언트 간에 이루어진다.

6) 노인보호전문기관

(1) 목적

급속한 인구 노령화와 핵가족화 등에 따라 가족 간 갈등 및 노인부양부담증대 등으로 노인학대사례가 계속 증가하여 이를 전문적이고 체계적으로 대처하여 노인권익을 보호하는 한편 노인학대 예방 및 노인인식개선 등을 통한 노인의 삶의 질 향상을 도모하기 위함이다.

(2) 노인학대 신고의무와 절차

누구든지 노인학대를 알게 된 때에는 노인보호전문기관 또는 수사기관에 신고할 수 있다. 다음에 해당하는 자는 그 직무상 노인학대를 알게 된 때에는 즉시 노인보호전문기관 또는 수사기관에 신고하여야 한다.

① 의료법 제3조 제1항의 의료기관에서 의료업을 행하는 의료인

② 노인복지시설의 장 및 그 종사자

③ 장애인복지법 제58조의 규정에 의한 장애인복지시설에서 장애노인에 대한 상담 · 치료 · 훈련 또는 요양을 행하는 자

④「가정폭력방지 및 피해자보호 등에 관한 법률」제5 · 7조의 규정에 의한 가정폭력관련상담소의 상담원 및 가정폭력피해자보호시설의 종사자

⑤ 노인복지상담원 및 사회복지사업법 제14조의 규정에 의한 사회복지전담공무원 신고인의 신분은 보장되어야 하며 그 의사에 반하여 신분이 노출되어서는 아니된다.

7) 노인일자리지원기관 노인복지법 [시행 2015. 4. 29.] [법률 제13102호, 2015. 1. 28. 일부개정]

(1) 노인의 능력과 적성에 맞는 일자리지원사업을 전문적 · 체계적으로 수행하기 위한 전담기관은 다음 각 호의 기관으로 한다. 〈개정 2011.4.7〉

① 노인인력개발기관: 노인일자리개발 · 보급사업, 조사사업, 교육 · 홍보 및 협력사업, 프로그램인증 · 평가사업 등을 지원하는 기관

② 노인일자리지원기관: 지역사회 등에서 노인일자리의 개발 · 지원, 창업 · 육성 및 노인에 의한 재화의 생산 · 판매 등을 직접 담당하는 기관

③ 노인취업알선기관: 노인에게 취업 상담 및 정보를 제공하거나 노인일자리를 알선하는 기관

2. 노인복지시설의 현황

2008년도 노인장기요양보험의 시행 이후 재가서비스 단기보호의 시설 전환 등으로 인하여 2010년도는 노인의료복지시설의 수가 큰 폭으로 증가하였으며, 2011년도는 특히 노인요양공동생활 가정의 수가 큰 폭으로 증가하였다.

* 노인요양시설: 2008년 1,332개소 ⇨ 2010년 2,429개소 ⇨ 2011년 2,489개소 ⇨ 2012년 2,610개소 ⇨ 2013년 2,497개소 ⇨ 2014년 2,707개로 2008년 대비 103.2% 증가

* 노인요양공동생활가정: 2008년 422개소 ⇨ 2010년 1,346개소 ⇨ 2011년 1,590개소 ⇨ 2012년 1,742개소 ⇨ 2013년 2,088개소 ⇨ 2014년 2,134개소로 2008년 대비 405.7% 증가

재가노인복지시설 중 단기보호는 2008년 217개소에서 2010년 67개소로 150개소가 감소(사유: 단기보호의 시설전환)하였으며, 2014년 96개소로 2010년 대비 43.3% 증가하였다.

* 재가노인복지시설: 2008년 2,298개소 ⇨ 2010년 2,496개소 ⇨ 2011년 2,750개소 ⇨ 2012년 3,003개소(재가지원서비스 323개소 신설) ⇨ 2013년 2,832개소) ⇨ 2014년 2,797개소로 2008년 대비 21.7% 증가

		2010	2011	2012	2013	2014
노인주거복지 시설	소계	397	414	416	435	443
	양로시설	300	303	285	285	272
	노인공동생활가정	75	87	108	125	142
	노인복지주택	22	24	23	25	29
노인의료 복지시설	소계	3,775	4,079	4,352	4,585	4,841
	노인요양시설	2,429	2,489	2,610	2,497	2,707
	노인요양공동생활가정	1,346	1,590	1,742	2,088	2,134
노인여가 복지시설	소계	62,460	63,375	64,077	64,983	65,665
	노인복지관	259	281	300	319	344
	경로당	60,737	61,537	62,442	63,251	63,960
	노인교실	1,464	1,557	1,335	1,413	1,361

재가노인 복지시설	소계	2,496	2,750	3,003	2,832	2,797
	방문요양서비스	1,118	1,180	1,113	1,042	992
	주야간보호서비스	786	842	840	848	913
	단기보호서비스	67	95	94	110	96
	방문목욕서비스	525	633	633	603	588
	재가지원서비스	–	–	323	229	208
노인보호전문기관	노인보호전문기관	24	25	25	25	28
노인일자리지원기관	노인일자리지원기관	–	–	–	–	0
합계		69,238	70,643	71,873	72,860	73,774

출처: 보건복지부, 2015노인복지시설 현황.

3. 노인복지시설 평가

1) 시설평가 도입 배경

1998년 「사회복지사업법」의 개정을 통해 모든 사회복지시설은 3년 마다 최소 1회 이상 평가를 받도록 법제화하였다.

2) 평가목적

(1) 사회복지시설의 투명성과 서비스의 질 향상을 통한 사회복지시설 이용자와 국민의 복지수준 향상에 기여

(2) 사회복지시설의 운영의 선진화를 지원함으로써 시설의 상향 편준화에 기여

(3) 향후국민들에게 시설 선택권 부여 시 시설 선택에 관한 기초자료로 활용

3) 평가절차와 방법

(1) 평가단 구성

한국사회복지협의회 내 사회복지시설 평가단을 설치하였다.

(2) 지표 수정보완

① 기본방향: 평가위원의 주관이 개입될 수 있는 정성지표의 수를 가급적 축소하고 정량화, 표준화하여 평가의 객관성이 유지될 수 있도록 한다.
② 전차 평가지표, 사회복지 시설 서비스 최소기준 등을 기초로 한다.
③ 각 시설 종별로 평가지표의 현실성과 완성도를 높이기 위하여 포커스그룹 회의, 사전평가 등의 과정을 거치며 분과위원회 및 총괄위원회의 심의 의결을 거쳐 확정된다.
④ 수정 보완된 평가지표는 시설 종별 공청회와 인터넷 의견수렴 등 다양한 형태로 사회복지현장의 의견을 수렴한다.

(3) 평가위원 선발

시 · 도에서 현장평가위원을 자체 선발하고 중앙평가단에서는 현장평가위원의 자격만을 정한다.

(4) 평가교육

- 평가지표 설명회: 평가 대상 시설의 담당자를 대상으로 평가지표 설명
- 현장평가위원 교육: 평가위원의 자세, 현장평가, 시행절차, 시설평가 지표설명과 지표별 평가방법 등에 대해 교육

(5) 평가대상시설 자체평가 실시

시설평가단에서 발표한 시설별 평가지표를 직접 적용해봄으로써 각 시설의 운영상태를 직접 확인, 이 결과를 평가위원에게 전달하여 현장평가과정에서 참고하도록 함

(6) 현장평가 실시

학계, 시설관계자, 정부 및 관련 공무원 등 3인 1조로 평가대상시설을 직접 방문하여 평가지표에 따라 평가 시행

(7) 확인평가 실시

현장평가 종료 후 평가결과가 타 시설과 비교하여 현저한 이상을 보이는 시설에 대하여 사회복지시설평가단에서 확인평가를 실시한다.

(8) 평가결과 분석 및 보고서 제출

- 평가결과 통보: 개별시설별로 평가 영역별 평가소견서를 작성하여 시설에 통보
- 평가결과를 종합한 최종평가결과보고서를 작성하여 보건복지부에 제출

(9) 평가결과 발표

보건복지부는 평가결과에 따라 전체 평가대상시설의 시설별 평가 영역별 등급과 우수시설(A등급 해당 시설)명단 발표

제3부
노인의 삶과 이슈

Chapter_ 10

노인과 사회활동

고령화시대 의료기술의 발달과 생활수준의 향상으로 평균수명이 크게 증가했지만, 은퇴연령의 변화는 적어 노년기 여가시간이 길어지고 있다. 따라서 노인이 이러한 여가시간을 무료하지 않게 어떻게 채워야 할 것인지 점차 중요해지고 있으며 정책적 관심도 증가하고 있다. 이에 본 장에서는 노인의 여가활동과 노인에 의한 자원봉사활동, 노인의 평생교육 관점에서 살펴보고자 한다.

1. 노인의 여가

1) 여가활동의 개념

여가는 의무적이고 시간제약적인 노동과 대비되는 개념으로, 그리스어로 정지, 중지, 평화 및 평온을 의미하는 'scole'에서 유래되었는데, 이 경우의 여가는 자기의 교양을 높이기 위한 적극적인 행위를 의미한다. 이에 반해 로마어로는 '아무것도 하지 않는 소극적인 상태'를 의미하는 'otium'에서 유래되었으며, 이때 여가는 휴식이나 기분전환, 이완과 같은 소극적 행위를 의미한다. 그러나 노년기의 여가는 은퇴, 자녀 결혼 등으로 사회적, 가정적 책임으로부터 벗어난 상태이므로 다른 연령층의 여가와는 의미가 다르다. 특히 우리나라 노인들은 오랫동안 1차적인 빈곤에서 벗어나기 위하여 오직 노동에만 치중하였기 때문에 여가의 중요성이나 가치에 대하여 너무나 무관심한 태도를 지니고 있는 세대라고 할 수 있다.

2) 노년기 여가활동의 유형

노년기의 여가유형으로는 크게 가족중심의 여가유형과 가정 밖에서의 여가유형으로 구분할 수 있으며, 구체적인 유형은 다음과 같다.

(1) 가족중심의 여가유형

노인들이 가정 내에서 여가를 보내는 유형으로 노인들이 아직 가정에서 많은 역할이 있는 경우, 자녀들과 뜻이 맞아 이야기 동무가 되기 때문에 말벗을 찾아 외출할 필요가 없는 경우, 외출은 하고 싶지만 찾아갈 만한 곳이 별반 없고 또한 외출하면 용돈이 많이 들기 때문에 집에 머물러 있지 않을 수 없는 경우, 고령으로 인한 노쇠현상 때문에 외출을 할 수 없어 자택에 머물러 있는 경우가 많다.

① 단독충실형: 미술, 서예, 사진 등 취미생활을 영위함

② 가족충실형: 주로 가정 내에서 가족과의 교류에 충실함

③ 독서형: 책, 신문, 잡지 등을 읽으며 생활함

(2) 가정 밖 여가유형

가정 내에서 지위와 역할상실, 세대 간의 가치관 차이로 인한 소외와 대화단절 등의 노인들을 가정 내에 머무르게 하기보다는 가정 밖에서 여가시간을 보내도록 하고 있다.

① 우인교류형: 친구들과 교제하는 것을 즐김

② 사회참여형: 노인학교 및 각종 사회교육기관의 교육에 적극적으로 참여함

3) 여가활동 참여실태

우리나라 노인들의 주된 여가활동에서 휴식활동이 차지하는 비율은 90.2%로 가장 높고, 그 다음이 취미오락활동 42.5%, 사회 및 기타활동 40.1%, 스포츠참여활동 10.2%, 문화예술참여활동 5.8%, 관광활동 4.0%, 스포츠관람활동 1.2%, 문화예술관

람활동 0.9% 등의 순으로 나타났다. 2013년 65세 이상 고령자의 주말이나 휴일의 여가활용 방법으로는 'TV 및 DVD 시청(71.4%)'이 가장 많았고, 다음으로 '휴식(35.3%)', '가사일(30.2%)' 등의 순으로 나타났다. 또한 65세 이상 고령자가 앞으로 시간적, 경제적 여유가 생긴다면 여가시간에 가장 하고 싶은 것은 '여행(50.0%)'이었고, 다음은 '사교 관련일(29.4%)', 'TV 및 DVD 시청(24.1%)' 등의 순으로 나타났다.

〈표 Ⅲ-1〉 여가활동(복수응답, 2013년) (단위: %)

		TV 및 DVD 시청	여 행	스포츠 활 동[2]	종교 활동	가사일	휴식	사교 관련일	기타[3]
주말이나 휴일의 여가활용	전체[1]	59.9	12.1	11.9	13.1	28.2	37.5	20.9	31.7
	65세 이상	71.4	4.5	4.5	17.0	30.2	35.3	13.7	5.9
	남자	74.6	7.1	7.9	12.9	14.1	39.9	16.4	8.8
	여자	69.1	2.7	2.1	20.0	41.6	32.0	11.9	4.0
		TV 및 DVD 시청	여 행	스포츠 활 동[2]	종교 활동	가사일	휴식	사교 관련일	기타[3]
앞으로 하고 싶은 여가활동	전체[1]	12.0	62.0	27.8	7.6	3.7	15.0	19.8	57.3
	65세 이상	24.1	50.0	7.7	13.9	7.6	20.6	29.4	21.2
	남자	22.2	57.6	14.0	9.0	3.7	19.0	28.8	22.6
	여자	25.5	44.6	3.2	17.4	10.4	21.7	29.8	20.3

자료: 통계청, 「사회조사」 2013
주: 1) 조사대상이 13세 이상임
2) '스포츠 관람' 포함
3) '문화예술관람', '컴퓨터게임', '창작적취미', '자기개발', '봉사활동' 포함
출처: 2014 고령자통계, 통계청

4) 노년기 여가활동의 활성화 방안

노년기 여가활동을 원만하게 향유할 수 있도록 하기 위해서는 다음과 같은 방법들이 필요하다.

첫째, 여가를 즐기는 능력을 익힌다.

문화, 스포츠, 야외활동 등 다양한 여가활동을 통하여 즐거움을 체험하며, 이것

을 즐기기 위한 지식, 기술, 방법, 이해 등을 향상시켜 일상생활로 정착시킴으로써 이를 기반으로 하여 일상생활을 즐기는 의식, 행동, 태도의 변화를 기대한다.

둘째, 인간관계 능력을 높인다.

여가활동을 통해서 평소 거의 접촉이 없는 사람들과의 교류 및 대화를 촉진시켜 인간관계 및 커뮤니케이션의 중요성을 인식하도록 하여 상대를 수용하고 자기를 표현할 수 있는 인간관계 능력을 조성한다.

셋째, 사회성 · 시민성을 향상한다.

여가활동을 통해서 노인 스스로 인간다움을 추구하려고 노력하고, 조직 속에 자신이 필요한 구성원임을 느끼면서 집단에 소속의식이 높아지며 집단 목표달성에 효과적으로 기여함으로써 사회성 및 시민성을 갖도록 한다.

넷째, 노인에 알맞은 여가활동을 편성한다.

노인은 정신적 · 신체적 상황에서 볼 때, 당연히 여가활동에 제한을 받게 된다. 신체적으로 운동기능 저하가 주요 원인이며, 그 개인차는 현저하다. 그러나 활동력이 있는 노인도 많다는 점을 이해해야 한다. 그리고 중심이동이 적은 활동, 웃음이 따른 활동, 느린 템포활동 등을 중심으로 프로그램을 편성하여 이용노인의 편의성과 접근성을 높여야 한다

다섯째, 삶의 의욕을 높인다.

여가활동의 즐거움을 체험함으로써 정신적 · 신체적 · 사회적인 건강을 유지하며, 적극적이고 능동적인 개인의 능력을 발휘하도록 함으로써 자기실현의 욕구를 만족시키며, 인생을 보다 적극적으로 향유하려는 전향적인 자세로 생활을 하고자 하는 의욕을 북돋워 준다.

2. 노인교육

우리나라 노인교육은 '노인복지법'에 의해 여가시설의 일환으로 실시되는 것과

'평생교육법(사회교육법)'에 근거하여 평생교육의 일환으로 실시되는 것으로 양분되어 있다. 전자는 보건복지부의 관할하에 있으며, 대한노인회, 사회복지관, 노인복지관, 종교단체 등에서 실시되고 있는 노인대학, 장수대학, 노인교실 등이 대표적인 형태이다. 노인복지법에 근거한 노인교육은 노인생활 지원의 측면의 여가시간을 활용하는 측면이 강하고, 평생교육법에 의해 노인교육은 대학부설 노인학교와 사회교육원에 의해서 운영되는데 노인지도자 과정으로 학습 및 지식 습득을 강조한 교육이라 할 수 있다(보건복지부, 2014).

1) 노인교육의 필요성

(1) 유네스코 평생교육의 필요성

유네스코 한국교육위원회가 1973년에 개최한 '평생교육의 발전세미나'에서 평생교육의 필요성을 다음과 같이 제시하였다(이해영, 2006: 238).

① 급격한 사회변동에 효과적으로 대처하고 사회발전을 촉진하기 위한 교육역량 강화
② 날로 팽창하는 지식을 시시각각으로 습득하고 새로이 출현하는 사회적 가치를 창조적 및 비판적으로 수용
③ 점점 전문화되고, 특수화되며, 조직화 되어가는 현대사회의 시스템에 기능적인 적응
④ 개인의 잠재적 개발 가능성을 평생 동안 지속적으로 개발
⑤ 발달단계에서 수행하여야 할 새로운 역할습득과 새롭게 일어나는 개인적 욕구 충족
⑥ 개인이 받은 학교교육의 형식을 보충, 보강하거나 정기교육의 기회를 놓친 사람에게 자기발전을 위한 기초교육기회의 제공

(2) 맥클러스키(McClusky)의 교육에 대한 노인의 욕구

노인교육의 필요성은 노인들의 교육욕구에 의하여서도 확인할 수 있다. 맥클러스키(McClusky)는 교육에 대한 노인의 욕구를 다섯 가지로 설명하고 있다.

① 대처능력 욕구(copying needs)로써 노인은 자신의 노화에 따라 능력과 지식이 감퇴하여 일상생활에서 곤란을 겪게 되기 때문에 이를 만회하고 사회에서 정상적인 기능을 유지하기 위한 교육을 받으려고 한다.

② 표현적 욕구(expressive needs)로써 자발적인 신체운동이나 단체 활동에 대한 참여욕구를 말하는데 활동과 참여 그 자체로부터 만족을 얻으려는 것이다.

③ 사회에 헌신하려는 욕구(contributive needs)로써 새로운 교육을 통하여 어떤 기관이나 방향으로 자신의 에너지를 투여할 수 있는가에 대한 정보를 얻고 또 사회봉사활동에 필요한 기능훈련을 받음으로써 다른 사람을 위해 헌신하고자 하는 욕구이다.

④ 영향력 욕구(influence needs)로써 교육을 통하여 기술훈련, 사회적인 지지, 그 활동에 대한 평가 등을 제고함으로써 그 지역사회의 친목단체, 봉사단체, 종교단체, 정치적 · 사회적 압력단체 등에 가입하여 많은 영향을 주려고 하는 것이다.

⑤ 초월적 욕구(transcendence needs)로써 노년기에 접어들어 신체적 쇠락을 경험하고 죽음을 실감하면서 인생의 본질적인 의미를 찾으려는 욕구이다.

2) 노인교육의 원리

노인과 밀착된 교육이 이루어지기 위해서는 다음과 같은 방법들에 기초해야 한다.

(1) 자기주도 학습(self-directed learning)의 원리

노인교육은 평생교육의 일환으로 자기학습의 원리를 기초로 하며, 무엇보다도 학습자들의 적극적인 참여와 동기유발이 중요하다. 따라서 노인교육에서는 교사중심의 설명위주의 강의보다는 토의식 교수나 문제해결 중심의 과제수행, 실험과 실습, 견학, 회상 등의 학습자 중심의 학습활동이 더 많이 요구된다.

(2) 유의미 학습(meaningful learning)의 원리

노인 학습자는 학습과제의 성격에 영향을 많이 받는다. 따라서 학습자의 흥미와 발달단계, 직업, 관심사, 학습동기에 비추어 적합한 유의미한 학습과제를 제시하며, 거부감 없이 쉽게 접근할 수 있도록 친숙하고, 현실적이고도 구체적인 과제나 자료를 제시하는 것이 필요하다.

(3) 융통성(flexibility)의 원리

정해진 진도대로, 정해진 형식과 내용대로 엄격히 교육을 이끌어나가기보다는 좀 더 융통성 있게 상황에 따라 프로그램의 내용이나 교수방법과 형식 등을 조절하고 학습자의 요구에 따라 조정할 수 있도록 하는 것이 바람직하다.

(4) 학습자 중심(learner-directed)의 원리

노인교육 프로그램 개발에서 요구조사는 물론이고 목표설정과 내용선정 등에서부터 노인 학습자를 함께 참여시켜야 하며, 노인교육의 내용과 형식 그리고 그것의 제공 역시 학습자의 요구와 필요에 근거를 두고 이루어져야 한다.

(5) 상호존중(mutual respect)의 원리

노인교육의 공간은 따뜻하고 부드럽고 온정적이어야 한다. 교수자와 학습자 간에, 존중하고 존경하는 분위기가 조성되어야 한다.

(6) 노인중심(senior-oriented)의 원리

가능한 한 모든 교실 분위기나 환경 과제의 준비에서 다양한 취약성을 지닌 노인 학습자에게 최대한 배려가 이루어지도록 해야 할 것이다.

3) 노인교육의 프로그램 내용

(1) 교육내용에 따른 노인교육 프로그램

노인교육 프로그램을 교육내용에 따라 분류하면 다음과 같다(한준상 외, 1999).

① 노년기의 발달과업에 대한 인식: 노인들이 노화의 특성을 정확히 이해하고, 노년기에 요구되는 발달과업들을 인식하는 한편 효율적으로 문제를 해결해나갈 수 있는 내용
② 사회변화에 대한 적응: 노인들이 사회변화를 이해하고 그에 적응할 수 있도록 도우며, 노인들도 변화하는 사회의 한 일원으로서 능동적으로 참여할 수 있도록 도와주는 내용
③ 자기개발기회의 제공: 학습과 자기개발에 대한 욕구를 충족시킬 수 있는 학습 내용
④ 대인관계기술의 습득: 교육의 장을 통해 보다 다양한 인간관계를 확대할 수 있는 기술
⑤ 능동적인 삶의 태도 고취: 교육의 참여를 통해 보다 적극적이고 능동적인 삶을 영위할 수 있도록 지원
⑥ 사회참여기술의 제공: 재취업과 사회참여에 필요한 지식과 기술을 제공함으로써 노인들이 경제적으로 자립하고 사회에 능동적으로 참여할 수 있는 기술

(2) 노년기 발달과업에 따른 노인교육 영역

김종서(1982)는 노년기 발달과업에 따라 다음 〈표 Ⅲ-2〉와 같이 노인교육을 지적 영역, 심리적 영역, 사회적 영역, 신체적 영역, 경제적 영역, 여가활동 영역 그리고

기타 가정생활 영역으로 분류한 후에 세부적인 교육내용들을 제시하고 있다.

〈표 III-2〉 노인교육의 세부영역

영역	세부내용
지적 영역	세대차와 사회변화를 이해하기, 은퇴 이후의 생활에 필요한 지식과 생활태도 배우기, 정치·경제·사회·문화적인 차원에서 최신 동향 알기, 건강증진을 위한 폭넓은 지식 익히기
심리적 영역	적극적인 생활태도 유지하기, 배우자나 동년배의 사망에 대해 적응하기, 자신의 죽음에 대한 수용과 인정 및 준비하기
사회적 영역	동년배와 친교 유지하기, 가정과 사회에서 어른 구실하기, 자녀 또는 손자·손녀와 원만한 관계 유지하기
신체적 영역	쇠퇴해가는 체력과 건강에 적응하기, 노년기의 적당한 섭생과 운동 배우기, 지병에 대한 바른 처방하기
경제적 영역	정년퇴직과 수입의 감소에 적응하기, 정년퇴직 이후 새로운 일을 찾아 적극적으로 일하려는 태도 갖기
여가활동 영역	취미를 살리고 즐겁게 생활하기, 자원봉사활동과 같이 지역사회 공헌하기
기타 가정생활 영역	노년기 옷맵시와 수생활 익히기, 주택매매 시 유의사항 익히기 등

출처: 안홍순(2013), 노인복지론, p. 274.

4) 노인교육의 유형

① 한국에서 노인이 '교육정책'의 대상이 된 것은 1978년 문교부(현 교육부)가 민간 노인교육단체에 의해 운영되던 노인교실에 운영비를 지원하면서부터라고 볼 수 있다(이혜연·김기석, 2009).

② 노인에 대한 정책지원이 본격적으로 이루어지기 시작한 것은 1990년 보건복지부에 노인복지과가 신설되면서부터이며, 초기 노인교육 정책의 대상이었던 노인교실도 현재에는 「노인복지법」 제36조에 의해 노인여가복지시설로 규정되어 지원되고 있다.

③ 1996년에는 교육인적자원부(현 교육부) 평생학습정책과에 노인교육정책에 대한 조정 기능이 추가되면서 노인이 '교육정책'의 대상으로 다시 등장하였다. 그러나 노인평생교육시설들은 보건복지부 감독 하에 그대로 있으면서 노인 평생교

육정책 조정 기능만 수행하게 되면서 부처 간에 명확한 역할분담이 이뤄지지 않았다. 이후 노인 평생교육정책 조정 기능도 노인을 포함한 소외계층 전체를 포괄하는 업무로 통합 · 축소되었고, 2008년부터는 노인평생교육 업무 직제가 폐지되었다(교육과학기술부 · 평생교육진흥원, 2011).

④ 「노인복지법」 제36조에 의하면 노인복지관, 경로당, 노인교실은 노인여가복지시설로 정책 대상에 포함되어 있는데(보건복지부, 2013a), 이 세 유형의 시설 모두 일정 부분 노인교육 프로그램을 운영하고 있다.

5) 노인교육

현재 국내에서 이루어지고 있는 노인 대상 평생교육 정책사업은 교육을 주된 목적으로 하는 경우도 있지만 노인 생활지원 차원에서 노인의 사회참여 지원 방안으로 이루어지기도 한다. 노인과 관련한 정부 정책사업의 대부분은 보건복지부를 중심으로 추진되고 있으며, 보건복지부의 지원은 '교육적' 접근이라기보다는 노인생활 지원의 측면이 크다(2014 노인실태조사, 보건복지부).

6) 노인평생교육 현황

2014년 보건복지부의 노인실태 조사에 의하면 노인의 평생교육 참여 현황은 아래와 같다.

① 노인평생교육 참여 경험

- 전체 노인의 13.7%가 지난 1년간 참여한 적이 있다고 응답하였다. 지역별로 평생교육에 참여한 적이 있는 비율이 동부 노인(14.4%)이 읍 · 면부 노인(11.4%) 보다 더 높으며, 여자노인(17.3%)의 경우 남자노인(8.5%)에 비하여 높은 수준이다.
- 연령이 낮을수록, 교육수준 및 가구소득이 높을수록 대체로 지난 1년간 평생교육 참여율이 증가한다.

② 노인의 가구형태별 참여

가구형태별로는 노인독거가구의 참여율이 가장 높고, 그 다음은 노인부부가구이다. 배우자가 없는 노인, 미취업 노인, 신체적 기능제한이 없는 경우 평생교육 참여율이 상대적으로 조금 더 높게 나타났다.

③ 노인의 평생교육프로그램 참여 빈도

- 평생교육프로그램에 참여한 적이 있는 경우 얼마나 자주 교육에 참여하는지 살펴보면, 주 2~3회가 48.1%로 가장 많으며, 그 다음 주 1회 36.4%, 주 4회 이상 11.1%, 2주 1회 1.8%, 월 1회 1.7% 등의 순이다.
- 주 2~3회 또는 주 4회 이상 평생교육에 참여하는 비율을 비교하면, 지역별로는 동부 노인(61.7%)이 읍·면부 노인(49.1%) 보다 높으며, 남자노인(65.3%)의 경우 여자노인(57.1%)에 비하여 높게 나타났다.
- 가구형대별로는 노인독거가구의 주 1회 참여율이 상대적으로 높고, 노인부부가구의 경우는 주 4회 이상 참여하는 비율이 상대적으로 더 높은 편이다. 신체적 기능제한이 없는 노인의 경우 주 2회 이상 교육 참여율이 높다. 연령 및 교육수준, 가구소득, 취업상태는 뚜렷한 경향성이 없다.

④ 노인이 참여한 평생교육 프로그램 내용

- 노인이 참여한 적이 있는 평생교육 프로그램 내용을 살펴보면, 예술문화(댄스·가요·음악) 관련 교육이 41.5%로 가장 많으며, 그 다음은 건강관리(증진)·운동 관련 교육이 36.0%, 어학 교육 10.4%, 정보화 교육 6.9%, 인문학 2.9% 등의 순이다.
- 여자노인은 남자노인에 비하여 건강관리·운동 관련 교육, 예술문화 프로그램이 상대적으로 더 높은 반면, 남자노인은 정보화, 인문학, 취업·직업 프로그램이 더 높다. 연령별로는 일정한 경향성은 없으나 74세 이하의 연령층에서 정보화 교육에 더 많이 참석하는 것으로 나타났다.

- 결혼상태별로는 배우자가 있는 노인은 정보화 또는 인문학 교육에 상대적으로 더 참석하고, 배우자가 없는 노인은 예술문화 또는 어학 관련 프로그램에 상대적으로 더 참석한다. 가구형태별로는 노인독거가구는 예술문화 또는 어학 교육, 인문학 교육 등에, 노인부부가구는 정보화 교육에 상대적으로 더 참석하는 것으로 나타났다. 또한 교육수준이 낮을수록 건강관리 · 운동 관련 교육에 상대적으로 더 참석하고, 교육수준이 높을수록 인문학 교육 또는 정보화 프로그램이 상대적으로 더 높다.
- 신체적 제한이 있는 경우 및 취업중인 경우는 건강관리, 운동 관련 교육이, 제한이 없는 경우 및 미취업중인 경우는 예술문화 교육 또는 정보화 교육, 인문학 교육이 각각 상대적으로 더 높다. 가구소득수준별로는 뚜렷한 경향성은 없는 것으로 나타났다.

⑤ 노인 참여 평생교육기관의 형태

- 평생교육프로그램에 참여한 적이 있는 경우 어디에서 실시하는 교육에 참여하는지를 살펴보면, 시 · 군 · 구민 회관/동 · 읍 · 면 주민센터가 24.3%와 노인여가복지시설인 노인복지관이 24.2%로 약 절반 가까이 차지하고 있다. 그 다음은 공공 문화센터(사회복지관, 종합복지관, 여성회관, 문화예술회관 등) 14.4%, 경로당 12.6%, 종교기관 9.3%, 사설 문화센터(백화점, 신문사, 방송사 등) 또는 사설학원 8.2%, 대한노인회 2.4%, 학교 2.2% 등으로 나타났다.
- 성별로는 남자노인은 사설 문화센터와 시 · 군 · 구민 회관/동 · 읍 · 면 주민센터의 비율이 상대적으로 높은 반면, 여자노인은 경로당과 종교기관이 높다.
- 연령별로는 65~69세 연령군의 경우 시 · 군 · 구민 회관/동 · 읍 · 면 주민센터의 비율이 35.1%로 타 연령군에 비하여 매우 높은 수준이며, 85세 이상 연령군은 경로당에서 실시하는 프로그램에 참여한 비율(42.2%)이 상대적으로 더 높다. 70~74세 연령군, 75~79세 연령군, 80~84세 연령군은 노인복지관의 비율이 높은 편이다(각각 28.2%, 25.9%, 31.4%).

- 결혼상태별로는 배우자가 있는 노인은 시 · 군 · 구민 회관/동 · 읍 · 면 주민센터 프로그램에 참여한 비율이 높은 편이며, 배우자가 없는 노인은 경로당과 종교기관에서 실시하는 프로그램에 참여한 비율이 상대적으로 더 높다. 가구형태별로는 노인독거가구의 경우 경로당에서 실시하는 프로그램에 참여한 비율이, 노인부부가구는 시 · 군 · 구민 회관/동 · 읍 · 면 주민센터, 자녀동거가구는 종교기관, 기타가구는 노인복지관과 사설 문화센터의 프로그램에 참여한 비율이 각각 상대적으로 더 높다.
- 교육수준 및 가구소득수준이 높을수록 문화예술회관 또는 사설문화센터 프로그램에 참여한 비율이 상대적으로 더 높고, 교육수준 및 가구소득수준이 낮을수록 경로당 또는 종교기관에서 실시하는 프로그램에 참여한 비율이 상대적으로 더 높다.
- 취업중인 노인은 경로당에서 실시하는 프로그램에, 미취업노인은 노인복지관 또는 종교기관 등에 참여하는 비율이 각각 상대적으로 더 높다. 신체적 기능제한이 있는 경우 경로당에서 실시하는 프로그램에 참여한 비율이 상대적으로 더 높고 기능제한이 없는 경우 문화예술 회관 등과 사설 문화센터, 노인복지관 프로그램에 참여한 비율이 상대적으로 더 높다(보건복지부, 2014).

7) 노인교육의 활성화 방안

첫째, 노인교육 프로그램의 개발

노인에게 알맞은 교육목표를 설정하고 이에 맞춰 교육 프로그램을 개발해야 한다. 노인교육에 대한 기본적인 국가방침이 노인복지법의 개정을 통하여 제도화되어야 하고, 이를 통한 시설설치 및 직원배치기준을 강화하여 지역간 편차 없이 균등한 노인교육이 전개될 수 있도록 한다. 노인교육 프로그램은 두 가지 차원에서 개발되어야 하는데, 하나는 보편적인 프로그램으로 노년기의 특성을 감안한 것이고, 다른 하나는 지역적 특수성을 고려한 특별 프로그램이다. 이들 프로그램을 통하여 노년기의 삶의 의미와 즐거움을 제공할 수 있어야 한다.

둘째, 제도적 지원

국가차원의 행정적 · 재정적 · 교육적 지원이 제공되어야 한다. 평생교육법과 노인복지법으로 양분되어 있는 노인교육에 관한 부분을 노인복지법으로 단일화하여 정비해야 한다. 노인교육은 노인의 삶, 즉 노인복지와 연관되어 있는 만큼 노인복지법에 노인교육에 대한 장을 삽입하여 노인교육에 대한 제도적 틀을 정립해야 한다.

셋째, 노인교육의 장애물 제거

노인들이 갖고 있는 교육적 장애를 제거하는 것이다. 노인교육에 참여를 방해하는 요인들로는 경제적 문제와 에너지 부족 등을 들 수 있다. 특히 노인들 자신이 가지고 있는 부정적인 인식이 노인교육에 참여를 방해하고 있기 때문에 이러한 부정적인 인식을 개선하는 상담이 중요하다.

넷째, 교육 연계망 구축

노인교육기관과 관련된 지역사회 내 다른 기관 및 단체, 학계와 유기적인 협력체계를 구축한 교육연계를 구축한다.

3. 노인 자원봉사활동

노인에 의한 자원봉사활동은 노인의 여가를 유용하게 활용함으로써 사회문제를 해결하고 더 나아가 사회참여 기회를 통하여 사회통합적인 건강한 노후생활을 영위함으로써 소외와 고독의 문제를 해결할 수 있다. 노인으로 하여금 자원봉사활동에 적극 참여할 수 있도록 동기부여의 기회를 증진하고 여건을 조성해 주는 것은 고령화사회의 중요한 국가적 과제라 아니할 수 없다.

1) 노인 자원봉사활동의 필요성

원래 자원봉사(volunteer)라는 말은 라틴어의 볼런타스(Voluntas)에서 유래하며, 이것은 인간의 자유의지, 마음속 깊이 우러나오는 의사라는 뜻이다. 즉, 의무감이 아닌 자발적으로 행하는 활동을 의미한다(김범수 외, 2002). 즉, 자원봉사란 자원봉사 정신에 따르는 자발적 활동뿐 아니라 자원봉사활동을 육성하고 지원하는 조직과 기관을 포함하는 개념으로써 특정한 사회적 요구의 인식하에 사회적 책임감의 태도를 가지고 금전적 이득에 대한 관심 없이 또한 기본적 의무감으로부터 벗어나서 자발적으로 행동할 것을 선택해서 이루어지는 활동으로 정의할 수 있다.

오늘날 노인복지는 단순한 구빈사업이나 의료보호의 개념이 아니고, 노인이 하나의 독립된 인격체로서 기본적인 욕구충족과 문화생활을 유지하며, 가정이나 사회에서 존경을 받고, 사회적인 역할과 활동에 참여하여 삶의 의미와 보람을 갖도록 하는 것이다. 현재의 노인들은 퇴직 후 긴 노후를 건전한 여가활동과 보람 있는 노후생활을 위해 자원봉사활동이 필요하다(박선태 외, 2015).

2) 노인 자원봉사활동 지원 기관

그동안 우리나라에서 노인 자원봉사활동은 대한노인회가 대표적으로 활동해왔으며, 1990년대 후반에 들어와 일부 지방자치단체에서 노인층 자원봉사활동을 지원하기 시작하였다. 또한 노인복지관, 자원봉사센터, 지방자치단체 등에서 노인들을 중심으로 한 자원봉사활동이 이루어지고 있다.

(1) 대한노인회

대한노인회는 우리나라 최대의 노인단체로 전국적인 조직이다. 대한노인회에서는 전국에 걸쳐 각 지회 또는 경로당 단위로 지속적으로 자원봉사활동에 참여하고 있다. 이들 조직이 참여하는 자원봉사활동의 내용을 살펴보면, 교통봉사, 방범순찰, 청소년 선도, 자연보호 캠페인, 환경정화, 전통문화 선양 등이다.

(2) 노인복지관

대표적인 노인여가복지시설의 하나인 노인복지관은 지역노인의 다양한 욕구를 충족시키기 위해 설치된 것으로, 노인 자원봉사활동의 주 내용을 살펴보면 복지관 내에서 안내 및 행사도우미, 식당배식, 업무보조, 각종 프로그램의 전문강사 등으로 그 활동내용이 다양하다. 또한 복지관 외부에서 교통질서지도, 청소년선도, 환경보호활동, 문화공연 행사참여, 말벗 서비스, 교육보조 서비스 등의 활동을 수행하고 있다.

(3) 자원봉사센터

- 자원봉사센터는 행정안전부 지원으로 1996년부터 설립되기 시작해 2004년 전국적으로 시 · 군 · 구마다 모두 설치가 되었다. 2005년도 자원봉사활동기본법이 제정되면서 실질적으로 자원봉사센터가 기본법상의 법적 기구로서 인정을 받았고 2010년 자원봉사센터를 관리하는 중앙센터가 출범하게 되었다.
- 중앙정부와 광역 및 기초자치단체와 연계하여 역할을 수행하고 있다.
- 서울시에서는 1990년대 들어와서 노인층을 대상으로 유료자원봉사 형태의 활동을 지원해 왔었는데, 1995년부터는 환경감시 할아버지 봉사대와 자율방범 할아버지 봉사대를 운영하고 있으며 이에 수백 명의 노인이 참여하고 일당을 받아왔다.
- 경기도는 자체적으로 노인자원봉사학교를 운영하고 있는데, 사회경험과 지식이 풍부한 60~70대의 노인들로 선발될 예정인 교육생들은 노인들의 자원봉사 활성화를 위한 리더그룹으로 양성하고 있다. 노인관련 단체에서 노인 자원봉사자들이 활동을 하고 있는데, 예를 들면 노인의 전화, 노년자원봉사회, 한국노인복지회, 노인대학 등이 있다.

3) 노인자원봉사 조정자의 역할

(1) 노인자원봉사 관리 조정자 교육 프로그램의 개발

자원봉사활동은 자원봉사자와 클라이언트의 당면한 욕구충족뿐만 아니라 상호

간의 협력관계가 상호신뢰감을 바탕으로 이루어져야 한다. 이러한 형태의 자원봉사활동이 이루어지려면 자원봉사활동 조정자 역할을 담당하는 사회복지사의 적절한 개입이 필요하다.

㉠ 노인의 성격유형과 생활습관을 파악한다.
㉡ 자원봉사활동을 인생설계의 중심에 두도록 한다.
㉢ 건강 · 안전에 만전을 기한다.
㉣ 도움을 필요로 하는 자라도 자원봉사활동을 할 수 있다는 점을 주지시킨다.
㉤ 부부 · 가족관계도 배려한다.
㉥ 노인은 자원봉사활동의 대상자이기도 하다.
㉦ 다양한 메뉴를 준비해서 활동의 계기로 만든다.
㉧ 활동에 들어가기 전에 자원봉사활동의 의미와 내용을 충분히 교육시킨다.

4) 노인자원봉사 실태

① 2014년도 노인실태조사(보건복지부)에 의하면 현재 자원봉사활동을 하고 있다는 노인은 4.5%로 매우 낮은 수준이며, 과거에 참여한 적은 있으나 현재는 활동을 하지 않는 노인이 14.5%, 나머지 81.0%는 자원봉사활동에 한 번도 참가한 적이 없다고 응답하였다.

② 현재 자원봉사활동에 참여하고 있는 비율을 비교하면, 지역별로는 여자노인(4.0%)보다는 남자노인(5.2%)의 자원봉사활동 참여율이 조금 더 높다.

③ 연령이 낮을수록, 배우자가 있는 노인, 기타가구 및 노인부부가구, 교육수준과 가구소득이 높을수록, 기능상태에 제한이 없는 경우 자원봉사활동 참여율이 더 높은 경향을 보인다.

④ 현재 자원봉사활동에 참여하고 있는 노인의 제특성은 과거에 참여한 적은 있으나 현재는 활동을 하지 않는 노인에게서도 대체로 유사한 경향이 나타난다. 그러나 취업중인 노인에 비해 미취업상태 노인의 과거 자원봉사활동경험이 더 높다.

⑤ 현재, 자원봉사활동을 하는 경우 얼마나 자주 참석하는지 살펴보면, 월 1회가 25.6%로 가장 많고, 주 1회 22.6%, 월 1회 미만 16.7%, 주 2~3회 13.5%, 2주 1회 11.4%, 주 4회 이상 10.2% 등의 순이다.

⑥ 현재 자원봉사활동을 하는 경우 어떤 기관을 통해 자원봉사활동을 하는지 살펴보면, 종교기관이 25.4%로 가장 많고, 그 다음은 지자체 20.6%, 경로당 16.2%, 복지기관 15.4%, 민간단체 10.6%, 개인적으로 8.8% 등의 순으로 응답하였다.

⑦ 현재 자원봉사활동을 하는 경우 어떤 분야의 활동을 수행하는지 살펴보면, 사회복지분야(장애인, 아동, 노인봉사 등)가 56.8%로 가장 많고, 환경보호분야(환경 정비활동, 재활용 운동 등) 18.2%, 교통질서분야(안전 지킴이, 기초 질서 캠페인 등) 8.9%, 보건의료분야(의료봉사, 호스피스 활동 등) 5.3%, 교육활동분야(강의, 방과 후 교실, 도서관 지원 등) 4.3%, 문화체육분야(박물관, 생활체육 활동 지원 등) 3.6% 등의 순으로 전체의 절반이상은 사회복지분야에서 자원봉사활동을 한다고 응답하였다.

⑧ 현재 자원봉사활동을 하는 경우 어떤 종류에 참여하는지 살펴보면, 단순 노력봉사활동이 77.0%로 가장 높고, 그 다음 취미(교육) 등으로 습득한 지식과 기술을 활용한 봉사활동 14.9%, 직업경력 · 자격증 등 전문성을 활용한 봉사활동 8.0%이다. 따라서 현재 자원봉사활동에 참여하는 노인의 3/4 이상이 지식이나 전문성을 활용한 봉사활동 보다는 단순한 노력봉사에 참여하고 있다는 것을 알 수 있다(보건복지부, 2014).

5) 노인자원봉사활동의 활성화 방안

노인의 자원봉사활동은 노인 자신과 국가 · 사회에 큰 유익을 주고 커다른 영향을 미친다. '노인들도 이렇게 자원봉사활동에 적극 참여하는데 학생들과 젊은이들은 무엇하고 있는가?라는 스스로의 자각에 영향을 줄 것이며, 이미 퇴직한 노인들이 국가의 수혜자가 아니라 국가발전에 크게 기여할 수 있는 대상이라는 인식의 변화는 노인 자원봉사활동의 활성화에 큰 영향을 줄 것이다.

첫째, 노인 자원봉사활동에 대한 의식과 정보제공을 위하여 정부와 언론매체 그리고 종교단체가 나서야 한다. 노인들의 여가 방법 중 가장 많이 차지하는 것이 TV 시청이므로 언론매체들은 자원봉사활동에 대한 정보제공 및 홍보를 적극적으로 나서야 하며, 종교단체에서는 종교적 관점에서 노인 자원봉사의 필요성을 교육하고 실천하며, 이를 정부에 적극 지원해야 한다.

둘째, 다양한 자원봉사프로그램 개발과 전문성 개발이 있어야 한다. 자원봉사에 관심이 있는 노인에게 적합한 자원봉사활동의 영역이 개발되어야 한다. 노인들의 자원봉사 참여 동기 중 가장 높은 것은 '가치추구'이다. 노인 자신의 참여가 사회에 기여하고, 사회발전에 크게 공헌한다고 하는 자부심과 보람을 노인들이 스스로 얻기를 원하는 것이다. 예를 들면, 노인들의 전문지식과 기술을 바탕으로 역사 · 문화 설명 및 해설, 전통윤리 계승 발전, 전통예절 교육 등을 실행하게 하는 것이다.

셋째, 노인 자원봉사전문인력 확충 및 노인의 특성에 맞는 관리체계를 갖는 것이다. 노인들은 다른 연령층에 비하여 신체적, 심리적, 사회적으로 저하되는 시기이므로 다른 세대보다 더 많은 관심과 배려가 필요하다. 자원봉사활동에 대한 교육과 훈련에 있어서 '자신을 돌아보는 교육'이 필요할 것이다. 이는 자연스럽게 여생을 어떻게 보람 있게 보낼 것인가에 대한 자각이 일어날 것이고, 자원봉사활동으로 이어질 수 있을 것이다

넷째, 노인 자원봉사활동에 대한 지원체계 확립 및 사회적 지원이 요구된다. 노인의 자원봉사활동을 격려하고 인정하는 사회적 분위기 형성과 자원봉사자들이 만족스럽게 활동할 수 있는 기관의 여건 조성이 활성화를 이룰 수 있는 방법 중의 하나이다. 정부나 기업이나 사회복지공동모금회에서 노인 자원봉사활동과 관련한 사업이 많이 선정될 수 있도록 배려하는 것도 한 방법일 것이다. 노인 자원봉사에 관한 사회교육기관의 교육비 보조, 다양한 유급 봉사영역의 개발, 전문 자원봉사 영역의 개발, 자원봉사와 관련한 상해보험제도 도입 등은 노인 자원봉사활성화에 한 몫을 차지할 것이다.

다섯째, 노인 유휴인력의 효과적인 활용과 노인 자원봉사활동 영역개발이 있어야 한다. 노인 자원봉사활동은 노인 유휴인력을 사회가 필요한 곳에 활용하므로 개인적으로 노인 스스로 보람을 얻고, 사회적으로 사회문제해결 또는 사회발전에 기여하는 일이 되게 될 것이다. 노인도 여느 세대와 똑같이 여가를 사회적으로 의미 있는 일에 활용하기를 원하며, 노인들의 지식과 기술과 재능과 경륜을 유용하게 발휘하기를 원한다. 그러므로 노인 유휴인력을 사회에 효과적으로 활용할 수 있도록 정부와 사회가 나서고, 노인 자원봉사활동 또한 그 영역이 많이 개발되고 확대되어져야 한다. 그러므로 자원봉사활동 활성화를 위한 법적이고 제도적인 지원방안이 마련되어야 하고, 노인 자원봉사활동 전담 기구 설립 등이 필요하다.

여섯째, 노인 자원봉사활동의 활성화를 위한 가장 근본적인 방안은 무엇보다도 노인의 참여의식 고취와 의식개혁이다. 지역사회에서 노인이 자원봉사활동으로 현재 참여하고 있는 것들은 교통정리, 거리청소, 초등학교 지킴이, 청소년 선도 등이다. 상당히 많은 노인들이 자원봉사활동이라기 보다는 노인일자리 성격이 강한 경향을 띄고 있다. 앞으로는 노인들이 보다 체계적이고 조직적인 자원봉사활동으로 기획하고 실천하여 의미 있는 활동으로 승화시켜야 할 필요가 있다. '노인이 늙어서 특별히 할 일이 없어', '늙은 사람이 함부로 나서면 젊은이들의 눈치거리가 될 수 있어'라는 생각에서 벗어나서 '오늘의 사회를 부강하게 만든 주역이 바로 우리이므로 현재보다 나은 건강한 사회발전을 위하여 내가 할 일이 무엇인가?'를 고민하고 찾아서 '아직도 나는 할 일이 있다'는 인식의 변화와 적극적인 사회참여가 노인 자원봉사활동의 활성화를 이루는 가장 기본이 될 것이다(김윤재 외, 2013).

Chapter_ 11

노인범죄와 성문제

최근 우리 사회는 산업화시대에서와는 또 다른 다양한 사회문제들과 직면하고 있다. 그 중에서 노인문제는 경제적 압축 성장, 도시화, 핵가족화에 따른, 그 결과 가족 구성원으로부터 보호를 받지 못하는 노인의 수가 급증함으로서 사회문제로 발전하여 오늘날 고령화사회의 중요한 이슈로 부각되고 있다. 그러나 최근에는 범죄의 횟수보다는 유형이 다양화되고 때로 청소년층이나 장년층의 범죄에 못지않은 폭력성과 대담성을 보여주고 있어 심각한 사회문제로 인식되고 있다.

1. 노인범죄

1) 범죄의 개념

범죄라는 용어는 일상적으로 흔히 사용되는 용어이다. 범죄란 광의적으로 볼 때 사회적으로 형벌을 받게 되는 행위를 의미하며, 협의적으로는 법률적으로 구성요건에 해당하는 위법행위로 사회질서를 파괴하고 다른 사람에게 손해를 끼치는 일체의 행위를 지칭한다고 볼 수 있다.

이러한 범죄는 형식적인 의미에서의 범죄와 실질적인 의미에서의 범죄로 구분될 수 있다(박동수, 2009). 형식적인 의미에서의 범죄는 형벌법규에 의하여 형벌이 가하여지는 행위로 구성요건에 해당하는 위법행위를 의미한다. 이에 비해 실질적인 의미에서의 범죄는 형벌을 부과할 필요가 있는 불법적인 것으로 사회공동생활의 존립과 기능을 현저하게 침해하는 사회적 유해성을 지칭한다. 노인복지법에서는 65세 이상을 노인으로 보지만, 법무연수원의 범죄백서에서는 61세 이상 범죄자를 노인범죄자로 규정하고 있다.

2) 노인범죄의 유형

대검찰청의 범죄분석 자료에서는 범죄의 유형을 형법범죄와 특별법범죄로 나누고 있다. 형법범죄는 형법 각칙에 규정된 범죄이며, 특별법범죄는 형법 이외의 특별법에 규정된 범죄를 말한다. 형법범죄로는 재산범죄, 강력범죄, 위조범죄, 공무원범죄, 풍속범죄, 과실범죄, 기타 형법범죄 등 형법법규에 저촉되는 행위로서 규정하고 있다. 그리고 특별법 범죄는 특별경제범죄, 마약, 보건, 환경, 교통, 노동, 안보, 선거, 병역, 기타범죄 등으로 규정한다. 이 중 노인범죄 유형 중 높은 비중을 차지하는 범죄로 재산범죄, 성범죄, 방화범죄 등의 강력범죄, 그리고 특별법 범죄로 마약류범죄에 대해서 살펴보고자 한다(윤지선 · 오창택, 2015).

(1) 재산범죄

재산범죄란 재산적인 법익을 침해하며, 재산상의 손실을 가하여 성립하는 범죄(형법323조 이하의 범죄)를 말한다. 여기에는 사기죄, 횡령죄, 배임죄, 공갈죄, 절도죄, 강도죄, 장물죄, 손괴죄, 권리행사방해죄, 특정경제범죄, 특정범죄에 대한 가중 처벌 등이 포함된다(법무부, 2015).

(2) 강력범죄

강력범죄는 폭력이나 무기를 사용하여 저지르는 범죄를 말하며, 여기에는 살인범죄, 방화범죄, 성폭력범죄, 마약류범죄 등이 포함된다.

① 살인범죄

우리나라의 형법은 보통 살인죄(형법 제250조 1항)를 기본적 구성요건으로 하고, 존속살해죄(제250조 2항)를 가중적 구성요건으로 규정하고 있다. 살인은 인간사회에서 가장 크게 금기시 되는 범죄로 분류되어 어느 문명권을 막론하고 목숨이나 목숨에 준하는 벌로 처벌받는 경향이 있다. 오늘날 사형 존치국가들에서는 정상참작 사유가 확실한 살인범이 아니면 사형선고를 원칙으로 하고 있으며, 사형 폐지국가에서는 가석방이 거의 불가능한 종신형이나 장기징역으로 이를 대신한다.

② 방화범죄

일반적으로 방화범죄는 공공의 평온을 해치는 공공위험범죄로서 살인 · 강도 · 강간 등의 범죄와 함께 강력범죄로 취급되고 있다. 방화로 인한 화재는 범죄인이 의도하는 바에 따라 목적물이 소훼되어 생명 · 신체에 치명적이며, 재산상의 심각한 피해를 수반하기 때문이다. 형법상 방화죄의 구성요건의 체계는 방화죄, 준방화죄, 실화죄 세 가지로 나누어진다.

③ 성폭력범죄

범죄학에서 다루는 성폭력에는 강간, 강간미수, 어린이성추행, 그리고 그 외에도 음란전화, 성기노출, 성적 희롱, 가벼운 추행, 심한 추행 등이 포함된다(법무부, 2015).

먼저 강간이란 남성이 여성의 의사를 무시하고 강제로 성교를 하는 것을 말하며, 강간미수란 강제로 성교를 시도했으나 실패한 행위를 지칭한다. 여기서 성교란 가해자의 성기가 피해자의 질 속에 삽입되는 경우를 말하지만, 오랄성교나 항문성교도 포함하며, 삽입시간 · 사정여부 등에 상관없이 일단 삽입이 일어났으면 성립된 것으로 본다.

그리고 어린이성폭행이란 13세 미만의 어린이를 성추행하거나 강제로 성교하는 행위를 의미한다. 어린이 성폭행의 경우, 성추행과 강제성교는 구분하지 않는다. 이는 어린이에게 일어나는 성폭력은 그 유형에 관계없이 그 자체로서 충분히 심각할 뿐만 아니라 성인에게 일어난 것보다 더 심각한 영향을 미친다고 볼 수 있다는 점에서 그 이유를 찾을 수 있다고 하겠다.

음란전화란 익명의 남성으로부터 전화를 매개로 하여 외설스러운 말을 들었을 때의 상황을 의미한다. 전화에서 들려오는 소리가 피해자의 입장에서 성적인 것과 관련이 있다는 판단이 들면 음란전화로 볼 수 있다고 하겠다. 공연음란(성기노출)이란 여러 사람들 특히 여성들 앞에서 성기를 일부러 노출시킨 채 서있거나 접촉을 하는 경우이다. 가벼운 추행이란 남성이 고의로 여성의 가슴 · 엉덩이 · 음부 등을 건드리거나 일부러 몸을 밀착시키는 등의 행위를 말한다. 성적 희롱이란 남성이 말이나 몸짓으로 여성들에게 성적인 내용을 담아 희롱을 하는 것으로 신체접촉을 시도하지는 않았다는 점에서 가벼운 추행이다. 심한 추행이란 신체의 여러 부분을 만지거나 가해자의 지속적인 쾌감을 위해 신체의 어느 부분을 계속 만지는 행위, 비록 성교를 시도하지 않았지만 강제로 키스 · 애무 등을 하는 행위를 말한다.

(3) 마약류범죄

마약류범죄는 마약, 대마 및 향정신성의약품과 관련된 법규를 위반한 범죄를 총칭한다. 현대사회에서는 점점 약물남용이나 과용으로 그 개인생활이 붕괴되고 있으며, 나아가 가정 · 지역사회문제로 대두되고 있다.

3) 노인범죄의 원인

(1) 개인적 요인

생산기술이 기계화됨으로써 종전에는 손으로 하던 일이 기계로 대체되게 되고 이로 인하여 생산에 필요한 노동력이 감소되게 되었다. 이에 노인인구는 많아지고 노동력은 제한되게 됨으로써 젊은 세대와 노인세대간에 취업 및 직업역할 수행에 있어 경쟁이 생기고 신체적 및 정신적 기능이 약화되는 노인은 경쟁에 뒤지게 되므로 연령의 제한으로 노령자를 생산 현장에서 물러가게 하는 퇴직이 제도화되게 되었고 이에 따라 노인은 직업적 역할을 상실하게 된다. 직업역할 상실에 수반하여 생계유지자로서의 역할도 상실되어 역할상실은 더욱 심각해진다. 20세기에 들어서면서 급속히 증가된 노령인구와 퇴직이라는 새로운 제도로 많은 노인이 역할을 상실하게 되는 현상이 나타나 선진산업사회라 할지라도 오늘날과 같이 많은 노령인구를 가져 보지 못했고 이에 대한 준비가 부족했으므로, 퇴직 후의 노령기에 있어서의 적절한 역할과 규범을 확립하지 못하고 아직도 당황하고 있다.

또한, 노년기의 또 다른 특성으로 나타나는 우울증, 불안감, 자신감 상실 등은 가족 간의 변화된 관계를 시작으로 하여 사회관계가 변화하는 현상을 보이게 되면서 적응장애가 나타나고 이는 범죄 등으로 발전하게 될 가능성이 매우 높다고 할 수 있다.

(2) 사회적 요인

사회화는 일반적으로 자신이 속하는 사회에서 요구하는 행동규범, 가치 역할 등을 획득하여 가는 과정을 의미하는데, 아동의 사회화와 성인의 사회화로 구분할 수 있다. 사회화는 노년기까지 지속적으로 이루어지나 대부분 크게 관심을 기울이지 않기 때문에 노년기에 새로운 지식과 기술을 습득하여 사회체계의 중요한 참여자로 남기가 힘들기 때문에 노인의 사회화 과정에는 어려움이 많다. 특히 은퇴 이후 역할상실이 문제가 되는데 노인의 사회적 지위와 역할이 위축되고 가정에서 가장으로 누리던 결정권도 축소되거나 없어지게 되고 노년기의 역할기대가 역할규범에 확립되어 있지 않기 때문에 노인들의 사회화 과정에 장애가 발생하며 불안정한 상태에 빠지기 쉽다(서상철, 2007) 이러한 여러 가지 노인범죄의 특성으로 인하여 노인문제가 발생 및 증가하고 있으며 노인범죄에 대한 대책의 미비로 노인범죄는 지속적으로 증가할 것이다.

(3) 경제적 요인

국가경제 발전의 성장은 부의 양극화가 심화되고 줄어든 일자리, 가족해체가 맞물려 노인들의 경제력도 약화되면서 생활고로 인해 노인들이 각종 범죄의 유혹에 빠져드는 현상으로 변화고 있다. 이로 인해 경제활동에서 소외된 노인들이 먹고 살기 위해서 장발장형의 범죄라고 불리는 생계형 범죄가 급속도로 증가 추이를 보이고 있고, 직업형 범죄로 불리는 일종의 직업적 선택으로서 절도나 강도 등 발생한 사실을 알 수 있다. 그리고 2000년 후반에서는 고령화에 따른 강력 범죄가 지속적으로 증가된 원인도 실직, 퇴직으로 인한 수입격감, 취업곤란 또는 취업불능, 질병, 사고 인한 취업 장애, 저임금과 불안정한 직업, 낮은 사회보장 제도 등으로 경제적 상실로 이어지며 빈곤문제가 발생하게 되고 노인의 일자리 없는 빈곤 노인범죄 원인이 되는 특징이다(조용철, 2008).

(4) 지역사회요인

지역사회 안에서 지역주민들의 유대와 결속력, 통합도가 높고 행동기준이 분명하여 범죄를 저지할 수 있는 통제장치가 있는 사회의 경우 일반적으로 범죄의 발생가능성은 낮다.

해체된 지역사회는 전체적으로 범죄를 유발하는 유해환경을 제공하는 지역이 될 수 있고, 이러한 지역은 인간관계성에도 부정적인 영향을 줄 수 있다. 이는 전체 지역주민의 가치를 혼란시키고 통제력을 약화시키는 결과를 낳게 되고 주민모두가 범죄의 위험에 노출될 수 있으며 이러한 경우는 노인도 예외가 아니다.

4) 이론적 관점

노인에 의한 범죄를 설명하는 이론적 관점으로 이탈이론, 활동이론, 아노미 이론, 사회통제이론 등이 있다(조용철, 2008).

(1) 이탈이론

커밍과 헨리에 의하면 이탈이란 노년기에 다른 사람들과의 사회적 교류 및 활동 범위가 축소되는 것을 의미하는데, 이러한 이탈과정은 불가피하고 보편적인 과정이며 개인을 위해서나 사회를 위해서 바람직한 과정이라고 본다. 이는 사회의 기능적 역할에서 노인이 배제된다는 의미를 가지고 있다. 은퇴과정이 자연스러운 변화임에 반해, 그럼으로써 사회활동과 대인관계로부터 격리되고 기능적 역할을 할 수 없게 된다는 것이다. 특히 노인 자신이 희망하지 않거나 강제된 은퇴의 경우에는 불만을 갖거나 타격을 입고 일탈행위 즉 범죄를 저지를 수 있는 것이다. 노인은 역할을 상실하고 지위를 상실할 때 자신의 불만을 표출하는 도구로서 범죄를 설명한다.

(2) 활동이론

이탈이론과 반대되는 이론으로, 노령기에 접어들어서도 활기찬 노후를 보내기 위해 노인도 활동을 해야 한다는 점을 강조한다. 노인이 신체가 허락하는 범위 내에서 최대한 사회, 가정의 활동에 참여하면 노인 자신의 정서, 삶의 만족도, 체력관리에 상당한 효과가 있다는 것이다. 즉, 노인의 생산적 활동으로부터의 은퇴를 인정하면서도 사회봉사나 자원봉사 등 일할 가치가 있는 대체활동이 필요하다고 보며, 이러한 자기가치를 실현하는 활동의 기회를 얻지 못한 노인은 보상심리에서 일탈행위에 빠질 수 있다고 본다.

(3) 아노미 이론

개인의 열망과 현실적인 기대치와의 불일치가 아노미 상태를 초래하며, 이것이 곧 범죄나 일탈의 원인이 된다고 본다. 노인의 경우 배우자의 죽음, 건강악화, 은퇴, 빈곤, 사회적 고립 등 삶의 위기나 노년기의 특정한 사건들이 스트레스를 유발시키고 아노미 상태를 가져온다고 해석한다. 노년기에 은퇴, 배우자의 상실, 이전 역할의 상실과 새로운 역할의 부재 상태, 그리고 노년기에 대한 낮은 가치평가와 지위 등 삶의 변화를 겪게 되는데, 이러한 변화된 삶이 노인들에게 스트레스 및 좌절을 경험하게 한다고 설명한다.

(4) 사회통제이론

사회통제이론에서 범죄란 개인의 사회적 결속이 약화되었거나 붕괴되었을 때 발생한다고 말한다. 개인은 직업이나 좋은 명성 혹은 개인적으로 추구하는 어떠한 가치를 통해서 사회규범에 대한 순응상태를 유지하게 되는데, 노년기의 경우에는 배우자의 사망이나 가족해체, 은퇴나 실업으로 인한 역할과 지위상실을 갖게 될 가능성이 많아지면서 노인들의 사회적 결속감이 저하될 수 있다고 유추하여 해석할 수 있다.

5) 노인범죄의 실태

최근에는 범죄의 횟수보다는 유형이 다양화되고 때로 청소년층이나 장년층의 범죄에 못지 않은 폭력성과 대담성을 보여주고 있어 심각한 사회문제로 인식되고 있다. 이러한 노인범죄의 원인으로는 특히 경제적 빈곤과 함께 사회로부터의 소외감, 가족과의 불화, 노년의 정서적 변화 등 심리적 원인이 지적되고 있다.

60대 이상(61세 이상)의 경우도 2004년에는 구성비가 3.3%였으나 지속적으로 증가하여 2013년 6.8%로 2004년에 비해 약 2배 증가하였다. 인원수로 비교해보면 2004년도에는 60대 이상 범죄자는 3만 1679명이었지만, 2013년에는 7만 6105명까지 증가했다. 그리고 지난 10년간 20대, 30대, 40대는 각각의 구성비율이 대체적으로 감소하는 경향을 보이는 반면에, 19세 미만의 미성년자와 50대와 60대 이상의 고령층 범죄자의 구성비율은 증가하는 경향을 보이고 있다. 우려되는 점은 한국 사회에서 급속한 고령화가 진행되는 가운데, 특히 단순 노인 범죄보다 강도와 강간, 살인 등 흉악범죄의 비중이 더 빠르게 늘어나고 있다는 점이다(대검찰청, 2003~2013년).

〈표 Ⅲ-3〉 형법범죄자 범행 시 연령(2004년~2013년) (단위: 명(%))

연도	계	14세미만	14~19세	20~30세	31~40세	41~50세	51~60세	61세 이상	미상
2004	950,089 (100.0)	523 (0.1)	50,775 (5.3)	176,881 (18.6)	240,819 (25.3)	256,534 (27.0)	89,935 (9.5)	31,679 (3.3)	102,943 (10.8)
2005	865,325 (100.0)	198 (0.0)	50,454 (5.8)	145,004 (16.8)	217,596 (25.1)	250,754 (29.0)	95,539 (11.0)	34,747 (4.0)	71,033 (8.2)
2006	855,066 (100.0)	190 (0.0)	50,656 (5.9)	134,315 (15.7)	207,386 (24.3)	250,566 (29.3)	106,000 (12.4)	37,882 (4.4)	68,071 (8.0)
2007	833,807 (100.0)	195 (0.0)	60,231 (7.2)	134,749 (16.2)	192,619 (23.1)	243,279 (29.2)	110,803 (13.3)	37,744 (4.5)	54,187 (6.5)
2008	1,023,947 (100.0)	346 (0.0)	79,420 (7.8)	163,616 (16.0)	223,560 (21.8)	294,146 (28.7)	145,503 (14.2)	50,152 (4.9)	67,204 (6.6)
2009	1,118,253 (100.0)	244 (0.0)	92,237 (8.2)	179,088 (16.0)	240,466 (21.5)	309,514 (27.7)	165,041 (14.8)	57,852 (5.2)	73,811 (6.6)
2010	944,853 (100.0)	147 (0.0)	82,346 (8.7)	148,505 (15.7)	192,654 (20.4)	265,154 (28.1)	158,851 (16.8)	56,354 (6.0)	40,842 (4.3)
2011	954,629 (100.0)	98 (0.0)	80,150 (8.4)	143,590 (15.0)	184,832 (19.4)	254,377 (26.6)	176,366 (18.5)	61,614 (6.5)	53,602 (5.6)
2012	1,104,482 (100.0)	582 (0.1)	102,671 (9.3)	161,308 (14.6)	203,454 (18.4)	279,121 (25.3)	209,095 (18.9)	72,775 (6.6)	75,476 (6.8)
2013	1,109,226 (100.0)	241 (0.0)	89,797 (8.0)	165,746 (14.9)	204,046 (18.3)	271,804 (24.5)	211,948 (19.1)	76,105 (6.8)	89,539 (8.0)
계	9,759,677 (100.0)	2,764 (0.0)	738,737 (7.5)	1,552,802 (15.9)	2,107,432 (21.5)	2,675,249 (27.4)	1,469,081 (15.0)	516,904 (5.2)	696,708 (7.1)

출처: 대검찰청, 『범죄분석』 2004~2013년

또한, 성추행이나 강제추행 등 성폭력 가해자 중 60대 이상이 꾸준히 늘어 노인들의 성범죄가 심각하게 증가하고 있다는 점이다. 경찰청에 따르면 강간과 강제추행 등 성범죄를 저지른 60세 이상 노인 범죄자가 2004년에는 2.8%에 그쳤으나 2013년에는 5.3%로 다른 연령층에 비해서 매우 가파른 증가세를 보이고 있다. 더욱이 우려스러운 것은 사회적 약자인 아동이나 장애여성들을 주 대상으로 하는 노인 성범죄가 매년 증가하고 있다는 점이다.

먼저 지난 10년간 범죄피해를 입은 피해자의 연령을 살펴보면, 40대(41세~50세)가

28.6%로 가장 높은 비율을 나타내고 있었으며, 30대(31세~40세)가 23.3%, 50대(51세~60세)가 17.5%, 20대(21세~30세)가 16.0%, 61세 이상이 8.1%의 비율을 나타내고 있었다. 60대 이상 피해자의 구성비는 2004년 6.5%였으나 매년 지속적으로 증가하여 2013년에는 9.2%로 지난 10년간 2.7%p 증가하였다. 요약해보면, 전체 피해자 중 30대와 40대의 피해자가 과반수 이상을 차지하는 가운데, 20대, 30대, 40대의 피해자는 감소하는 경향을 보이는 반면에, 13세~20세의 미성년 피해자와 50대, 61세 이상의 나이든 피해자의 비율은 증가하는 경향을 보이고 있는 것으로 나타났다.

6) 노인범죄의 예방 대책

앞에서 살펴본 바와 같이 노인에 의한 범죄가 지능적 범죄나 성적 범죄, 조직범죄 등의 범죄에서도 노인범죄 증가율이 급증하고 있다. 누구나 범죄에 대한 유혹을 가지고 있기는 하지만 특히 노인은 그 유혹을 쉽게 뿌리치기 어려운 상황적 환경에 처해 있다는 측면에서 더 많은 관심과 이들에 대한 적극적인 예방책이 필요한 시점이다(김승용, 2002; 조용철, 2008; 김기현, 2011; 박숙완, 2015).

첫째, 노인의 소득 강화 방안

노인들의 범죄 중 재산범죄가 날로 증가하고 그 중 배임범죄는 다른 연령층에 비하여 월등히 높은 비율을 차지한다. 노인들이 경제문제로 인하여 생계형 범죄를 한다는 것은 현재의 공공부조의 수준이 매우 낮음을 보여 주는 것이다. 저소득 노인들은 의료비의 증가가 많고 부양을 책임질 자녀가 없기 때문에 현재의 급여수준만으로는 매우 부족하다. 따라서 저소득 노인이 생활할 수 있도록 지원하는 것이 바람직하다.

노인도 이제는 자식들을 위해 희생만을 감수하는 그런 존재이기를 원하지 않고 길어진 노후 기간을 보다 더 보람 있게 지내려는 강한 의식을 갖고 있다. 따라서 '생존'만이 아닌 '생활' 그 자체를 보람 있게 향유할 것을 추구하고자 하며 이러한 노력은 앞으로 고학력 고령노인의 증가와 함께 하나의 '권리'로서 주장되며, 조직적인 노인활동이 우리나라에서도 머지않아 일어나게 될 것으로 전망된다.

따라서 노인문제에 대한 심각성을 인식하고 정부와 사회의 책임에 대한 국민적 합의가 이루어져 혁신적인 노인문제 대책이 마련되어야 할 것이다.

둘째, 형량 강화 및 집행유예 강화방안

미성년자, 장애인에 대한 성폭력 범죄는 '성적자기결정권의 침해'라고 표현할 수 있다. 하지만 아동의 경우는 방어능력이 미약하고 어른의 유혹이나 협박에 취약하기 때문에 성폭력 범죄의 표적이 되기 쉽다.

또한 성폭력 범죄는 우리 사회 관심의 사각지대에서 일어난다는 데 문제의 심각성이 있다. "노인 성범죄는 어린이와 지적장애 여성 등 약자를 대상으로 집요하고 지속적으로 자행되는 경우가 많은 것이 가장 큰 문제"라고 볼 수 있다. 나아가 우리 사회의 '노인의 성'에 대한 전반적인 무지로 인해 노인의 성적 충동과 성범죄의 잠재성을 제대로 인식하지 못하는 틈새에서 범죄가 발생하고 있다는 것이다.

성폭력이 발생하여도 피해 사실에 대한 인지가 늦어지거나 가해자가 아는 사람이기 때문에 이를 제대로 말할 수 없는 경우도 많다. 그러므로 노인의 성범죄 재범률도 높으며 그 노인으로 인한 피해가 평생에 걸쳐 지속되고 그 아동의 인생을 바꿀 수도 있기 때문에 다른 어떤 범죄보다도 엄하게 처벌하여야 한다.

아동 성폭력 및 상습 성범죄자에 대해서는 재판과정에서 정신과 의사의 감정을 의무화하여 '소아 성애증' 환자나 재범 가능성이 농후하다고 판단되는 성범죄자에 대해서는 적절한 치료가 되었다고 판정될 때까지 무기한 치료감호가 가능하도록 치료감호법을 개정하여야 할 것이다.

셋째, 성적인 범죄가 노인범죄에 높은 증가를 보이고 있으므로 이에 대응할 수 있는 사회적 시스템이 필요하다. 노인들이 건전하게 사귀고 교제할 수 있는 장이 필요한 것이다. 노인이기에 앞서 한 사람의 인간으로서 성적인 욕구가 노인에게도 있다는 사실을 인정하고, 부부관계 증진 프로그램을 기본으로 하여 건전한 이성교제를 나눌 수 있도록 유도하는 프로그램이 필요하다.

넷째, 노인들을 위한 상담 및 프로그램의 개발

노인이 자신의 문제를 상담하고 도움을 요청할 수 있는 상담 장소가 필요하다. 또한 노인복지시설, 노인복지관, 경로당 등에서 노인을 위한 프로그램을 만들 때 노인의 심성을 부드럽게 하는 프로그램이 필요하다. 노인 개개인의 성향과 그들의 가정문제에 대처하기 위해 전문적인 상담과 치료서비스를 제공할 수 있는 사회복지사 또는 상담가를 충분히 배치하고, 노인을 대상으로 하는 다양한 프로그램을 제공한다. 노인들의 욕구에 맞는 프로그램을 제공함으로써, 건전한 생활을 유도하여 범죄환경의 유혹을 차단하는 한편, 사회심리적 긴장을 해소하는 효과를 얻을 수 있다. 뿐만 아니라, 동년배와의 접촉을 통해 유대와 친근감을 형성, 정서적 지지 제공의 효과도 기대할 수 있다. 아울러 지역사회 협력체계를 구축하여, 관련기관들이 집중적이고 효율적인 대응을 할 수 있도록 하여야 한다.

다섯째, 노인 여가시설의 확충

현재 대표적인 노인 여가시설은 경로당이다. 그러나 경로당은 단순히 노인들이 시간을 때우는 곳이 되기 쉽고, 보다 생산적인 여가 활용에는 많은 한계가 있는 곳이다. 또한 노인의 생애주기에 맞는 적절한 프로그램이나 관리체계가 부재하는 곳이기도 하다. 노인이 보다 전문적인 과정 아래, 적절한 프로그램을 통해 생산적인 여가를 즐길 수 있도록 관련 시설과 제반 법제를 마련하여야 한다.

노인들의 욕구에 맞는 프로그램과 활동을 할 수 있는 장으로서 노인복지관, 노인회관 등의 노인 전용 시설의 확충이 요구된다. 아울러, 건강, 여가, 학습, 자원봉사 등 여러 분야의 전문가를 배치하여 개별적인 욕구에 맞춘 전문적인관리 및 지원이 행해질 수 있도록 하는 것도 앞으로의 과제라 하겠다.

또한 노인들의 경험과 지식을 활용하여 후세대들에게 전수하는 방법을 고려하여 사회적인 역할을 부여하는 방안도 검토할 만하다.

2. 노인의 성문제

급격히 증가하는 고령화사회에 발맞추기 위해서는 기존의 정책과 시스템에도 변화가 필요하고, 길어진 노후에 대한 삶의 질을 어떻게 증진할 것인가가 매우 중요한 현실이 되었다. 노인 인구의 증가는 노후의 삶을 보다 가치 있고 즐겁게 보내기 위해 노년기 성에 대한 관심과 중요성이 증가하고 있다.

1) 성(性)에 대한 이해

(1) 노년기의 성(性)의 의미

성은 마음과 몸이 결합한 글자로 성행동이나 쾌락을 의미하는 것이 아니라 남녀 양성의 신체적 생리적인 차이와 성 행동은 물론 가치관과 감정, 신념 등 심리적 문화적인 면을 모두 포함하고 있다(김계숙, 1999). 더불어 윤리적, 사회적, 정치적인 측면을 포함한다. 성은 성적 행위뿐만 아니라 모든 유형의 성적 느낌과 상호작용을 포함하는 다차원적이고 포괄적인 개념의 Sexuality로 이해되어야 한다.

sexuality의 특성은 크게 4가지 차원의 요소로 설명할 수 있다.

① 첫째, 성적 욕망, 심리, 실천들, 정체성, 이데올로기, 제도나 관습에 의해 규정되는 사회적 차원의 요소

② 둘째, 여성 · 남성으로서의 우리 자신의 개인적 차원의 요소

③ 셋째, 주로 성적인 중요성을 갖는 개인적이거나 사회적 삶의 측면들과 관련된 역사적 차원의 요소

④ 넷째, 섹스에 관한 생각들, 일부일처제도, 독신제도 등과 같은 성적 행위 또는 사회적 관행들, 이성애, 동성애, 양성애로 자신을 규정하게 하는 성의 경향성과 정체성, 성적 욕망, 성적 관계, 성과 관련한 정치적 차원의 요소 등을 지닌다.

정리하면 sexuality란 우리가 생각하는 성의 개념들을 종합하면서 성을 둘러싼 사회, 문화, 역사, 정치적 조건들을 포괄하는 정의를 담는 개념이다.

(2) 노인의 성적 활동에 영향을 미치는 요인

중년기 이후 성적 활동 유지에는 성적 관심, 건강, 결혼생활, 경제력의 요인이 중요하다. 그러나 이러한 성적 활동에 영향을 미치는 요인은 개별 노인들마다 다르다(이승재 · 이연숙 · 김양이, 2013).

① 성적 욕구 및 태도

인간의 성에 대한 관심과 흥미는 일생동안 지속된다. 미국 노인병 연구소에 의하면 나이가 들면서 오랫동안 성관계를 갖지 않으면 그 자체가 성기능 장애의 원인이 되기 때문에 젊었을 때부터 성적 관심을 지속하는 것이 성의 노화를 방지하는 것이라고 하였다.

② 건강상태

신체적 건강 특히 퇴행성관절염, 고혈압, 당뇨병, 신경통 등의 만성질병은 성적 능력을 저하시킨다고 하였다. 또한 정신건강도 성적 활동 유지의 전제조건이 될 수 있는데 스트레스와 노인성 우울증 등이 그것이다. 특히 노인성 우울증은 대표적인 노인성 정실질병으로 노년기의 인지기능과 성적 기능을 저하시키는 요인이 된다.

③ 결혼생활과 배우자

노년기에 배우자가 있는 것과 그 배우자에게 성적 능력이 있어 성적 용구를 충족시킬 수 있는 것은 노인의 성적 활동을 유지하는 매우 중요한 요인이 된다. 성적 활동은 상호적인 것이기 때문에 상호 원활하지 못하면 바람직하지 못한 영향을 미친다. 또한 사별이나 이혼 등의 이유로 배우자 부재인 경우 성적 생활의 유지에 영향을 미치게 된다.

④ 성에 대한 편견 및 태도

우리 사회의 노인의 성에 대한 편견상태를 보면 노인에게 성은 중요하지 않으며 노인이 성에 관심을 갖는 것은 음란하다는 것이다. 이러한 노년기의 성에 대한 부정적인 태도는 비단 일반인 뿐만 아니라 현직 종사자들 사이에서도 보편적으로 인식되고 있다. 매스터즈와 존슨(Masterz & Jhonson, 1966)은 규칙적인 성적 표현을 유지하기 위해서는 양호한 건강상태와 노화과정에 대한 정서적 조절이 필요하며 결혼생활에서의 성적 자극을 나타내는 환경 조성이 필요하다고 하였다. 이러한 환경에 의해서 성적 긴장감을 높이고 80세가 넘어서도 지속적인 성적 능력이 유지된다고 기술하고 있다.

(3) 대상에 따른 성 문제

① 노인부부

노인의 경우에는 겉으로 나타난 성적 문제가 모든 문제는 아니다. 때로는 대상과의 관계성에서 기인하는 문제로 보다 복잡하고 오래된 내용을 포함하는 경우가 적지 않다. 노년기의 기능적 변화를 계기로 부부간에 더욱 적극적인 이해와 노력을 기울일 필요가 있고, 이것이 원활한 노년의 성생활이라는 결과를 가져온다고 할 수 있다.

② 독신노인

독신노인이라면 누구나 자신이 겪는 외로움의 문제를 해결하고 싶으나 성문제와 함께 이성교재, 재혼문제 등 현실적인 측면에 걸리는 원인들로 인해 그에 대해 자유로운 선택이 제한적이라는 어려움을 동시에 안고 있다. 독신노인이 겪는 외로움의 문제는 사랑하는 상대가 있다고 해도 해결되기 어려운 조금 더 복잡한 문제이다. 남성의 경우에는 어느 정도의 경제력이 확보되어야 이성교제도 가능하고 여성의 경우에는 좋은 관계를 맺는 데 초점을 두는 이성교제를 원하기 때문이다. 노인들은 본인의 재혼이라 해도 자녀가 연결된 재산상속의 문제, 사회적인 체면이나 가족의 정서와 관련된 자녀들의 동의를 중시하기 때문이다.

2) 노인의 성생활 실태

남녀 노인 모두 연령, 배우자 유무, 건강상태가 성생활에 밀접한 관계가 있는 것으로 나타난다. 즉, 연령이 낮을수록, 유배우자일수록, 건강이 좋을수록 성생활을 하는 것으로 나타났다(경기도여성가족연구원, 2011, 노인의 성생활 실태와 정책지원방안 연구).

(1) 기혼 노인의 성생활

- 기혼자 중 여성의 61.4%, 남성의 70.0%가 성생활을 하고 있는 것으로 나타남. 남녀 노인 모두 연령이 낮을수록, 취업자일수록, 건강할수록 성생활을 하는 경우가 많았고, 경제수준별로는 성별 차이가 나타남. 즉, 여성 노인의 경우 월평균 용돈수준과 성생활 간에 일관된 관계가 나타나지 않았고, 남성 노인의 경우는 용돈수준이 높을수록 성생활을 할 가능성이 높은 것으로 나타남.
- 기혼 노인의 성생활 빈도는, 남성 노인이 여성 노인보다 성생활 빈도가 높았고, 남녀 노인 모두 연령이 낮을수록, 건강상태가 좋을수록 성생활 빈도가 높았음.
- 기혼 노인의 성별, 연령별, 건강상태별 성생활 만족도를 살펴보면, 통계적으로 유의미한 차이가 거의 나타나지 않음. 다만, 남성 노인의 경우 건강이 좋을수록 성생활 만족도가 약간 높게 나타남. 성생활 빈도에 따른 성생활 만족도의 차이는 여성 노인의 경우 아무런 차이가 없었음.
- 성생활 불만족 이유로 여성 노인은 '본인이나 배우자의 성기능 약화(83.3%)'의 응답이 가장 많았고, 남성 노인의 경우는 '배우자가 하려고 하지 않는다(44.4%)', '본인이나 배우자의 성기능 약화(38.9%)' 등 불만족 이유가 다양하게 나타남.
- 기혼 노인의 결혼만족도는 남성 노인의 결혼만족도(평균 3.8점)가 여성 노인(3.3점)보다 높고, 남녀 노인 모두 건강한 집단의 만족도가 높게 나타남.
- 성생활과 노인의 결혼만족도의 관계에 있어서 남성 노인은 성생활과 결혼만족

도간 상당히 밀접한 관계가 있었으나, 여성 노인은 큰 관계가 없는 것으로 나타남.

(2) 무배우자의 성생활

- 전체 응답자 중 배우자가 없는 경우는 여성의 65.5%, 남성의 45.0%이었고, 무배우 노인 중 성생활을 하는 비율은 여성 6.9%, 남성 25.6%임.
- 성생활 부재로 인한 어려움의 정도는 남성 노인이 여성 노인보다 큰 것으로 나타났고, 여성 노인의 경우는 80~84세 연령집단(8.8%)이, 남성 노인의 경우 65~69세 연령집단 이 성생활 부재로 인해 (72.2%) 힘들다고 응답함. 이러한 성생활 부재의 어려움을 해소하는 방법으로는 남녀 노인 모두 '사람들과 어울리며 잊으려 한다'의 응답이 가장 많았음.
- 무배우 노인 중 이성교제를 하는 경우는 전체 무배우 노인의 15.5%를 차지함. 또한, 남녀 노인 모두 연령이 낮을수록 이성교제를 하는 것으로 나타남. 상대방을 만나게 된 계기로는 남녀 노인 모두 경로당, 노인복지관, 노인대학 등에서 만난 경우가 많았고, 그 외 이성교제 통로가 다양한 것으로 나타남.
- 남녀 노인 모두 이성교제를 하는 동안 주변 사람들의 시선이 가장 힘들다고 응답했으나, 이성교제를 통해 몸과 마음이 젊어진 것 같다(35.3%), 더 건강해지려고 노력하게 되었다(26.5%) 등의 긍정적인 변화가 있다고 응답함.
- 무배우자 노인의 향후 재혼 의향을 알아본 결과, 이성을 소개 받거나 재혼을 할 의향이 있다고 응답한 경우는 드물었다. 재혼 계획에 가장 큰 어려움으로는 여성은 경제적 부담(66.7%)이 가장 높았고, 남성은 가족의 반대와 주변 다른 사람들의 이목(28.6%)이 가장 많다

3) 노인의 성문제 해결을 위한 대책

성은 인간의 생활주기에서 중요하지 않은 시기는 없었다. 지금까지 우리 사회는

노인들의 성에 대한 지식수준이 높아지고 성에 대한 인식이 개방적으로 변화했다 하더라도 아직은 전통적인 성문화가 저변에 깔려 있고 성에 대한 편견을 가지고 있거나 전통과 현대의 가치관이 양립하고 있어서 현실적으로 성적 행동으로 옮기지 못하면서 노년기의 성에 대한 갈등과 혼란이 존재하고 있는 것으로 해석된다. 이에 노인의 건전한 성문화의 정착을 위해 다음과 같은 대책마련이 요구된다(나동석 · 김영대, 2011; 손덕순 · 박영란, 2013; 이승재 · 이연숙 · 김양이, 2013).

① 노인들의 규칙적인 성생활이 신체적 건강과 정신건강 유지에 많은 도움이 될 수 있다는 사실을 노인 가족들과 지역사회주민들을 대상으로 홍보와 교육이 필요하다. 노인의 성에 대한 왜곡된 상식에서 탈피하여 노인들의 성생활은 부끄럽거나 비도덕적으로 치부하는 부정적 편견에 대하여 새로운 관점의 전환이 필요하다고 하겠다.

② 노인 성상담의 필요성이다. 성상담의 역할은 노인들이 성에 대해 공식적으로 드러내놓고 말하기 힘들어 하는 애로를 해소하는 곳이다. 최근 노인 성 관련 상담의 창구가 다양해지고 있다. 보건소, 복지관 내 노인성상담센터, 인터넷 전문성상담 사이트와 더불어 전문성이 강화된 노인 성 관련 전문상담기관 등 다양한 경로를 통해 성상담이 이루어지고 있다. 그러나 아직까지 노인의 성상담을 위한 전문상담가는 배치되지 않는 실정이다. 노인의 성에 관한 애로사항들을 귀 담아 들어주고 이들의 문제들을 상담해 줄 전문인력이 필요하다고 하겠다.

③ 성관련 서비스 형태나 방법에서는 개별상담과 서비스 형태의 다양화가 필요하다. 연구결과에서 여전히 성에 대해서 개방적이거나 허용적이지 못한 부분을 알 수 있는데 이에 대한 개별적 접근 및 성과 관련된 콘텐츠 개발, 미디어 정보 자료 보급을 통해 노인의 성태도와 성지식 증진 노력이 필요할 것이다.

④ 노년기 적응 및 성관련 서비스 제공 전문가 육성이 필요하다. 노인복지실천현장의 전문 인력들이 노년기 성에 대한 올바른 이해와 전문성을 갖추어야 한

다. 노년기 성에 대한 올바른 성교육제도를 정착시키기 위해서는 전문노인성교육기관을 설치하고 교육과 프로그램에 참여시킬 '노인 성교육 전문강사'와 같은 전문인력의 양성이 시급하다.

⑤ 성인지적 관점에서 노인의 성과 관련된 서비스 개발 및 실행이다. 남성의 경우 성에 대해 매우 중요하다고 응답하고 있지만 반대로 만족도는 여성에 비해 떨어지고, 성관계 불만족 이유를 보면, 배우자가 거부하는 것을 볼 수 있다. 지원방안에 있어서도 성병이나 의료적인 측면과 성기능적 문제에 대해 지원하길 원하고 있지만 여성의 경우는 직접적 성관계나 건강교육에 대한 부분도 중요하지만 소외나 외로움에 대한 지원을 요구하는 것을 볼 수 있다.

⑥ 배우자 유무에 따른 성생활 행태가 다르고, 대처방법도 상이하기 때문에 배우자 유무에 따른 프로그램 개발이 요구된다.

Chapter_ 12

노인학대와 죽음

1. 노인학대

최근 들어 우리나라가 급격하게 고령화사회로 진입하면서 노인문제가 심각한 사회문제로 되었고, 따라서 증가하고 있는 노인학대에 대한 관심도 높아지게 되었다.

이에 정부에서도 노인학대에 대한 대책으로 2004년 1월 29일 「노인복지법」의 개정(법률 제7152호)을 통해 처음 노인학대사건 처리절차상 특례를 마련하였고, 이후 수차례의 동법개정을 거치면서 관련규정을 보완하는 한편, 국제적 기준에 맞추어 피해노인의 보호를 위한 정책을 마련 · 시행하고 있다.

1) 노인학대에 관한 노인복지법의 규정 사항

우리나라에서는 1980년도에 노인복지법이 처음 제정된 이후 수차례의 개정을 거치던 중 2004년 1월 29일 개정(법률 제7152호, 시행 2004.7.30.)에서 처음 노인학대에 관한 규정을 두었다. 동 개정은 "노인학대를 방지하고 학대받는 노인을 보호할 수 있도록 긴급전화 및 노인보호전문기관을 설치하도록 하고, 노인학대에 대한 신고의무와 조치사항을 규정하는 등 노인학대의 예방과 학대받는 노인의 보호를 위한 제도적 장치를 강화하려는 것"으로서, 우선 노인학대 개념을 정의하고(제1조의 2 제4호), 긴급전화의 설치 등(제39조의 4) 및 노인보호전문기관의 설치(제39조의 5), 신고의무와 절차 등(제39조의 6), 응급조치의무 등(제39조의 7), 보조인 선임 등(제39조의 8), 금지행위(제39조의 9), 학대조사(제39조의 9) 등에 관한 규정을 두었으며, 그 위반에 대한 벌칙규정을 따로 마련하였다.

그러나 정부의 이러한 노력에도 불구하고 노인학대가 증가추세에 이르자 2010년에 노인복지법을 개정하여 노인복지시설에서 생활하는 노인의 기본적 인권을 규정하고 이를 보장하기 위한 구체적인 행동강령을 제시하여 시설에서 생활하는 노인들이 존엄한 존재로 존경받고 안정된 노후생활을 영위할 수 있도록 노인복지시설 인권보호 및 안전관리지침을 발표하였다. 그리고 보건복지부는 2014년도에 「노인학대방지 종합대책」을 발표하였는데 이 발표문의 주요 요지는 지역사회중심의 예방체계구축, 조기발견 및 신속한 대응체계 구축, 학대 피해자 보호 및 행위자 처벌강화 및 시설 내 학대 예방강화 등이다(보건복지부, 2014)

2) 노인복지법상 노인학대의 처벌에 관한 규정의 내용

「노인복지법」에서 노인학대라 함은 "노인에 대하여 신체적 · 정신적 · 정서적 · 성적 폭력 및 경제적 착취 또는 가혹행위를 하거나 유기 또는 방임을 하는 것을 말한다."(제1조의2 제4호)고 정의하고 있다. 노인학대는 아동학대의 경우와 달리 학대행위자에 대한 아무런 제한이 없으며, 따라서 학대행위자가 보호자나 성인에 의하여 이루어질 것을 요하지 않는다.

「노인복지법」에서는 누구든지 1. 노인의 신체에 폭행을 가하거나 상해를 입히는 행위, 2.노인에게 성적 수치심을 주는 성폭행 · 성희롱 등의 행위, 3. 자신의 보호 · 감독을 받는 노인을 유기하거나 의식주를 포함한 기본적 보호 및 치료를 소홀히 하는 행위, 4. 노인에게 구걸을 하게 하거나 노인을 이용하여 구걸하는 행위, 5. 노인을 위하여 증여 또는 급여된 금품을 그목적 외의 용도에 사용하는 행위를 하지 못하도록 하고 있다(제39조).

이때 노인에게 상해를 입힌 자는 7년 이하의 징역 또는 2천만원 이하의 벌금(제55조의2), 노인에게 폭행을 가한 자 또는 위의 제2호에서 제4호에 해당하는 행위를 한 자 5년 이하의 징역 또는 1천 500만원 이하의 벌금(제55조의3 제1호), 위의 제5호에 해당하는 행위를 한 자는 3년 이하의 징역 또는 1천만원 이하의 벌금(제55조의4 제1호)

에 각각 처하도록 하고 있다.

한편, 노인에 대한 성적 학대에 대해서는 「형법」이 아니라 「성폭력범죄의 처벌 등에 관한 특례법」이 적용되어 가중처벌 된다. 또 학대로 인해 노인의 명예를 공연히 훼손하거나 모욕을 당한 때에는 명예훼손죄(제307조) 또는 모욕죄(제311조)가, 학대하는 과정에서 노인의 주거 등에 무단으로 침입하거나 수색한 때에는 주거침입죄(제319조) 또는 신체수색죄(제312조)가 성립한다. 그리고 노인에 대한 경제적 착취과정에서 폭행 · 협박이 강도의 정도에 이르거나 손괴를 수단으로 한 때에는 강도죄(제333조)나 손괴죄(제366조)가 성립한다. 이외에도 '노인에게 구걸을 하게 하거나 노인을 이용하여 구걸하는 행위'를 하게 한 때에는 강요죄(제324조)가 성립한다. 또 '노인을 위하여 증여 또는 급여된 금품을 그 목적 외의 용도에 사용하는 행위'는 사용자가 노인의 사무를 처리하는 자의 범주에 들어가고, 따라서 목적 외의 사용으로 인하여 재산상의 이익을 취득하거나 제3자로 하여금 이를 취득하게 하여 당해노인에게 손해를 발생하게 한 때에는 횡령죄(제355조 제1항)나 배임죄(제355조 제2항)가 성립한다.

또한, 노인학대가 보호자인 가족구성원에 의하여 행하여진 가정폭력으로서 가정폭력범죄처벌법상 가정폭력범죄(제2조 제3호)에 해당할 경우에는 가정폭력범죄처벌법이 적용될 수 있다. 여기서 '가정폭력'이란 가정구성원 사이의 신체적, 정신적 또는 재산상 피해를 수반하는 행위를 말한다(동법 제2조 제1호).

따라서 가정폭력범죄에 대하여는 가정폭력범죄처벌법을 우선 적용하도록 하고 있으므로(제3조), 노인학대가 가정폭력범죄에 해당할 경우에는 가정폭력범죄처벌법이 우선 적용된다. 그러나 가정이 아닌 시설 내에서의 노인학대나 가정 내에서의 학대라고 하더라도 가족구성원이 아닌 자에 의한 노인학대는 가정폭력범죄에 해당하지 않으므로 동법이 적용되지 않는다(강동욱 · 문영희, 2015).

3) 노인학대 신고

(1) 신고전화

「노인복지법」에서는 국가나 지방자치단체로 하여금 노인학대신고를 위한 긴급전화를 설치하도록 하고 있다(제39조의4). 정부는 노인학대를 예방하고 수시로 신고를 받을 수 있도록 전국적으로 통일된 노인학대 긴급신고전화인 1577−1389(129)를 지정하여 매일 24시간 운영하고 있다(동법 시행령 제20조의3).

(2) 신고의무자

「노인복지법」에서는 누구든지 노인학대를 알게 된 때에는 노인보호전문기관 또는 수사기관에 신고할 수 있도록 하고 있다(제39조의6 제1항). 그러나 다음의 노인보호와 관련된 직종(8개)에 근무하는 자가 그 직무상 노인학대를 알게 된 때에는 즉시 노인보호전문기관 또는 수사기관에 신고하도록 의무화하고 있다.

- 의료법 제3조제1항의 의료기관에서 의료업을 행하는 의료인.
- 동법 제31조에 따른 노인복지시설의 장과 그 종사자 및 동법 제7조에 따른 노인복지상담원.
- 「장애인복지법」 제58조의 규정에 의한 장애인복지시설에서 장애노인에 대한 상담 · 치료 · 훈련 또는 요양업무를 수행하는 사람.
- 「가정폭력방지 및 피해자보호 등에 관한 법률」 제5조 및 제7조에 따른 가정폭력 관련 상담소및 가정폭력피해자 보호시설의 장과 그 종사자.
- 「사회복지사업법」 제14조에 따른 사회복지전담공무원 및 같은 법 제34조에 따른 사회복지관, 부랑인 및 노숙인보호를 위한 시설의 장과 그 종사자.
- 「노인장기요양보험법」 제31조에 따른 장기요양기관 및 제32조에 따른 재가장기요양기관의 장과 그 종사자.
- 「119구조 · 구급에 관한 법률」 제10조에 따른 119구급대의 구급대원.
- 「건강가정기본법」 제35조에 따른 건강가정지원센터의 장과 그 종사자 등이 신

고의무자로 되어 있다(동조 제2항).

그리고 이들 신고의무자가 신고의무를 위반하여 노인학대를 신고하지 아니한 사람에게는 300만원 이하의 과태료를 부과하도록 하고 있다(제61조의2 제3항). 이때 신고인의 신분은 보장되어야 하며 그 의사에 반하여 신분이 노출되어서는 아니 되도록 하고(동조 제3항), 이를 위반한 자에 대해서는 1년 이하의 징역 또는 300만원 이하의 벌금에 처하도록 하고 있다(제57조 제3호).

4) 노인학대의 유형

노인학대의 구체적인 유형에 대한 설명은 「노인복지법」 제39조의9 "금지행위"를 통해서 알 수 있는데, 노인의 신체에 폭행을 가하거나 상해를 입히는 행위, 노인에게 성적 수치심을 주는 성폭행 · 성희롱 등의 행위, 자신의 보호 · 감독을 받는 노인을 유기하거나 의식주를 포함한 기본적 보호 및 치료를 소홀히 하는 방임행위, 노인에게 구걸을 하게 하거나 노인을 이용하여 구걸하는 행위, 노인을 위하여 증여 또는 급여된 물품을 그 목적 외의 용도에 사용하는 행위로 규정하고 있다.

일반적으로 노인학대는 크게 신체적 학대, 정서적 학대, 언어적 학대, 재정적 학대, 방임으로 구분할 수 있다.

(1) 신체적 학대

① 노인을 강제로 지하실이나 방에 가둔다.
② 노인을 강제로 의자나 침대에 묶어둔다.
③ 노인에게 주변의 물건을 집어 던지거나 흉기로 위협한다.
④ 노인을 발로 차거나 주먹으로 때린다.
⑤ 노인을 밀어서 넘어뜨린다.
⑥ 노인의 머리채를 잡아당기거나 움켜잡아 뽑는다.
⑦ 의사의 처방을 받은 약품을 주지 않거나, 의사의 처방을 받지 않은 약물을 강

제로 복용시킨다.

(2) 정서적 학대

① 노인을 부양하는 것이 부담스럽다고 노인 앞에서 노골적으로 말한다.
② 집안 의사결정과정에서 고의로 노인을 소외시킨다.
③ 위협적이고 무례한 태도를 취한다.
④ 노인의 친구나 친지 등이 방문하는 것을 싫어한다.
⑤ 노인이 보는 앞에서 물건을 던지거나 부수면서 화풀이를 한다.
⑥ 노인이 가족을 타이르거나 의견을 말하면 간섭한다고 불평하거나 화를 낸다.
⑦ 노인의 일상적 사회활동이나 종교활동 등을 노골적으로 방해한다.
⑧ 부양자가 노인에게 없어져 주었으면 하는 느낌을 갖게 만든다.

(3) 언어적 학대

① 노인이 수치심을 느끼게 하는 모욕적인 말을 한다.
② 노인에게 집을 나가라는 폭언을 한다.
③ 노인에게 욕설을 하거나 고함을 지른다.
④ 노인에게 쓸모없는 늙은이라고 하는 등 자존심을 상하게 하는 말을 한다.
⑤ 신체기능의 저하(요실금, 실변)로 인한 노인의 실수를 비난하고 꾸짖는다.
⑥ 노인을 양로원 등의 시설로 보내겠다고 위협한다.

(4) 재정적 학대

① 노인의 유언장을 허위로 작성하거나, 노인이 작성한 유언장을 노인의 동의 없이 수정한다.
② 노인의 허락 없이 부양자가 마음대로 노인의 부동산 소유권 이전 등과 같은 재산권을 행사한다.

③ 연금이나 임대료 등 노인의 소득을 가족이나 친지가 가로챈다.
④ 노인에게 빌린 돈이나 물건을 돌려주지 않는다.
⑤ 보석 등 값나가는 노인의 물건을 빼앗는다.
⑥ 노인의 허락 없이 노인의 재산을 담보로 해서 대출받는다.
⑦ 생활이 어려운 노인에게 생활을 유지하는 데 필요한 용돈이나 생활비 등을 주지 않는다.

(5) 방임

① 병원에서 치료를 받아야 할 상황인데도 노인을 병원에 모셔가지 않는다.
② 노인이 사고를 당할 수 있는 위험한 상황에 처하게 한다.
③ 목욕이나 배변 시 도움이 필요한 노인에게 도움을 주지 않는다.
④ 노인에게 음식을 주지 않아 끼니를 거르게 한다.
⑤ 부양자가 경제적인 능력이 있는데도 불구하고 돋보기, 보청기, 틀니 등 필수적인 보장구를 마련해 주지 않는다.
⑥ 부양자나 가족들이 노인에게 무관심하거나 냉담하게 대한다.
⑦ 치매 등으로 인하여 인지기능을 상실한 노인에게 주의를 기울이지 않아 노인을 배회하게 한다.
⑧ 거동이 불편한 노인을 2~3일 이상 혼자 집에 내버려 둔다.

5) 노인학대의 원인

(1) 노인 당사자 요인

① 성별: 대부분 노인학대 희생자들이 65세 이상의 여성노인인데, 그것은 여성노인이 남성노인보다 평균수명이 긴 관계로 여성노인의 수가 남성노인 보다 많아서 여성노인이 학대를 더 받는 것으로 본다.
② 연령: 나이가 많을수록 학대의 위험에 크게 영향을 미치는 요인이 된다.

③ 성격: 참을성이 많고 체념을 잘 하는 성격을 지닌 노인일 경우 가정내에서 학대를 받을 가능성이 크다.

④ 신체적: 신체적 · 정신적으로 건강하지 못한 노인은 많은 보호를 필요로 하기 때문에 더 많은 학대를 받는다.

⑤ 정신적 건강: 과거에 가족들에게 학대를 당한 경험이 있는 노인은 학대의 경험이 없는 노인보다 자신이 더 약해지고 의존을 해야 할 때 비슷한 행동을 더 나타내는 경향이 있다.

⑥ 과거의 경험: 과거의 가족관계가 좋지 않은 경우에 학대문제를 일으킬 가능성이 크다.

⑦ 세대간들: 다른 사람에게 자신의 부양을 의존하고 있는 노인이 더 학대를 받기 쉽다.

⑧ 의존성: 다른 사람들로부터 고립된 노인은 도움이나 중재를 받기가 쉽지 않으므로 학대를 받을 확률이 높다.

⑨ 고립: 술을 많이 마시거나 알코올 중독 노인은 자발적으로 어떤 활동을 하기가 어려울 뿐만 아니라 부양능력이 없을 수 있으므로 학대를 받을 확률이 크다.

⑩ 음주: 건강이 나빠 술에 의존적인 노인이 너무 과도한 요구를 한다거나, 고마움을 잘 모른다거나, 자제력이 없거나 당황스러운 행동을 하는 경우 부양자로 하여금 더 부담을 갖게 만들고 이러한 압박은 노인학대로 이어질 수 있다.

(2) 부양자와 관련된 요인

① 신체적 정신적 장애: 신체적이나 정서적으로 문제를 가진 부양자는 건강이 좋지 못하거나 의존적인 노인을 부양하는 데 위험률이 높다.

② 성격: 타인을 비난, 비판하거나 냉담한 성격을 지닌 사람은 의존적인 노인을 돌보기가 어렵다.

③ 과거의 경험: 아동기 때 학대를 받은 경험이 있는 부양자가 노인학대자가 되기 쉽다.

④ 부양경험의 부족: 부양했던 경험이 없는 사람이나 자기중심적 사고를 가진 사람은 잘 부양할 수 없다.

⑤ 음주: 술을 많이 마셔 문제를 일으키는 사람은 부정적인 감정을 가지고 행동하는 경향이 많다.

⑥ 약물남용: 과다한 약물복용이나 남용으로 부양자가 자신이 제대로 부양을 하지 못한다는 것을 잘 알지 못하거나, 왜곡된 판단이나 인지로 인해서 학대를 하게 된다.

⑦ 어려운 생활주기: 경제적 어려움이나 고립된 생활을 하는 사람은 노인을 부양하기에 부적당하다.

(3) 가족상황적 요인

① 어려운 생활주기: 노인을 부양해야 하는 시기가 생활주기에 있어 어려운 단계일 경우에는 부양자의 스트레스가 더해져 노인학대로 나타나기 쉽다.

② 의료비용의 과중한 부담: 가족들의 스트레스의 원인이 될 수 있어 노인학대의 원인이 될 수 있다.

③ 내키지 않는 부양: 마지못해 노인을 부양한다면 좋지 못한 부양결과를 초래할 것이다.

④ 부족한 가족지원: 노부모를 부양하는 자가 일정기간 동안도 쉴 수 없다면, 부양으로 인한 부담감은 매우 클 것이다.

⑤ 부부간의 갈등: 부부간의 문제로 인한 스트레스는 노인학대를 유발하는 원인이 될 수 있다.

(4) 사회적 요인

① 노인차별주의: 인종이나 성을 바탕으로 한 차별과 같이 능력의 직접적인 평가가 아닌 노인에 대한 선입감 때문에 우리사회가 통용적으로 무능력하다는 이

유로 사회의 많은 활동으로부터 노인을 이탈시키는 것이다.

② 가족 내의 구조적 변화: 핵가족화 현상으로 인해 부양자의 역할을 수행할 자녀의 수가 적어지고 지리적으로 떨어져 생활하기 쉬워 노인이 외부와 고립된다.

③ 가치관의 변화: 부모에 대한 효(孝)의 의식에도 큰 변화가 초래되었다.

④ 노인복지시설의 부족: 주간보호 및 노인을 위탁 보호하는 시설 등과 같은 적극적인 개입이 필요하다.

(출처: 중앙노인보호전문기관, http://noinboho.or.kr/index.html)

6) 노인학대의 실태

보건복지부(2014)의 노인학대 현황조사 결과에 의하면 노인학대 실태는 다음과 같다.

(1) 노인학대 건수

노인학대 건수는 3,532건(전년대비 12건 증가)으로 큰 변화가 없으며, 전체 신고건수(10,569건) 중 학대사례 판정비율(33.4%)은 감소 추세이다.

〈표 Ⅲ-4〉 노인학대 건수 (단위: 건, %)

구 분		2010년	2011년	2012년	2013년	2014년
전체 신고 건수		7,503	8,603	9,340	10,162	10,569
학대사례	건수	3,068	3,441	3,424	3,520	3,532
	비율	40.9	40.0	36.7	34.6	33.4
일반사례	건수	4,435	5,162	5,916	6,642	7,037
	비율	59.1	60.0	63.3	65.4	66.6

※ 일반사례란 학대로 신고되었지만, 학대가 아닌 것으로 판정된 사례

출처: 보건복지부(2014), 2014년 노인학대 현황보고서.

전체 신고건수가 증가하고 있는 이유는 일반인들의 노인학대에 대한 관심이 높아지고, 지역노인보호전문기관 확충 및 사례발굴 등에 기인하는 것으로 보인다.

(2) 생활시설 내 학대는 246건(전년대비 5건 감소)으로 소폭 감소하였다.

〈표 Ⅲ-5〉 생활시설 내 학대 건수 (단위: 건, %)

구 분		2010년	2011년	2012년	2013년	2014년
학대사례	건수	127	196	216	251	246
	비율	4.1	5.7	6.3	7.1	7.0

출처: 보건복지부(2014), 2014년 노인학대 현황보고서.

이는 시설 내 학대에 대한 사회적 경각심이 높아지고 종사자에 대한 학대 예방교육 실시와 시설 내 인권지킴이 활동을 통한 시설 내 학대 예방에 주력한 데 기인하는 것으로 보인다. 그렇지만 이는 드러나는 신고에 의한 섯이므로 미신고 건수를 합히면 훨씬 더 많은 학대가 시설에서 행해지고 있다.

* 재가장기요양기관 등 노인관련시설 종사자 교육실시: 1,737회(42,415명)
* 인권지킴의 시설 내 인권침해 예방 및 점검 활동: 생활시설 500개소

(3) 60세 이상 고령자가 고령자를 학대하는 '노-노 학대'가 증가하고 있다. 노(老)-노(老) 학대란 60세 이상 고령자가 고령자를 학대하는 것으로 주로 "고령자 부부간 배우자학대", "고령자가 스스로 자신을 돌보지 않는 자기방임", "고령의 자녀에 의한 부모학대"로 분류한다. 전체 학대행위자(3,876명) 중 고령자 학대행위자(1,562명) 비중은 40.3%로 지속적으로 증가하고 있다.

〈표 Ⅲ-6〉 '노-노 학대' (단위: 건, %)

구 분	2010년	2011년	2012년	2013년	2014년
학대행위자 전체 건수	3,478	3,866	3,854	4,013	3,876
60세 이상 학대행위자 건수	944	1,169	1,314	1,374	1,562
전체 대비 60세 이상 비율	27.2	30.2	34.1	34.3	40.3

* 학대행위자(가해자)는 중복(배우자와 아들이 동시에 학대하는 경우 등)이 있어 학대건수(3,532건)보다 많은 3,876명임

출처: 보건복지부(2014), 2014년 노인학대 현황보고서.

고령의 학대행위자의 유형을 보면, 고령 배우자에 의한 학대(571건, 36.6%)가 가장 많고, 고령자 본인에 의한 자기방임(463건, 29.6%)과 고령자 아들(186건, 11.9%)에 의한 학대 순으로 주로 가족 내에서 발생하고 있다.

고령자 학대행위 증가는 사회전반적인 인구고령화 추세와 노인부부간 갈등, 고령자 스스로 자신을 돌보지 않는 자기방임, 고령자녀들의 부양부담 등에 기인하는 것으로 보인다.

(4) 학대피해노인 생활수준

학대피해노인 생활수준은 학대피해노인의 소득수준을 의미하는 것으로 전체적으로 보면 소득이 없거나 수급자 등 저소득 이하가 67.3%로 경제적 어려움을 겪고 있는 학대피해노인의 수가 상당수임을 알 수 있다.

〈표 Ⅲ-7〉 학대피해노인 생활수준 (단위: 명, %)

소득 없음	수급자	저소득	일반	고소득	계
1,048	778	541	1,115	38	3,520
29.8	22.1	15.4	31.7	1.1	100.0

자료: 보건복지부, 2013 노인학대현황보고서.

7) 학대피해노인의 대응 양상

대부분의 노인학대는 외부에 도움을 요청하는 비율은 매우 낮으며, 대부분은 아무런 대응을 하지 않거나 주변사람에게 신세한탄을 하고 있는 등 적극적 대응은 이루어지지 못하고 있는 실정이다. 65.7%는 아무런 대응을 하지 않았고, 가족이나 이웃에게 신세한탄이 27.6%, 가족이나 이웃에게 도움 요청이 4.0%, 노인보호전문기관이나 경찰서 등에 신고한 비율은 2.5%였다. 정서적 학대의 경우 신고비율이 0.8%로 매우 낮은 반면, 신체적 학대 11.1%, 경제적 학대는 9.1%가 신고를 한 것으로 나타났다. 학대받고 난 후에 아무런 대응을 하지 않는 이유는 누구에게 도움을 요청할지 몰라서가 3.0%, 나의 개인적인 일이기 때문에 42.5%, 창피하고 부끄러워서 21.7%,

자녀에게 피해가 갈까봐서가 10.6%, 도움을 청해도 해결되지 않을 것이라 생각되어서가 22.1%로 나타났다. 학대경험 노인조차 학대를 개인적인 문제로 생각하고 있어 사회문제로서의 개입과 전문적인 관리체계의 발전에 있어 한계로 작용하고 있으며 또한 학대피해노인의 다수가 노인학대를 개인적인 일이라고 생각하거나 오히려 학대를 당한 것이 부끄럽다고 생각하고 있어, 노인의 학대에 대한 인식개선의 필요성이 제기된다.

한편, Kosberg(1988)는 노인학대가 아동학대에 비해서 잘 보고되지 않는 이유를 다음과 같이 설명하고 있다(유성호 외, 2015).

(1) 학대는 순수한 가정문제이기 때문에 외부인의 간섭은 있을 수 없다는 사회의 지배적인 문화를 들고 있다.
(2) 자존심 때문에 학대자인 가족의 보고를 창피하다고 생각한다.
(3) 보고할 경우 학대자의 보복이 두렵다.
(4) 보고할 경우 학대자인 가족에게 법적 제재가 가해질 것을 우려한다. 그냥 참거나 노인시설로 가면 일이 끝난다는 생각을 한다.
(5) 학대가 자신의 무능력으로 인한 지나친 의존 때문에 발생했다는 죄의식을 갖는다.
(6) 노인학대는 외부인에게 노출도리 가능성이 많지 않다.
(7) 노인 자신이 젊었을 때 가족에게 학대를 했기 때문에 당연히 그 죄를 받는다고 생각한다.
(8) 노인학대관련 업무종사자들이 노인학대를 탐지하는 데 실패한다.

8) 요양병원 내에서의 노인학대

요양병원은 의사 또는 한의사가 요양환자 30인 이상을 수용할 수 있는 시설을 갖추고 주로 장기요양이 필요한 노인성 질환과 장애가 있는 자에 대한 입원, 외래 및 재활 치료 등의 의료서비스 제공을 목적으로 하는 의료기관이다. 노인요양병원은

2014년 현재 1,322개소로 급증하였고 여러 문제점들 역시 함께 증가하는 추세이다. 의료나 간호 처치가 필요하지 않은 안정기 환자에게 과도한 치료 및 재활서비스를 제공하는 일이 빈번하게 발생하고 있으며, 인권침해 사례가 나타나고 있으나 관련 연구 및 실태는 거의 없는 실정이다.

노인요양병원 수는 2005년 202개소에서 2008년에는 689개소, 2010년에는 866개소로 4.3배 증가하였으며, 2014년 현재에는 1,322개소가 있다(건강보험심사평가원, 2014).

노인요양병원을 이용하고 있는 노인은 2005년 30,661명에서 2008년에는 135,907명, 2010년에는 172,809명으로 5년간 463.6%p가 증가하였다. 2014년 현재 노인요양병원인력은 18,233명에 달하고 있다(최인덕 · 이은미, 2010; 국민건강보험공단보도자료, 2012).

환자에게 가해지는 정서적 학대 관련해서는 환자에게 고함이나 윽박지름 15개소(17.4%), 환자에게 욕설이나 상스러운 말을 함 9개소(10.5%), 환자의 요청 또는 질문을 무시함 17개소(19.8%), 환자에게 말을 걸지 않거나 대화를 피함(10.5%), 환자에게 존칭어를 사용하지 않거나 별명으로 부름 13개소(15.1%), 환자에게 반말함 24개소(27.9%), 환자를 아기에게 하는 말투 등으로 어린아이처럼 다룸 24개소(27.9%) 등을 보이고 있다(국가인권위원회, 2015).

9) 미신고된 학대 건수 이유

한국형사정책연구원(1995)의 학대를 당하고도 신고하지 않는 이유를 조사한 결과 참는 것이 좋을 것 같아서가 43%, 신고할 일이 아니라서가 39.2%가 주된 이유였다. Kosberg(1988)는 노인학대가 보고되지 않는 이유를 다음과 같이 설명하였다(유성호 외, 2015).

첫째, 학대는 순수한 가정문제로 치부

둘째, 학대자의 보복에 대한 두려움

셋째, 가족에 대한 법적 처벌에 대한 우려
넷째, 학대의 원인제공을 자신의 무능력으로 돌림
다섯째, 자신의 죄에 대한 응벌로 치부

10) 노인학대 예방 대책

첫째, "민 · 관이 함께하는 취약노인 통합사례관리"

고령의 노인이 본인 스스로를 돌보지 않는 자기방임 학대유형의 경우 배우자와 사별하거나 부양의무자인 자녀로부터 유기 및 방임된 경우가 많고 주로 노인 단독 가구에서 발생된다. 이러한 경우 학대피해노인이 가족 및 사회와 단절된 경우가 많다. 실제로 보건복지부에서 실시한 2015년 전국 100여 만명 독거노인 생활실태 조사('15.1~3)에 따르면, 조사 대상의 16%에 해당하는 독거노인이 가족과 만나지 않거나 연간 1~2회 정도 만난다고 답했고, 일 2회 이하로 식사하는 독거노인도 전체의 25%에 달했다. 취약노인에 해당하는 독거노인 가구는 경제적 수준, 건강상태, 사회적 관계 등 전반적인 삶의 질이 저하될 가능성이 많아 노인 단독 가구의 지원체계를 강화할 필요가 있다. 특히 노인 단독가구는 사례 발굴의 어려움이 있고 장기간 방임될 경우 고독사와 같은 심각한 결과를 초래할 수 있다. 따라서 노인돌봄서비스, 게이트키퍼, 시 · 군 · 구 단위 통합사례관리팀과 같이 독거노인 대상의 전방위적 지원사업을 진행하고 있는 독거노인지원사업의 연계를 통한 학대 사각지대 발굴을 위해 노력해야 할 것이다.

특히, 노인돌봄기본서비스 담당 인력인 '독거노인생활관리사'(2015년 5월 기준 8,262명)와 노인돌봄종합서비스 담당 인력인 '노인돌보미'(2014년 말 기준 23,562명) 등 전문인력과의 유기적인 업무체계를 구축하여 노인학대 사례 발굴과 개입에 효과적으로 대처하여야 한다.

한편, 전국 시 · 군 · 구에서 복합적이고 다양한 욕구를 가진 대상으로 사례관리사업을 수행하고 있는 희망복지지원단의 2015년 업무안내에 노인학대사례 연계 내용이 신설되었다. 통합사례관리 과정에서 노인학대사례에 대하여 노인보호전문기관과 희망복지지원단의 통합사례관리사업간 사례회의 공동운영 및 점검 등 유기적 연계, 협력체계지원 내용이 새롭게 명시되었다. 이는 취약노인에게 지역사회 공공 및 민간 복지자원을 활용하여 맞춤형 통합서비스를 제공하기 위한 기틀을 마련하였다는 점에서, 민과 관이 협력하는 취약노인 통합사례관리의 질을 높일 수 있으리라 기대된다.

둘째, "학대행위자 개입의 효과적인 방법 강구"

학대행위자의 처벌을 강화하기 보다는 학대행위자의 환경과 심리정서적 배경에 대한 이해가 근본적으로 선행되어야 할 필요가 있다. 즉, 학대행위자의 생애사적·환경적·심리적 특성 등에 대한 심층적 이해가 필요하다. 학대행위자의 경우에는 가정적·정서적으로 불안정한 상태에 있고 특히 학대발생원인이 학대행위자에게 있는 세부 내용을 살펴보면 "개인의 내적문제"가 35.2%로 가장 높은데, 학대행위자의 성격을 의미하는 것으로 분노, 고집스런 성격, 자신감 결여, 지나친 경계, 적대적 행위, 충동적 성격, 폭력적 성격, 사회적 고립, 정서적 욕구 불만 등을 포함한다. 뿐만 아니라 학대행위자 중 10%가 하나 이상의 신체 또는 정신장애를 가지고 있으며, 12.6%가 중독질환을 앓고 있었다. 이러한 결과는 학대행위자를 가해자 입장의 수사적인 관점에서 바라보기 보다는 학대행위자 그 자체를 이해하며 접근하는 방식이 필요함을 의미한다. 이를 중심으로 학대행위자의 특성에 따른 개입방법 및 상담기법 등의 교육 매뉴얼을 개발하는 등 효과적인 개입방법 등을 강구해 나아가야 할 것이다(중앙노인보호전문기관, 2014).

셋째, 노인학대의 사회문제의 인식

「노인복지법」상 노인학대에 관한 규정에도 불구하고 노인학대의 예방과 대책은 그다지 효과를 거두지 못하고 있는 실정이다. 이에 노인학대의 방지와 피해노인의 보호를 위해 법과 제도를 대폭적으로 보완하고, 학대행위자에 대한 형사처벌을 더욱 강화할 것이 요구되고 있다. 동시에 노인학대의 가해자가 주로 아들과 며느리, 딸 등의 직계가족 등에 의한 부양 스트레스로 나타났듯이, 노인학대는 이제 비단 가족만의 문제가 아니라 사회문제이다.

넷째, 노인학대 예방을 위한 노인보호전문기관의 확대설치

「노인복지법」에서는 국가는 지역 간의 연계체계를 구축하고 노인학대를 예방하기 위하여 중앙노인보호전문기관을 설치 · 운영하도록 하는 한편(제39조의5 제1항)28), 학대받는 노인의 발견 · 보호 · 치료 등을 신속히 처리하고 노인학대를 예방하기 위하여 지역노인보호전문기관을 특별시 · 광역시 · 도 · 특별자치도(이하 '시 · 도'라 한다)에 두도록 하고 있다(동조 제2항). 하지만 노인보호전문기관은 실제 발생하고 있는 노인학대의 규모에 비하면 매우 부족할 뿐만 아니라 노인보호전문기관의 경우 상담원 1인이 사례에 대한 개입부터 사후관리까지 담당하고, 나아가 노인학대 예방교육, 홍보활동 및 지역사회자원개발을 위한 업무까지 부담하고 있어서 상담원의 이직율이 높을 뿐만 아니라 노인학대 예방사업의 효과성과 전문성이 약화되고 있는 실정이다. 따라서 노인보호전문기관의 증설과 전문상담원의 충원 및 이들에 대한 치우개선이 요구된다(강동욱 · 문영희, 2015).

2. 죽음과 호스피스

인간은 태어나서 성장하고 가정을 이루며 자녀를 출산하고 늙어가면서 죽음을 맞이하는 생애주기를 피할 수 없다. 고대부터 죽음에 대한 담론들이 철학 · 문학 · 종교 등에서 끊임없이 이어졌지만, 죽음이란 무엇인가에 대한 질문에 해답을 제시하지는 못한다. 죽음은 관습, 종교, 사상 등에 따라 매우 다르게 정의되고 있으며, 미지의 세계인 사후세계에 대한 두려움과 동시에 죽음과정에서 고통을 수반하여 죽어가는 사람뿐만 아니라 가족에게도 심리적인 충격을 가져다 준다.

노인복지학은 최근 들어 좋은 죽음(well dying)에 대한 의미를 발견하려고 노력하고

있으며, 죽음준비교육을 통해 성공적인 노년을 영위할 수 있도록 지원하는 프로그램들을 개발하고 있다. 또한 삶과 죽음의 의미에 대한 정의와 평안 속에서 삶을 마감할 수 있도록 지원하는 호스피스도 발족하고 있다.

1) Kübler-Ross의 죽음의 5단계

Kübler-Ross는 인터뷰 분석결과를 가지고 부인 ⇨ 분노 ⇨ 타협 ⇨ 우울 ⇨ 수용의 5단계로 구분하여 환자들이 죽음에 이르는 과정을 설명하였다.

① 제1단계 부인(denial): 대부분의 환자가 죽음을 강하게 부정하면서 비협조적인 행동을 하고 가족과 병원직원들로부터 스스로 격리시킨다. 강한 부정을 통해 죽음의 생각을 떨쳐버리고 고통의 완충장치를 마련하는 단계이다.

② 제2단계 분노(anger): 환자가 죽음을 인지하고 사람들과 신에게 노여움을 표출한다. 이 단계에서 가족이나 간호사는 이를 극복하기 어려울 정도의 요구를 한다. 환자는 차츰 충격에서 회복되면 자신을 정리한다.

③ 제3단계 타협(bargaining): 타협은 생명연장을 위한 발버둥이다. 타협은 착한 행동에 대한 보상으로 생명을 연장하고자 시도한다.

④ 제4단계 우울(depression): 분노와 격정은 극도의 상실감으로 대체되면서 심한 우울증에 빠진다. 환자는 병세의 악화에 대한 반응적 우울과 세상과의 결별을 준비하면서 준비적인 우울증상을 보인다.

⑤ 제5단계 수용(acceptance): 투쟁을 끝내고 죽음을 앞두고 마지막으로 휴식하는 단계이다. 마침내 자신의 운명에 대해 억울함도 없고 노여움도 느끼지 않는 단계에 도달한다.

그러나 Kübler-Ross의 죽음에 대한 적응단계는 중년의 말기 암환자를 대상으로 한 연구결과이므로 다른 질병을 앓는 환자나 노인환자에게 적용하는 데 많은 한계가 있다.

2) 호스피스 완화 의료에 대한 이해

우리나라는 암 관리법(2011년 6월 1일 개정) 제4절 말기암환자의 완화의료 제20조~제26조, 시행령 제 14조, 시행규칙 제13조~19조에 근거하여 완화의료 제공 및 완화의료 전문기관 지원사업을 시행하고 있다.

암 관리법 제2조에 의하면 "말기암환자"란 적극적인 치료에도 불구하고 근원적인 회복의 가능성이 없고 점차 증상이 악화되어 몇 개월 내에 사망할 것으로 예상되는 암환자를 말하며, "말기암환자 완화의료"란 통증과 증상의 완화 등을 포함한 신체적, 심리사회적, 영적 영역에 대한 종합적인 평가와 치료를 통하여 말기암환자와 그 가족의 삶의 질을 향상시키는 것을 목적으로 하는 의료를 말한다.

(1) 호스피스 완화 의료의 역사

호스피스의 어원은 "hospitality"로 중세시대에 긴 여행 동안의 아프고 힘든 여행자에게 휴식처와 피난처를 말한다. 이 용어가 임종을 앞둔 환자에게 제공되는 특별한 의료의 영역에 적용되기 시작한 것은 1948년부터 영국에서 처음으로 시슬리 선더스(Cicely Saunders)가 근대 호스피스를 시행하기 시작하면서부터이다. 1967년에는 세인트 크리스토퍼 호스피스(St. Christopher's Hospice)를 개설하면서 전문적으로 임종을 앞둔 환자를 적극적으로 돌보는 의료기관에서 말기질환자를 전문적으로 돌보는 의료가 제공되었다. 그 이후 전 세계적으로 호스피스 기관이 확산되었다.

한편, 우리나라의 말기암환자 호스피스 완화의료는 1965년 뉴질랜드의 작은 마리아의 작은 수녀회에 의해 강릉에 '갈바리의원'을 세우며 시작되었으며, 이는 아시아 지역에서 최초의 호스피스 완화의료 진료 의료기관이었으나, 아쉽게도 확대가 되지 않았다. 2001년 국립암센터가 설립된 이래로, 말기암환자의 현황 조사연구에 이어, 2003년과 2004년 사이에 호스피스 시범사업이 실시되었다. 2005년부터 말기암환자 완화의료 활성화 지원사업이 시작되었으며, 2008년부터는 보건복지부에 의한 완화의료 전문기관 지정이 시작되었다. 별도의 수가체계를 도입하기 위한 건강보험 완화

의료수가 시범사업이 2009년부터 시작되었으며, 2011년도에는 암관리법의 개정으로 말기암환자 완화의료사업에 대한 법적 근거를 갖게 되었다. 또한 2015년 7월부터 본수가제도가 도입되었다.

2013년 보건복지부의 '말기암환자 호스피스 완화의료 활성화 대책'이 발표되며 기관지정의 강화, 호스피스 수가 본사업 시행, 입원형을 비롯하여 가정형과 자문형 호스피스의 확대방향을 설정하게 되었다. 2013년에는 암사망자의 12.7%가 호스피스완화의료 기관을 이용하였으며, 2015년 6월 56개의 호스피스기관이 지정되어 있다(장윤정, 2015).

(2) 호스피스의 철학과 목적

호스피스 운동은 부분으로써의 인간이 아닌 신체, 심리, 사회, 영적 부분의 단순합 이상으로서 인간을 이해하는 총체주의(holism)와 과학기술 위주에서 인간이해와 존중, 자기결정권과 창의성을 소중히 여기는 인본주의 사상에 철학적 기반을 두고 있다. 이러한 호스피스의 철학과 기본 원칙은 다음과 같이 열 가지로 요약할 수 있다(이은희, 2013).

① 호스피스는 말기환자를 보호하는 시설이 아니라 철학이다.

② 호스피스는 죽음의 문제를 다루는 것이 아니라 삶의 문제를 다루는 것이다.

③ 호스피스는 남은 생의 삶의 질을 증진시키기 위한 노력이다.

④ 호스피스는 말기환자와 그 가족을 기본 단위로 하여 서비스를 제공한다.

⑤ 호스피스는 신체 · 심리 · 영적 욕구를 충족시키기 위한 총체적 케어(holistic care)다.

⑥ 호스피스는 환자가 사망한 후에 유가족에 대한 지속적 케어와 지지를 제공한다.

⑦ 호스피스는 다분야의 팀 접근법을 활용하여, 전문적 기술과 인간의 존엄성 유지를 위한 노력을 동시에 기울인다.

⑧ 호스피스 프로그램은 연중무휴의 24시간 서비스를 제공한다.

⑨ 호스피스 프로그램에서는 환자나 가족뿐 아니라 팀 구성원과 자원봉사자에게도 지지를 제공한다.

⑩ 호스피스에서는 환자와 가족의 특성을 고려하여 개별화된 서비스를 제공한다.

(3) 호스피스 완화 의료팀

① 의사

의사는 호스피스 완화 의료팀에서 중추적 역할을 한다. 그들은 일반 의학 분야에 능통해야 하고, 통증 조절과 다른 증상 관리에도 숙달되어야 한다. 또한 의사들은 환자 질병 관리와 관련된 지침(principles)에도 익숙해야 한다. 호스피스 완화의료 분야에서 일하는 의사는 많은 고난이도의 의학적인 치료의 갈등 상황에 대한 평가, 감독 및 조정의 역할을 한다. 또한 그들은 다학제 팀을 이끌 책임이 있다. 그들은 의학적 의사결정에 대해 논의하고, 연구와 연구 결과의 적용을 판단하는 통합적인 역할을 한다.

② 간호사

간호사는 전형적으로 환자와 가장 많이 접촉하는 팀 구성원이다. 간호사의 선문적인 업무는 환자에게 신체적 · 심리사회 영적인 측면을 포괄하는 전인 간호를 제공하고, 증상관리, 환자 및 가족의 교육, 간호 상담, 가족지지, 임종돌봄 그리고 일상생활에서 환자의 상태에 따라 최적의 건강 기능을 적절히 유지할 수 있도록 도우며, 안전한 환경에서 돌봄을 받을 수 있도록 간호하는 것이다.

③ 사회복지사

사회복지사의 역할은 가족과 환자가 질환과 장애로 인한 개인적 · 사회적 문제를 관리할 수 있도록 돕는 것이다. 또한 환자의 사망이 머지않은 경우, 질병의 진행과 사별 과정에서 지지를 제공하는 역할을 담당한다. 사회복지사의 평가는 심리사회적 관점에서 환자와 가족의 요구를 평가하고, 특히 가족이 미래 계획을 세우기 시작할 때에는, 환자의 기능 저하와 경제적 어려움에서 비롯되는 가족 내의 문제를 예견하여 지원을 제공한다. 그들은 지역사회의 자원과 연결하거나, 환자나 가족 개인 상담을 포함한 정서적 지지를 하고, 사별에 대한 상담을 한다.

④ 성직자

성직자는 숙련되고, 개인적으로 판단하지 않는(non-judgemental) 경청자(listener)이어야 하며, 동시에 삶의 의미와 관련된 질문들에 대해 상담해 줄 수 있어야 한다. 환자와 가족들은 반드시 삶의 의미와 관련된 의문들을 갖게 될 것이다. 대부분의 경우 성직자의 역할은 과거에 대한 정리와 미래에 대한 준비를 도와줄 수 있도록 이야기를 들어주는 것이다. 또한 성직자는 많은 경우에 절친한 상담자(confidante)로서의 역할을 수행하고 환자와 가족들에게 의미를 줄 수 있는 종교 의식(religious rituals)과 성례전(sacraments)을 준비함으로써, 종교적인 전통으로서 그들을 지원하는 역할을 수행한다. 성직자는 임종 돌봄을 포괄하는 호스피스 교육과 훈련을 받아야 한다.

⑤ 자원봉사자

호스피스 완화의료 팀 내에서의 자원봉사자의 역할은 상황에 따라 다양하다. 자원이 부족하거나 보통인 상황에서 자원봉사자는 환자에게 대부분의 돌봄을 제공할 것이다. 자원봉사자는 호스피스 완화의료팀에 포함되어 있으며, 그 목적은 의료진을 도와 환자와 가족을 위해 최상의 삶의 질을 누리도록 돕는 것이다. 자원봉사자는 지역사회의 모든 영역(sector)으로부터 수급되며, 종종 호스피스 완화의료 기관과 환자 사이에 연결고리를 만들어 주기도 한다. 호스피스 완화의료팀에 자원봉사자를 포함시킴으로써 지역사회 차원에서의 지원과 전문 지식이 형성된다. 적절한 훈련과 지원을 통해, 자원봉사자는 환자와 가족에게 직접 서비스를 제공하고, 행정적 업무를 돕고, 더 나아가 상담자로서 활동할 수도 있다. 또한 자원봉사자는 의식을 고양시키고, 보건 교육을 제공하며, 기금을 모금하고, 재활 지원을 수행하고, 나아가 일부 의료적 돌봄을 수행하는 등의 여러 가지 다른 역할을 할 수도 있다(보건복지부 · 국립암센터, 2012).

(4) 호스피스 완화 의료전달체계

① 병동형 호스피스 완화의료

병원내의 일부 병동에서 호스피스 완화 의료활동을 하는 것을 의미한다. 간혹 호스피스 완화의료 병동을 '죽음의 장소'로 보는 경우가 있어 바람직하지 못한 점도 있다. 그러나 기존 의료시스템의 자원 활용으로 응급 시 빠른 대처, 빈 병상, 의료 인력활용이 가능하여 말기환자를 계속 관리할 수 있어 환자 상태파악이 용이하고 환자도 안정감을 갖게 된다.

② 산재형 호스피스 완화의료

병원내 호스피스 완화의료팀이 구성되어 활동하는 유형이다. 환자들이 주로 내과 병동이나 암병동에 입원하게 되나 병상이 남아 있을 경우, 빈 병상을 활용할 수 있다는 측면에서 편리한 점도 있다.

③ 독립형 호스피스 완화의료

별도의 건물을 가지고 호스피스 완화의료만을 운영하는 것을 의미한다. 환자와 보호자의 요구충족이 용이하고 병원 호스피스 완화의료에 비해 낮은 비용으로 환자를 돌볼 수 있고 병원의 부속 시설로서의 운영이 가능하다.

④ 가정 호스피스 완화의료

많은 환자들이 가정에서 가족들과 함께 마지막 시기를 보내기를 소망하지만, 대부분의 환자들이 병원과 같은 기관에서 최후를 맞이하게 된다. 가정 호스피스 완화의료는 환자가 편안해 하는 가정에서 임종을 맞을 수 있도록 배려하고, 의료비를 절감할 수 있는 장점이 있다. 병원에 기반을 둔 가정 호스피스 완화의료는 병원 내에 사무실을 두고 모든 업무를 분담하고 지휘하게 되며 환자의 입원 후, 퇴원 시 추후관리를 가정간호를 통해 할 수 있는 편리한 점이 있다. 또한 가정간호를 받다가 환자의 통증이나 증상조절이 잘 안될 시 즉시 입원을 시킬 수 있는 장점이 있으며, 1일 24시간 간호를 하여야 하는 가족에게도 도움과 휴식을 제공하게 되므로 편리하다.

(5) 호스피스 완화의료 현황

① 노인의 사망과 호스피스 완화의료 이용률

2013년 65세 이상 고령자의 사망원인 1위는 암으로 인구 10만 명당 836.6명이 사망하였고, 다음은 뇌혈관질환(353.0명), 심장질환(335.6명), 폐렴(166.6명) 등의 순으로 나타났으며, 성별로 보면 남자와 여자 모두 암, 뇌혈관질환, 심장질환 등의 순으로 높게 나타났다. 하지만 우리나라의 경우 2014년 기준 호스피스 완화 서비스 이용률은 2013년의 경우 13.8%로 아직까지는 저조한 편이다.

〈표 Ⅲ-8〉 완화의료 서비스 이용률

해당년도	년 신규 입원 환자수 (1)	국내 암사망자수 (2)	완화의료 서비스이용률 (3)
2008	5,046	68,912	7.3%
2009	6,365	69,780	9.1%
2010	7,654	72,046	10.6%
2011	8,494	71,579	11.9%
2012	8,742	73,759	11.9%
2013	9,573	75,334	12.7%
2014	10,559	76,611	13.8%

(1) 출처: 2009~2015년 사업신청서내 완화의료 진료현황(기관보고)
(청주의참사랑병원, 보바스기념병원, 세브란스병원(2008), 서울대병원(2008, 2009) eVelos자료, 서울대병원(2010, 2011) 최종결과보고서자료로 대체)
(2) 출처: 2008~2014년 사망원인통계(통계청), 사망원인 C00-97
(3) 완화의료 서비스 이용률(%) = 년 신규입원 환자수 / 국내 암사망자수 * 100

〈표 Ⅲ-9〉 말기암환자 완화의료전문기관 지정

	2008	2009	2010	2011	2012	2013	2014	2015
기관수(개소)	19	40	42	46	56	54	54	60
병상 수	282	633	675	755	893	867	883	1005

출처: 국립암센터(http://www.ncc.re.kr)

통증 등 말기암환자를 힘들게 하는 신체적 증상을 적극적으로 조절하고, 환자와 가족의 심리 사회적, 영적 어려움을 돕기 위해 의사, 간호사, 사회복지사 등으로 이루어진 완화의료 전문가가 팀을 이루어 환자와 가족의 고통을 경감시켜 삶의 질을 향상시키는 것을 목표로 하는 의료서비스를 제공하는 기관으로서 2015년 기준 전국 54개 완화의료 전문기관이 보건복지부 지정을 받아 운영 중에 있다.

호스피스 완화의료 전문기관에서는 다음과 같은 서비스를 제공한다(호스피스 완화의료: http://hospice.cancer.go.kr).

- 통증조절: 일반 의료기관보다 완화의료기관에서 통증이 더 잘 조절
- 증상조절: 메스꺼움, 구토, 수면장애, 식욕부진, 숨 가쁨, 변비 등 환자들이 주로 호소하는 증상들이 상당 부분 완화
- 다양한 프로그램: 음악요법, 미술요법, 마사지 등 다양한 프로그램을 통해 정서적, 신체적 도움을 받아 삶을 의미있게 보낼 수 있도록 도움
- 임종 돌봄: 환자와 가족이 마지막을 함께 하는 임종이 더 뜻 깊을 수 있도록 서비스를 제공
- 사별 돌봄: 임종 후 남겨진 가족들을 위한 서비스 제공

(6) 우리나라의 비암성 질환 대상의 완화의료적 접근(palliative care approach) 현황

우리나라에서 노인을 위한 보건과 복지제도의 시작은 1981년의 저소득층 노인을 위한 복지사업과 노인전문병원의 법적 근거가 되는 「노인복지법」에서 출발한다. 이외에 1995년도 「국민건강증진법」에 의한 방문보건사업이나 「지역보건법」에 의한 지역보건사업이 생겼다. 2001년부터는 '희귀 난치성 질환자 의료비 지원사업'이 시작되었는데 2014년 현재 134종의 질환의 의료비와 장비가 지원되고 있다.

2011년엔 「치매관리법」이 제정되며 치매관리사업과 의료비지원사업의 법적근거를 마련하였다. 자활근로에 의한 간병서비스, 노인돌봄 기본서비스, 방문요양서비스, 장애인 활동 지원서비스 등 다양한 지원서비스들이 있으나 비슷한 영역의 서비

스만을 제공하고 있으며 환자중심의 적절한 서비스의 연계나 관리가 안 되고 있다.

노인성 비암성 질환은 긴 유병기간으로 인해 암과 같은 입원이나 의료적인 서비스가 중점이 되는 것 보다는 완화의료적 접근(palliative care approach)을 하며 1단계의 완화의료를 질환의 처음부터 제공하는 모델의 구축이 중요하다. 그러나 우리나라는 아직 비암성 완화의료 질환의 관리에 대해서는 질환치료 중심의 관점에서 벗어나지 못하고 있다. 2012년에 발표한 '제2차 치매종합관리대책'이나 2014년에 발간한 '치매관리사업의 현황과 개선 과제'에서는 주로 의료기관 중심의 질환의 검진, 진단과 치료에 대한 전달체계와 서비스의 고도화에 대한 내용이 대부분이며, 질환자의 일상생활에 대한 관리나 지원, 직업복귀, 가족교육, 말기돌봄이나 임종의 질과 같은 내용은 없다. 이는 후천성 면역결핍증에 대한 관리체계 수립에도 마찬가지이며, 노인정책에서도 유사한 상황이다. 노인정책의 목표가 질환을 가지고 있다 하더라도 이를 관리하면서 사회로 복귀하고 삶의 질을 향상시키고, 임종의 질도 높이기 위한 것이라면, 보건과 복지를 통합하고 검진, 진단, 치료에서 더 나아가 완화의료적 접근이 질환관리모델에 반영되어 임종까지의 관리방안이 마련되어야 한다.

Chapter_ 13

노인복지정책의 과제

1. 노인의 소득보장정책의 과제

우리나라 노후보장체계는 소득자를 대상으로 한 국민연금과 특수직역연금의 양대 소득비례형 공적연금이 중추를 담당하고, 여기에 최근 고용주가 부담하는 법정 퇴직연금이 급속히 성장하며 국민연금에 버금가는 공적제도로 자리 잡고 있다. 이와는 별도로 기초노령연금이 기여여부와 상관없이 조세부담에 의해 제공되고 있으며, 연금제도는 아니나, 국민기초생활보장제도에서 저소득 노인들의 생계보장이 부분적으로 이루어지고 있다.

그러나 외연상 선진국형임에도 불구하고, OECD 최고의 노인 빈곤율과 OECD 평균을 수십 배 웃도는 노인 자살률이 말해주듯, 우리나라 공적노후소득보장제도의 성과는 그리 높지 못하다. 이는 저소득계층 노인에게만 해당되는 문제가 아니다. 중산층 은퇴자와 노인들 또한 의지할 수 있는 노후소득보장제도를 갖추고 있지 못하다. 그렇다면, 앞으로 노인소득보장을 위한 향후 바람직한 정책의 방향은 무엇인가?

1) 국민연금제도 내실화

(1) 연금의 재정안정화

국민연금의 가장 큰 문제는 재정안정화 방안이다. 국민연금에 대한 국민의 합의를 통해 '적정부담 · 적정급여'에 대한 점진적 제도개혁이 필요하다.

(2) 가입자간 형평성 제고를 위한 소득 파악 인프라 구축

직장가입자와 지역가입자의 형평성의 문제이다. 국민연금제도의 기본 목적은 소득재분배이다. 그런데 자영업자의 하향 소득신고가 개선되지 않는 한 국민연금은 저수준의 연금급여로 수렴되는 악순환을 막을 수 없다. 결국 소득 파악률과 소득형태에서 형평성의 문제를 해결하기 위해서는 지역가입자의 소득 파악이 정확이 이루어질 수 있는 체계가 필요하다.

(3) 기금운영의 투명성 확보

무엇보다도 중요한 문제가 국민연금기금 운영이라 할 수 있다. 국민연금기금 운영상의 투명성을 위해서 외부 전문가를 기용하여 투명하게 수익성을 극대화 하는 방안으로 해서 국민의 신뢰를 얻어야 할 것이다. 또한 기금운영 결과에 대한 심도 있는 평가가 이루어져야 할 것이다.

(4) 세대 간 형평성 제고

현재의 국민연금제도는 직장가입자와 지역가입자 간 문제뿐만 아니라 현재 세대와 다음 세대 간의 부담과 혜택에 있어서도 불균형의 문제를 내포하고 있다. 지금까지 정부에서 내놓은 국민연금 관련 개선안들이 공통적으로 다음 세대로 갈수록 연금에 대한 부담 즉 의무는 늘어나고 연금에 대한 혜택이나 권리는 줄어드는 방향으로 개편되어 왔다는 점에서 더욱 그러하다. 즉, 미래세대에게 과다한 보험료의 부담을 전가하고 있는 것이다. 따라서 지금부터 인구 고령화에 따른 후세대 부담의 경감대책을 마련하지 않으면 안 된다.

2) 기초생활보장의 확충

전 국민 사회보험의 실현과 적정급여 제공을 위한 사회안전망과 기능을 강화하고 기초생활보장제도에 의한 적정급여수준을 지급해야 한다. 구체적으로 최저생계비

이하 모든 국민의 기초생활이 보장되도록 생계급여, 의료급여, 교육급여, 주거급여 및 긴급급여 등을 제공하여 기본욕구를 포괄적으로 보장하여 빈곤의 악순환이 되풀이되지 않도록 교육, 훈련을 통해 능력개발이 보장되고 일할 수 있는 기회가 제공되며 자활, 자립의 기반이 조성되어야 한다.

3) 노인고용정책의 활성화

노인들의 활기찬 노후생활을 위하여 노후 소득 향상 지원을 위한 복지정책이 필요하다. 첫째, 임금피크제의 안정적인 정착을 통하여 고령 인력에 대한 고용 안정화를 도모해야 한다. 국가는 정년이전 50대 중년계층을 대상으로 기업 내 창업지원훈련 프로그램을 제공하고 비용의 일부를 지원할 수 있도록 해야 한다. 또한, 적합한 직종에 대하여 국가, 지방자치단체 및 정부투자기관에 고령자를 우선적으로 채용하도록 하며 이를 법제화 해야 한다.

둘째, 고용촉진 프로그램의 개선이 필요하다. 한국은 노인 취업프로그램으로 노인취업 알선센터, 고령자취업 알선센터, 고령자 인재은행 등이 있다. 이 프로그램은 보건복지부와 서울특별시, 노동부 등에서 분리되어 운영되고 있다. 그러므로 연계성 부족으로 전문성이 저하되고 있다. 이에 체계적인 연계를 통하여 특히 특정분야의 숙련된 기술을 보유한 노인인력을 산업체에서 흡수할 수 있도록 해야 한다.

셋째, 고령자들의 취업을 증가시키기 위해 경력 · 직종 · 지위별로 다양한 일자리를 제공해야 할 필요가 있다. 즉, 고령자의 연륜이나 경험이 적극적으로 활용될 수 있고 전문 · 사무직 고령자들의 취업 수요를 만족시킬 수 있는 다양한 분야로 그 영역을 확대할 필요가 있다(이장욱 · 이양훈, 2014).

2. 노인의 의료보장정책의 과제

21세기 고령화사회의 도래는 인간의 평균수명 증가로 노후 생애주기가 장기화됨으로써 치매, 뇌혈관성질환, 노인성 질병 등 노인성 만성질환이 증가하고 노인의료보장서비스를 필요로 하는 노인 인구가 빠르게 늘어나, 노인 보건의료에 관한 비용이 급증하는 추세이다. 노인의료보장제도는 의존도가 높은 노인들에게 인간의 존엄성을 유지하면서 살아갈 수 있게 한다는 점에서 중요하다. 향후, 노인의료보장을 효과적으로 제공하기 위한 발전방안을 다음과 같이 제시하고자 한다(김태량 · 최용민, 2014; 김옥희, 2010; 오영희, 2015).

첫째, 공공부조로서의 의료급여 체계를 강화하여 저소득 의료급여 수급권자와 빈곤노인, 독거노인을 대상으로 무료 의료서비스를 제공하는 의료부조제도를 시행하고, 보편적 노인의료보장제도인 국민건강보험의 보장성을 더욱 강화하여 국민건강보험의 지속성을 확보하고 적절한 의료급여를 제공할 수 있도록 1차 2차 안전망의 역할을 수행하는 공적의료보장 관련법의 개선이 필요하다.

둘째, 생애주기에 따른 전국민 평생건강보장의 필요성이 증대됨에 따라 예방에 중점을 둔 포괄적이고 체계적인 국민건강보장 대책을 추진해야 한다. 주요 질환에 대한 국가 관리 시스템을 구축하고 생애주기별 건강증진 및 질병예방사업을 국가사업으로 추진하여야 한다. 건강증진, 질병예방, 조기진단 · 조기치료 등 예방의료나 건강증진, 보건사업과 같이 질병예방, 건강관리와 건강증진을 위한 공중보건의료의 강화로 의료비를 절감하는 노력이 필요하다 하겠다.

셋째, 현행 노인장기요양보험법과 관련된 재정문제로 중앙정부와 지방정부의 재정 분담 경향, 장애 정도가 높은 대상자의 우선 서비스 지원, 사적보험에 의한 비용의 보완 등 다양한 방안의 마련을 통한 장기요양보험료의 재정 건전성을 확보하고, 노인복지제도와 장기요양보험제도의 연계와 상호보완의 기능을 강화하여야 한다.

넷째, 우리나라의 노인의료 전달체계의 측면에서는 의료 서비스와 사회 서비스의 통합과 조정을 통한 관련 서비스 기관의 연계를 강화하고, 시설 입소 전 노인의 일상생활기능의 평가과정으로 노인 특수성에 기초한 개별적인 의료보호 계획과 서비스를 지원하고, 중증노인의료서비스의 질 강화를 위한 인적 · 물적 지원의 개선이 필요하다.

다섯째, 의료보장 사각지대에 있는 생계형 빈곤노인 체납자의 정확한 실태 조사를 통한 보험료를 지원하여 보험료 체납자를 축소시키는 방안이 검토되어야 한다. 또한 중 · 장기적으로는 국고의 결손처분을 확대하여 저소득 노인층 전체 세대의 보험료와 체납 가산금을 경감해 주고 보험료 납부를 일정기간 유예시켜 체납보험료의 납부 의지를 높이고, 일정금액 이하의 보험료를 납부하는 저소득 노인층의 보험료는 국고에서 지원하는 방안이 필요하다. 아울러 다양한 체납 대책과 함께 체납 상태에 빠지지 않도록 하는 예방대책이 요구된다.

여섯째, 보장성 측면의 사각지대 해소방안으로 우리나라는 선진국에 비해 노인의료보장 보장률이 낮아 원칙적으로는 건강보험과 의료급여의 기본적인 보장성을 확대하여야 한다. 또한 의료가 필요한 노인들에게 건강보험과 의료급여를 어디에서 하든지 관계없이 의료급여 수준으로 본인부담률을 경감해주고 이는 향후 비급여 보험급여의 확대로 이루어져야 한다. 마지막으로 현재 진행하고 있는 저소득 노인의 의료비 지원사업의 비효율성을 개선하고 건강보험과 의료급여의 지원으로 충분하지 않는 의료비 지원 문제는 다양한 민간차원의 의료비 지원 방안을 개발하고 활성화시켜 사각지대를 해소하여야 한다

일곱째, 노인의 건강상태에서 예방적 접근이라는 측면에서 볼 때 영양관리와 관련된 서비스가 필요하다. 노인을 위한 체계적인 영양관리사업은 활발하지 못하여 노인의 28.8%가 영양관리 주의가 필요하고, 20.2%는 영양관리 개선이 필요하다는 점에서 노인 영양관리사업에 대한 점검과 대책이 필요하다. 또한 건강행태에서 남자의 경우 흡연율(23.3%)과 과음주율(33.4%)이 높게 나타나고, 여자의 경우 권장수준 운동실천율(37.5%)은 낮고, 영양관리 개선 요구(23.4%)가 남자에 비하여 높게 나타나고 있다. 이는 금연, 절주, 신체활동, 영양 균형 등 스스로 건강한 생활습관을 실천하는 일차예방 차원의 건강관리가 필요함을 시사한다.

결과적으로 노인의 연령 증가에 따라 건강상태가 급격히 저하되지 않도록 지역사회중심의 건강관리의 강화가 필요하고, 노인 건강수준 향상을 위한 예방적 건강정책이 필요함을 알 수 있다.

3. 노인의 여가보장정책과 주거보장정책의 과제

1) 노인의 여가보장정책

노년기를 활기차게 보내기 위해서는 다양한 사회참여 기회가 제공되어야 할 것이며, 이러한 활동을 통하여 자신의 잠재력을 성취하고 사회의 성원들과 유대를 유지함으로써 노년기에 흔히 경험하는 무위와 소외의 문제를 극복할 수 있다. 이를 위해서는 무엇보다도 노년기의 사회참여활동의 사회적 효과를 극대화하는 데 초점을 둘 필요가 있다.

첫째, 공공복지적 차원에서는 다양한 소득수준과 욕구에 대응할 수 있는 서비스 제공체계가 구축될 수 있도록 체계적이고도 종합적인 인프라를 지속적으로 점검하고 개선하는 노력이 필요하다.

둘째, 민간의 참여를 활성화할 수 있는 방안과 그를 위한 제도적 기반 마련에 대한 고민이 필요하다. 즉, 노인이 이용하기 편리한 물리적 인프라 구축뿐만 아니라 노인의 관심사를 반영한 컨텐츠의 발굴이 이루어질 수 있도록 비현실적 규제개선을 포함한 법 · 제도개선 및 규제개혁, 민간참여와 기업 투자활성화 등이 이루어져야 할 것이다.

셋째, 기초생활수급자 및 차상위 계층과 같은 문화향유기회가 제한적인 저소득층 노인들에 대한 관심도 공적인 영역의 주요 관심사가 되어야 할 것이다. 특히 이들의 적극적인 사회참여활동을 저해시키는 낮은 수준의 삶의 활기 및 구매력를 보완할 수 있는 방안 모색이 요구된다(정경희, 2014).

2) 노인의 주거복지정책의 과제

2000년대 들어서면서 주택보급률이 100%를 초과하였으며, 소득수준 향상과 가족형태의 다양화로 1 · 2인 가구 및 노인인구가 증가되어 새로운 주거수요 증대와 함께 주택공급과 주거편의성 확보 등 수준 높은 주거문화에 대한 사회적 요구가 증대되고 있다(신용주, 2012; 김은수, 2014).

(1) 정부부처간의 협조체계 구축

우리나라의 노인주거복지정책은 초기적인 단계이다. 노인주거복지정책은 주무부서인 보건복지부에서 주관하고 있으나 국토해양부는 고령자를 위한 주택개조기준의 제정과 고령자 국민임대주택을 건설하고 기획재정부는 재정부문의 정책을 담당하는 등 여러 부처가 담당하고 있다. 또한 노인관련 간접적인 정책으로는 농림수산부의 도시은퇴자 유입을 통한 농촌활성화 정책, 지식경제부의 '고령자종합체험관'을 설치하여 고령자 관련 산업체를 육성하는 정책이 있다. 이처럼 노인복지관련 업무가 여러 부처에 분산됨으로써 행정편의 위주의 정책이 이루어지는 반면 부처 간의 유기적인 협조체계가 형성되지 못하고 있다. 또한 실무적인 업무는 지방정부가 담당하고 실질적인 운영은 사회복지법인이 담당하는 등 여러 주체가 개입하고 있다. 즉 정책의 수립, 집행, 감독과 운영에 관련 기관간의 상호연계가 확대되고 상호협조체계가 구축되어야 한다.

(2) 금융, 세제 등 지원 확대

앞에서 언급한 바와 같이 영국, 미국 등 서구국가는 노인주거복지시설의 공급은 자방정부가 담당하고 있다. 즉 노인주거복지시설은 수익성이 낮고 노인의 부담능력이 부족하기 때문에 금융, 세제상의 혜택을 주고 있다.

공적연금제도의 도입이 미흡한 우리나라의 경우는 노인주거복지시설에 대한 대폭적인 지원으로 이용료와 주거비 부담을 낮추어야 한다. 저소득층을 위한 국민임대주택은 건설비의 10% 이상을 재정자금을 투입하고 있고 저소득층을 위한 민간주택의 경우는 저렴한 택지의 공급, 장기 · 저리 자금의 융자 등 많은 지원을 하고 있다. 그러나 노인주거복지시설은 주택으로 분류되지 않아 장기 · 저리의 국민주택기금을 지원 받지 못하고 있다. 노인주거보장의 측면에서 노인주거시설에 대한 금융, 세제상의 지원이 확대되어야 한다.

(3) 정부의 사후관리 및 감독기능의 강화

노인주거복지시설은 중앙정부와 지자체의 지원 또는 순수민간자금으로 민간에 의해 건설된다. 그러나 노인주거복지시설 운영의 지도 · 감독권자는 보건복지부장관, 시 · 도지사 및 시 · 군 · 구청장이다(노인복지법 제39조 10). 노인주거복지시설입소자의 95%이상이 거주시설과 주거환경에 만족하는 것으로 나타나 지자체의 지도 · 감독이 효율적이라고 볼 수 있다(김혜승 · 강미나, 2008). 그러나 노인복지주택은 정책대상자인 60세 이상의 노인이 거주하지 않고 비노인이 거주하는 등 문제가 제기되고 있다.

따라서 분양형 노인복지주택이 바람직한지 검토할 필요가 있다. 노인복지주택은 분양을 폐지하고 임대형으로 운영하고 분양형 노인복지주택은 주택법 체계 내로 흡수하는 방안이 검토되어야 할 것이다.

4. 노인복지서비스정책의 과제

노인을 대상으로 하는 사회적 서비스는 노인이 가지는 다양한 욕구 및 문제에 대해 적절히 대응하기 위한 사회적 노력이라 할 수 있으며 이러한 노인을 위한 사회적 서비스는 고령화로 인한 노인인구의 증가로 더욱 증대될 것으로 예측되고 있다.

1) 노인요양시설정책의 과제

우리나라는 2008년부터 노인장기요양보험제도를 실시하였다. 전 국민을 대상으로 65세 이상 노인들에게 노인성질환으로 인한 생활의 불편함을 케어하고 의료 요양서비스를 제공하는 사회복지제도이다. 그러나 8년의 시간을 지내오면서 요양등급 판정에 따르는 문제, 특히 노인요양시설을 이용하는 경우에 본인부담비 문제가 있다고 할 수 있다. 가족과 함께 지내면서 노인요양이용시설 즉 재가중심으로 이루어져 있는 요양급여 제공은 가족의 돌봄과 함께 이용할 수 있으나 노인요양시설에 입소하여 24시간 의료보호와 요양 그리고 생활케어를 해야 하는 시설은 탈 시설화의 의미를 가지고 가정친화적 요양생활시설의 개선 방안이 필요하다(이덕식, 2014; 최재성 · 이상우, 2014; 백종만 · 양난주 · 최균 · 장영신, 2015).

첫째, 노인이 등급을 받은 후에 평생을 생활하는 요양시설은 입소자와 가족을 위한 장소로 일상생활 케어로 비용을 실비화해야 하며, 재정지원은 부양가족 · 지역사회 · 국가가 분담하도록 해야 한다. 열린 관계로서 요양시설을 효과적으로 운영하기 위하여 시설운영에 대한 유지와 입소노인을 위한 서비스 목표 달성을 위해서 입소자 재정지원을 위한 요양시설에서 노인을 부양하는 비용부담은 가족에게 한정시키는 것보다 지역 상호관계를 통해서 비용부담을 분담해야 한다. 특히 비용부담 측면에서 살펴보면 사회적 역할 입장은 요양시설과 동시에 입소자 노인을 위해서 가족이 부양비 분담을 해야 하며, 지역사회 자원봉사자 단체 · 민간기업의 기부 · 개인후원자 · NGO단체 · 공동모금회 등이 분담해 주어야 한다.

둘째, 가족에게만 노인부양비를 부담시키는 것은 장기적으로 볼 때에 가정경제에 큰 영향을 주어 가족 해체 내지는 경제적 압박으로 노인의 인권이 유린될 수 있다. 그러므로 본인 부담비를 경감하여 현재 10~20%로 되어 있는 규정을 5~10%로 조정하여 요양과 생활이 필요한 노인들에게 서비스를 제공하고 가족의 이용부담을 줄여주어야 한다. 그리고 의료요양시설로만 규정하기 보다는 시설의 다양성과 선택적 폭을 넓게 하여 실비로 운영할 수 있는 생활과 재활을 함께 할 수 있는 노인생활 시설 즉 생활 친화적 가정 같은 시설을 운영할 수 있는 방안을 제시하여야 한다.

셋째, 잠재된 요양등급 예정자들이 노인성질환에 노출되지 아니하도록 예방차원에서 생활할 수 있는 공동가정이나 소규모의 공동생활 요양시설을 운영할 수 있도록 해야 한다. 등외 판정자라 할지라도 가족이 함께 생활하는 환경이 어려운 현실로서 시간이 지나면서 나타나는 질환을 미리 예방하고 생활의 회복을 통해서 등급 호전자나 등급예정자들이 함께 생활을 할 수 있는 시설을 만들어야 한다.

노인요양시설의 안전성에 기초하여 노인들의 일상적인 생활에서 안전이 보장되는 생활과 예방의 재활을 통한 생활이 이루어져야 한다. 앞으로의 방향은 일상 생활시설을 중심으로 노인에게 일어날 수 있는 육체적 심리적 정신적 영적인 부분들에 대한 문제를 해결하는 시설의 개념보다는 노인에게 일어날 수 있는 모든 문제들에 대하여 예방하는 차원에서 이루어져야 한다.

오늘의 시대는 사회환경과 의료 과학적 발전으로 인해서 노인의 생활은 과거처럼 단기적 입장에서 해석해서는 안 되며, 장기적인 생활을 필요로 할 경우 부양가족의 부양비 부담이 길어지게 되므로 입소자 가족을 배려하고 함께 생활하는 공간을 만들어야 할 필요가 있다. 가정친화적 노인요양생활시설은 이러한 가족의 관계를 중요하게 하며, 가족 공동체의 유대감을 줄 수 있는 시설의 전환이 필요하다(이덕식, 2014).

넷째, 노인요양시설의 서비스 질의 개선을 위해서는 최소한의 서비스 질을 보장할 수 있는 서비스 최저기준의 설정 및 적용이 필요하다. 나아가서 엄격한 진입관리를 통해 우수한 시설은 진입을 허용하고, 서비스 최저기준에 미달하는 열악한 요양시설은 시장에서 퇴출시키는 등의 효과적인 규제가 적용되어야 한다. 현재는 건강보험공단에게 요양시설에 대한 감사기능까지 부여되어 규제와 평가 간의 역할 설정을 모호하게 한다. 따라서 노인요양시설의 서비스 질 관리에 대한 정부의 규제 및 감사기능이 보다 한층 강화되어야 할 필요가 있으며, 이와 동시에 현재 건강보험공단에 의해 수행되는 시설 평가제도에 대한 대폭적인 수정 및 개선이 필요하다고 본다.

아울러 평가의 책임주체로 보건복지부의 역할과 기능 강화가 필요하다. 평가의 책임주체로서 보건복지부의 역할이 더 강화되고 확대될 필요가 있다. 우선 평가 이해관계자들과 함께 시설평가의 목표를 설정하는 일에서 주도적인 역할을 수행해야 한다. 이에 더하여 시설평가의 실행주체로서 오랫동안 학계와 현장에서 요구해 온 독립적인 평가전담기관을 구성할 필요가 있다. 평가전담기관이 안정적으로 평가업무를 수행할 수 있도록 보건복지부는 평가의 책임주체로서 평가의 구체적인 목적설정에서 주도적인 역할을 수행해야 한다. 또한 평가의 책임주체로서 평가업무에 대한 행정적 지원과 재정적 지원자로서의 역할을 강화해야 한다.

2) 기타 노인복지서비스 정책의 과제

첫째, 도시지역에 비하여 농 · 어촌 지역의 경우 노인복지서비스 인프라가 부족하다. 고령화가 더 진전되기 전에 이러한 지역간 노인복지인프라의 불균형을 해소하지 않는다면 노인복지 수준의 지역적 불균등은 고착화될 것이다. 그런데 현재와 같은 재정적인 현황에서는 단시간 내에 농 · 어촌 지역에 부족한 서비스 인프라를 보충하기는 어려우므로 농 · 어촌 지역의 시설설치를 재정적으로 지원할 수 있는 부가적 조치가 요구된다.

둘째, 지역적 특성에 따라 중점적인 관심을 기울여야 하는 사업의 내용이 다르다. 인구밀도가 낮고 시설입소에 대한 부정적 인식이 있는 농 · 어촌지역의 경우는 노인거주지를 방문하는 사업의 중요성이 크다. 향후 재가노인복지서비스의 중요성은 더 크게 대두될 것으로 전망되기 때문에 찾아가는 서비스인 가정방문서비스가 중요한 농 · 어촌지역의 경우 노인의 지역적 특성으로 인하여 거주지가 산재되어 있다는 점에서 도시지역에 비하여 실무자가 방문할 수 있는 노인가구의 수가 제한될 수밖에 없다. 이러한 문제를 해결하기 위해서는 전국적으로 동일한 인력배치기준을 제시하는 것보다는 지역의 인구밀도 등을 감안하여 차등화 하는 등의 지역적 특성을 감안하는 내용의 사업지침과 세부사항 마련이 요구된다.

셋째, 도시지역에 비하여 농 · 어촌 지역에 전문성을 가진 직원을 확보하기가 어려울 뿐만 아니라 이직률 또한 높다. 따라서 농 · 어촌 지역 시설에 양질의 인력을 확보할 수 있는 방안을 마련하여야만 양적인 측면에서의 지역별 불균형뿐만 아니라 질적인 측면에서의 지역별 불균형 문제도 해결될 수 있을 것이다. 지방자치단체가 예산 운용이나 노인복지기금을 이러한 목적을 위해 활용하는 것도 한 방안일 것이다. 또한 농 · 어촌지역과 같은 노인복지자원이 부족한 지역에 근무하는 전문자격증 소지 종사자(사회복지사, 영양사, 간호사 등)에게는 추가수당이나 경력산정상의 추가점수를 두는 방안도 모색해 볼만하다(정경희 · 오영희 · 이윤경, 2003).

참고문헌

강동욱 · 문영희(2015), 「노인복지법」상 노인학대에 관한 규정의 검토와 개선방안, 법학논총, Vol.32 No.2.

강용규(2013), 노인복지론, 공동체.

강은나 외(2014), 초저출산 · 초고령사회의 위험과 대응전략, 한국보건사회연구원.

강홍규(2013), 노인복지론, 공동체.

건강보험심사평가원, 「2005~2007년 건강보험통계지표」, 「2008~2013년 진료비통계지표」.

건강보험심파평가원, 2014의료급여 진료비 통계.

고수현(2015), 노인복지론, 정민사.

고용노동부(2015), 고용노동백서.

국가인권위원회(2015), 노인요양병원 노인인권상황 실대조사.

국토해양부(2012). 2012 주거실태조사.

_________ (2012), 해외 주거복지정책 사례연구.

김경래(2015), 노인의 생활환경과 정책과제, 보건복지포럼 2015년 5월호 통권 제223호, pp.68-78, 한국보건사회연구원.

김기현(2011), 고령화시대의 노인 범죄 실태분석을 통한 범죄예방에 관한 연구, 矯正硏究, Vol.- No.52, 153-193.

김복순(2014), 65세 이상 노인 인구의 고용구조 및 소득, 노동리뷰, 21-35, 한국노동연구원.

김승용(2000), "노인범죄 실태분석과 사회복지적 대책에 관한 연구", 노인복지연구, 9권0호, pp.125-153, 한국노인복지학회.

김옥희(2010), 노인건강과 보건의료복지정책, 법정리뷰, Vol.27 No.2,

김윤재 외(2013), 자원봉사론, 박영사.

김은수(2014), 한국의 노인복지주택 활성화 방안에 관한 연구, 21세기사회복지연구 2014년|11권 1호(통권16호), pp. 25-46, 21세기사회복지학회.

김태량 · 최용민(2014), 한국 노인의료보장제도의 현황과 과제, 〈노인의료복지연구〉 6권1호, pp.66-

91, 한국노인의료복지학회.
김희정 · 이기효 · 이재신(2010), 노인장기요양보험제도 방문재활서비스 도입에 관한 고찰, 대한작업치료학회지 제18권 제3호. pp. 23-35.
나동석 · 김영대(2011), 노인의 성생활과 성태도가 삶의 만족도에 미치는 영향, 한국노인복지학회, 〈노인복지연구〉 52권0호, pp.185-203.
남경은(2009), 노인의 신체 및 행태적 특성에 따른 노인요양시설 거주공간의 개선에 관한 연구: 서울지역 노인요양시설을 중심으로, 중앙대학교 대학원 석사학위논문.
대검찰청, 범죄분석(2004-2013년).
박동수(2009), 노인범죄 실태 및 대책에 관한 연구, 한국범죄심리연구.
박선태 외(2015), 노인복지론, 공동체.
박숙완(2015), 노인성범죄의 급증현상에 대한 분석과 대책방안, 인권복지연구 제17호, pp. 25-26. 한국인권사회복지학회.
박용순 외(2013), 자원봉사론, 창지사.
박준식 · 김영범(2012), 글로벌 시대의 체제 전환국가 · 기업 노동의 대응과 전환모색, 논형, pp.336-338.
백종만 · 양난주 · 최균 · 장영신(2015), 사회복지시설평가제도 분석과 개선방안 연구, 〈사회과학연구〉 Vol.39 No.2, pp.281-314, 전북대학교 사회과학연구소.
백효영(2012), 노인장기요양보험제도의 개선과제, 社會法硏究, Vol.18 · 19 No.-.
보건복지부(2001), 2001년도 노인보건복지 국고보조사업 안내.
________(2002), 마드리드 고령화국제행동계획.
________(2008), 요양보호사표준교재.
________(2014), 노인학대방지 종합대책.
________(2014), 2014년 노인학대 현황보고서.
________(2014), 요양보호사 양성 표준교재.
________(2015), 2014년 국민기초생활보장 수급자 현황.
________(2015), 2014년 기초연금.
________(2015), 2015의료급여사업안내.
________(2015), 2015노인복지시설 현황.
보건복지부 · 국립암센터(2012), 호스피스완화의료개론.
석재은(2015), 기초연금 도입과 세대 간 이전의 공평성, 보건사회연구 35(2), pp. 64-99.
설계경(2012), 노인복지법제에 관한 소고, 영산법률논총, Vol.9 No.2.

손덕순 · 박영란(2013), 성인지적 관점에서 바라본 노인의 성에 관한 탐색적 연구, 노인복지연구, 통권 63호 한국노인복지학회, pp.229-256.

손창숙(2013), 노인장기요양보험제도의 평가 및 발전방안 연구, 한성대학교 대학원 박사학위논문.

신용주(2012), 노인주거복지정책의 현황과 정책제언, 住居環境 제10권 제3호, pp. 155~167, 주거환경(한국주거환경학회논문집).

안홍순(2013), 노인복지론, 공동체.

오미옥 · 이수경(2015), 박근혜 정부 기초연금제도의 정책쟁점에 대한 연구, 한국정책과학학회보, 19(3), 95-115. 한국정책과학학회.

오영희(2015), 노인의 건강실태와 정책과제, 보건복지포럼, Vol.223 No.-, pp. 29-39.

유성호 · 김형수 · 모선희 · 윤경아(2015), 현대노인복지론, 학지사.

윤지선 · 오창택(2015), 노인범죄의 감소와 예방을 위한 사회복지적 실천방안, 矯正福祉硏究 第39號, pp. 113-135, 한국교정복지학회.

이덕식(2014), 노인장기요양시설에 따르는 문제점 개선 방안, 사회과학연구 31(2), pp.167-197, 충북대학교 사회과학연구소.

이승재 · 이연숙 · 김양이(2013), 노인의 성욕구 수준과 성에 대한 태도, 임상사회사업연구, 통권 제10권 제1호, 한국임상사회사업학회, pp.1-21.

이은주(2015), 한국 공적연금개혁에 관한 연구, 중앙대학교 대학원 박사학위 논문.

이은희(2013), 신노인복지론, 학지사.

이장욱 · 이양훈(2014), 한국의 지속가능한 노후소득보장정책 수립을 위한 탐색적 연구, 한국융합인문학, Vol.2 No.1, 한국융합인문학회.

이지숙(2015), 주거복지사업과 주거복지센터의 업무에 관한 연구, 〈조형미디어학〉 18권4호, pp.283-291, 한국일러스아트학회.

이지영(2013), 우리나라 고령자 고용정책의 개선방안에 관한 연구, 〈한국균형발전연구〉 4권2호, pp.89-112, 영남대학교 한국균형발전연구소(구 영남대학교 영남지역발전연구소).

이해영(2006), 노인복지론. 창지사.

이혜원(1996), 노인복지론 , 유풍출판사.

장민선(2015), 여성 1인 가구 증가에 따른 법제적 대응방안, 이화젠더법학, Vol.7 No.2, pp.1-32, 이화여자대학교 젠더법학연구소.

장윤정(2015), 노인과 호스피스 완화의료, 장윤정, 보건복지포럼 2015년 7월호 통권 제225호, 38-47.

장인호(2014), 고령화시대에 노인고용 확대를 위한 입법적 과제에 관한 연구, 성균관법학, 第26卷 第1號, pp. 31~53, 성균관대학교 법학연구.

정경희(2014), 노인복지정책의 현황과 과제, 보건복지포럼, Vol.207 No.-, 한국보건사회연구원.

정경희 · 오영희 · 이윤경(2003), 지역별 노인복지 현황과 정책과제, 한국보건사회연구원.

정상수 외(2014), 노인복지론, 정민사.

정인영 · 권혁창(2015), 국민연금제도의 현재와 미래, 한국사회보장학회, 〈한국사회보장학회 정기학술발표논문집〉 2015권1호, pp.1-10.

조용철(2008), 노인범죄의 동향과 심리, 한국범죄심리연구 제4권 제2호(통권 제7호).pp. 227~257. 한국범죄심리학회.

천현숙 · 오민준(2013), 노인가구 유형별 주거만족도 영향요인 비교연구, 한국주거학회논문집, 24권 5호(통권103호), pp.27-37, 발행정보한국주거학회.

최성재 · 장인협(2002), 노인복지학. 서울대학교출판사.

최재성 · 이상우(2014), 한국 노인요양시설의 서비스 질 관리: 정부규제와 평가?, 한국사회복지행정학회 학술대회 자료집, Vol.2014 No.4. pp.297-302, 한국사회복지행정학회.

통계청(2011), 장래인구추계.

_____ (2013), 2013년 사회조사결과.

_____ (2014), 2014 사회조사.

_____ (2014), 2014고령자 통계.

_____ (2014), 「경제활동인구조사 청년층 및 고령층 부가조사」.

_____ (2015), 세계와 한국의 인구현황 및 전망.

통계청, 「인구동태통계연보(혼인 · 이혼편)」 각 년도.

한국보건사회연구원(2014), 2011년도 노인 실태조사.

현외성 외(1998), 노인상담, 이론과 실제, 유풍출판사.

Tartler, R.(1961). *Das Alter in der modernen Gesellschaft*. Stuttgart: Enke.

Dandekar, T.(1999). *Warum altern wir? Biologische Aspekte des Älterwerdens*. in: Niederfranker U. A.(Hg.).

Atchley, R. C.(1988), *Social Forces and Aging*, California: Wadsworth.

Havighurst, R. J.(1972). *Developmental tasks and education* New York: Wiley & Sons.

Riley, M. W., Forner, A.(1968). *Aging and society*. Vol., 1. Inventory of research findings. New York: Russell Sage Foundation.

Kuypers, J. A., Bengtson, V. L.(1973). Social breakdown und competence: A model of normal aging. *Human Development*, 16.

Rose, A. M. (1965), The Subculcure of the Aging: A Framework in Social Gerontology, *In Older People and Their Social World*.

Peck, R.(1968). *Psychologische Entwicklung in der zweiten Lenbenshälfte*. in: Thomae/Lehr(Hg.). Altern – Probleme und Tatsachen.

유성호 · 김형수 · 모선희 · 윤경아(2015), 현대 노인복지론, 학지사.

Cowgill, D. O., Holmes, L. D.(Ed.)(1972). Aging and modernization. New York: Applenton–Century–Crofts.

Cowgill, D. O.(1986). Aging around the world. Belmont, CA: Wadsworth Publishing Company.

Erikson, E. H.(1963). *Childhood and Society*(2nd ed.). New York: Norton.

Cumming, E., Henry, W. E.(1961). *Growing old. The process of disengagement*. New York: Basic Books.

Kosberg, J. I. (1988), Preventing Elder Abuse: Identification of High Risk Factors Prior to Placement Decisions, *The Gerontologist*, 28(1), 43–50.

국민연금공단(http://www.nps.or.kr)

국립암센터(http://www.ncc.re.kr)

호스피스완화의료(http://hospice.cancer.go.kr)

공무원연금공단(http://www.geps.or.kr)

중앙노인보호전문기관, http://noinboho.or.kr/index.html

찾아보기

[인명]

[주제]

ㅈ

ㅊ

ㅌ

ㅎ

저/자/약/력

김 윤 재

안양대학교 및 대학원(신학)
평생교육진흥원 학사(사회복지학)
한성대학교 행정대학원 석사(교육학)
상명대학교 대학원 박사(사회복지학)
현, 한영신학대학교 사회복지학과 교수

강 영 숙

그리스도대학교 학사(사회복지학)
한영신학대학교 상담복지대학원 석사(사회복지학)
한영신학대학교 대학원 박사(사회복지학)
현, 서울성경신학대학원대학교 사회복지학 교수

김 진 환

한영신학대학교 상담복지대학원 석사(사회복지학)
한영신학대학교 대학원 박사(사회복지학)
영등포구청 경로대학 학장
현, 을지대학교 사회복지학 외래교수

조 미 라

상명대학교 복지상담대학원 석사(상담학)
서울사회복지대학원대학교 석사(사회복지학)
협성대학교 대학원 박사(사회복지학, Cand)
현, 부천시청소년성문화센터장

김 영 기

명지대학교 사회복지대학원 석사(사회복지학)
한영신학대학교 대학원 박사(사회복지학, Cand)
(사)한국산업인천사회복지협회 사회복지위원
현, 인천사랑노인장애인복지센터장

노인복지론

2016년 7월 25일 1판 1쇄 인쇄
2016년 7월 30일 1판 1쇄 발행

공저자: 김윤재 · 강영숙 · 김진환 · 조미라 · 김영기
발행인: 김동규
발행처: 교육과학사

경기도 파주시 광인사길 71
전화: (031) 955-6956~8 팩스: (031) 955-6037
Home-page: www.kyoyookbook.co.kr / E-mail: kyoyook@chol.com
등록: 1970년 5월 18일 제2-73호

값 15,000원

ISBN 978-89-254-1069-2